Zu diesem Buch

Schwierigkeiten der Eltern mit ihren Kindern sind immer auch Schwierigkeiten der Kinder mit ihren Eltern. Denn innerhalb der Familie ist die Wechselwirkung des Verhaltens besonders stark. Viele Erziehungsprobleme erwachsen aus Gewohnheiten, die angelernt sind und sich deshalb auch wieder verlernen lassen. Will man das Problemverhalten eines Kindes ändern, muß man alle Bedingungen dafür – einschließlich des eigenen Anteils – herausfinden und gezielt bearbeiten.

Dazu bietet dieses Arbeitsbuch ein Selbsthilfe-Programm, das nach verhaltenstherapeutischen Erkenntnissen entwickelt und erprobt wurde. Es leitet in einfacher Form und in kleinen Schritten zum genauen Erkennen und systematischen Ändern störender Verhaltensweisen an. Psychologisches oder therapeutisches Fachwissen wird nicht vorausgesetzt, sondern in den wesentlichen Grundzügen beim Durcharbeiten des Programms vermittelt.

Die Autoren
Rainer Ewe, geboren 1951 in Hamburg, studierte Psychologie und Soziologie mit dem Schwerpunkt «Klinische Verhaltensmodifikation» in Hamburg. Zur Zeit arbeitet er in einer Hamburger Erziehungsberatungsstelle und in einer psychotherapeutischen Beratungsstelle in Hamburg-Eimsbüttel.
Ingrid Falk, geboren 1949, ist Diplompsychologin mit Ausbildung in Verhaltens- und Gesprächstherapie und arbeitet zur Zeit in einer psychotherapeutischen Beratungsstelle in Hamburg-Eimsbüttel.
Gunter Kase, geboren 1950 in Naumburg, studierte Psychologie, Pädagogik und Soziologie mit dem Schwerpunkt Klinische und Pädagogische Verhaltensmodifikation und Kommunikationstherapie in Hamburg. Diplom 1976. Zur Zeit arbeitet er als Schulpsychologe im Beratungszentrum Mittelholstein und als psychologischer Therapeut in Hamburg.

Rainer Ewe/Ingrid Falk/Gunter Kase

Verhalten ändern in der Familie

Ein Programm für Eltern
zur Selbsthilfe
bei Erziehungsproblemen

rororo
Rowohlt

ORIGINALAUSGABE
Lektorat und Redaktion: Ludwig Moos, Kerstin Lorenzen
Umschlagentwurf: Werner Rebhuhn
Layout und Grafik: Heinz Waldvogel

Veröffentlicht im Rowohlt Taschenbuch Verlag GmbH,
Reinbek bei Hamburg, Juni 1977

Satz Helvetica (Linotron 505 C)
Gesamtherstellung Clausen & Bosse, Leck/Schleswig
Printed in Germany
680–ISBN 3 499 17075 2

Inhalt

Einleitung

Sie wollen dieses Programm durchführen, weil bei der Erziehung Ihres Kindes nicht alles so klappt, wie Sie es sich wünschen. Wir wollen Ihnen bei der Lösung dieser Schwierigkeiten helfen. Das Programm ist eine *Anleitung zur Selbsthilfe* – die Arbeit an einer Lösung der Probleme können wir Ihnen nicht abnehmen. Wir gehen davon aus, daß Ihre Schwierigkeiten mit dem Kind *auch die Schwierigkeiten des Kindes mit Ihnen sind.* Ihr Kind leidet unter diesen Schwierigkeiten wahrscheinlich genauso wie Sie – auch wenn das nicht immer so ersichtlich ist.

Wir möchten mit diesem Programm erreichen, daß zwischen Eltern und Kind ein gutes, vertrauensvolles Verhältnis entsteht oder bestehen bleibt, das beiden Teilen Freude macht!

Was wird gemacht?

Wir wollen Ihnen nicht lauter gute Ratschläge erteilen, die Ihnen doch nichts nützen. Sie werden das Programm nicht nur durchlesen, sondern nach Anleitungen handeln, etwas tun. Dabei gehen wir so vor, daß Sie unter anderem Informationen bekommen über:

- ○ den Sinn und die Bedeutung von Erziehung,
- ○ die Grundlagen des Lernens,
- ○ die Gesichtspunkte, die bei der Beurteilung von ‹richtigem› und ‹falschem› Verhalten zu beachten sind,
- ○ über die Möglichkeiten, Verhalten zu verändern.

Aber es bleibt nicht bei diesen bloßen Informationen. Sie werden dazu angeleitet, diese Informationen auf Ihre eigene Situation, Ihre eigenen Schwierigkeiten zu übertragen und Schritt für Schritt an einer Lösung dieser Schwierigkeiten zu arbeiten. Nach Durcharbeitung des Programms wird Ihre Arbeit an der Lösung der Probleme nicht erst anfangen, sondern beendet sein. Wenn alles klappt, werden die Schwierigkeiten beseitigt sein, die Sie und Ihr Kind jetzt haben.

Zwischen dem Verhalten Ihres Kindes und Ihrem eigenen besteht eine Wechselbeziehung. In allen menschlichen Beziehungen reagiert einer auf den anderen. Ändert sich das Verhalten des einen, hat das auch Folgen auf das Verhalten des anderen – auch bei Eltern und Kind. Da Sie die Erziehung Ihres Kindes leiten, da Ihr Verhalten größten Einfluß auf das des Kindes hat, werden Sie bei der Arbeit mit diesem Programm auch Ihr eigenes Verhalten überdenken und verändern. Dadurch wird sich auch Ihr Kind anders verhalten, und nach einiger Zeit werden die Schwierigkeiten aus dem Weg geräumt sein.

Wir haben versucht, das Programm so aufzubauen, daß Ihnen die Arbeit damit trotz aller Mühe Spaß macht und daß Sie mit dem Programm allein zurechtkommen, sich also tatsächlich selbst helfen können. Wenn Sie ernsthaft mitarbeiten, können Sie in ziemlich kurzer Zeit erfolgreich dem Problem zu Leibe rücken.

Für welche Schwierigkeiten ist dieses Programm geeignet?

Die Durchführung des Programms ist nur sinnvoll bei Schwierigkeiten im häuslichen Bereich. Das heißt, das Problem tritt dann auf, wenn Sie in der Nähe des Kindes sind und auf das Kind Einfluß nehmen können. Wenn ein Junge zum Beispiel in der Schule ständig Fensterscheiben einwirft, liegt das außerhalb des direkten Einflußbereiches der Eltern. Sie können dann nur versuchen, mit den Lehrern Kontakt aufzunehmen und sie bei der Lösung des Problems zu unterstützen. Wenn Sie aber den Spielplatz, auf dem sich Ihre Tochter immer von anderen verhauen läßt, gut beobachten und schnell erreichen können, ist die Arbeit mit diesem Programm möglich.

Es können mit Hilfe dieses Programms nur die Schwierigkeiten beseitigt werden, bei denen Sie im Augenblick des Geschehens in der Nähe sind.

Es ist aber davon abzuraten, mit dem Programm Schwierigkeiten beheben zu wollen, wenn

- eine organische Schädigung oder Krankheit des Kindes die Ursache der Schwierigkeiten ist,
- das Kind sich oder andere einer körperlichen Gefährdung aussetzt,
- die Schwierigkeiten mit dem Kind durch eine Krise zwischen den Eltern verursacht sind,
- das Kind unter krankhaften Angstzuständen leidet,
- schwere Sprachstörungen vorliegen.
- psychosomatische Störungen, zum Beispiel Einkoten, Einnässen, Tics.

Bei Schwierigkeiten dieser Art ist ein Selbstveränderungsprogramm ungeeignet. In diesen Fällen sollten Sie den entsprechenden Fachmann aufsuchen –, einen Diplom-Psychologen, einen Psychotherapeuten, Eheberater oder einen Arzt.

Was müssen Sie sonst noch wissen?

1. Das Programm ist kein Buch, das man so einfach durchlesen kann und sollte. So werden Sie manchmal zum Beispiel Hinweise vorfinden, bestimmte Seiten aufzuschlagen, zu überschlagen oder Fragen zu beantworten. Erwarten Sie also keine angenehme, unverbindliche Bettlektüre! Wenn Sie Erfolg haben möchten, müssen Sie den Anleitungen des Programms folgen – auch wenn Sie sich manchmal ein wenig wie in der Schule vorkommen. Das ist in einem programmierten Buch nicht zu vermeiden. Wir haben aber versucht, die Anleitungen so zu begründen, daß Sie auch wissen, warum Sie etwas tun sollen.

2. Die Durchführung des Programms wird etwa 8 bis 10 Wochen in Anspruch nehmen. Sie sollten sich nicht mehr Zeit als unbedingt nötig nehmen. Je konzentrierter Sie mitarbeiten, desto eher werden Sie Erfolge sehen, die Sie ermutigen.

3. Wünschenswert ist es, daß beide Elternteile gleichzeitig dieses Programm durchführen. Das begünstigt den Erfolg. Dabei sollte jeder ein eigenes Programm bearbeiten, aber dasselbe Problem so angehen, wie es sich bei ihm stellt. Bei der Beantwortung der Fragen sollten Sie sich mit Ihrem Partner absprechen und beraten. Denn es hätte keinen Zweck, wenn Sie gegeneinander arbeiteten.

Auch wenn Sie das Programm ohne Ihren Partner machen: Sprechen Sie so oft und soviel wie möglich mit ihm über das, was Sie tun, und über alle Probleme, die sich dabei ergeben. Das nützt Ihnen beiden, dem Kind und der Lösung der Schwierigkeiten!

4. Machen Sie Ihrem Kind gegenüber kein Geheimnis aus dem, was Sie tun. Sie werden oft anders auf sein Verhalten reagieren, als es das gewohnt ist – es merkt also sowieso, daß ‹etwas im Gange ist›. Wenn es Fragen stellt, beantworten Sie diese ruhig offen und ehrlich. Schließlich soll das Kind Vertrauen zu Ihnen haben.

5. Sie werden einige Fragen über das Verhalten Ihres Kindes beantworten. Wenn Sie manches nicht so genau wissen: Nehmen Sie Ihr Kind zu Hilfe, fragen Sie es einfach mal! Es kann Ihnen sicher manchmal nützliche Hinweise geben.

6. Wenn wir in diesem Programm von ‹Erziehung› reden, meinen wir nur Kindererziehung. Erziehung im Beruf oder Erwachsenenbildung ist hier nicht gemeint.

7. Wenn Sie im Augenblick keine Probleme mit Ihrem Kind haben, an Ihrem Verhalten aber trotzdem etwas ändern wollen, kann Ihnen das Programm vielleicht auch nützlich sein. Dann brauchen Sie die Fragen über das Verhalten Ihres Kindes nicht zu beantworten, sondern nur die nach Ihrem eigenen. Hierbei sollten Sie bedenken, daß Ihr Verhalten hauptsächlich dem Kind zugute kommen soll.

8. Dieses Programm stellt kein ‹Rezeptbuch› für die vollkommene Erziehung dar. Es kann und soll nicht die normale, alltägliche Erziehung ersetzen. Vielmehr ist es auf bestimmte, tatsächliche Probleme zugeschnitten und dient zu deren Beseitigung.

Wir wünschen Ihnen viel Spaß und Erfolg!

Teil I:

Erziehung und Verhalten

Im ersten Teil unseres Programms machen wir Sie vertraut mit einigen unentbehrlichen Überlegungen und Gedanken, die einer Veränderung des Erziehungsgeschehens vorausgehen müssen. Denn Eingriffe in die Erziehung haben nur Erfolg, wenn sie mit Bedacht erfolgen und gut «geplant» sind. Sie werden also nicht gleich anfangen, alle möglichen Dinge bei der Erziehung zu verändern, sondern Sie verschaffen sich zunächst Klarheit über folgende Fragen:

- Welche Schwierigkeiten haben Sie, was ist Ihr Problem?
- Was streben Sie an? Was sind Ihre Erziehungsziele?

Ebenso wichtig ist es für Sie, die Möglichkeiten und Grenzen für eine Änderung des Erziehungsgeschehens zu kennen. In diesem Zusammenhang werden wir einige Voraussetzungen für Erziehung und Erziehungsänderungen herausarbeiten, nämlich:

- gesellschaftliche Voraussetzungen,
- persönliche Voraussetzungen,
- entwicklungsmäßige (Entwicklung des Kindes betreffende) Voraussetzungen.

Sie vermeiden entscheidende Fehler, wenn Sie sich diese Voraussetzungen erarbeiten. Zugleich packen Sie auch Ihre Schwierigkeiten an. Sie werden

- Ihr Problem benennen,
- das Problem genau beschreiben,
- beobachten, wann und in welchem Zusammenhang Ihr Problem auftritt,
- zählen, wie oft es auftritt.

Im zweiten Teil des Programms werden Sie die psychologischen und theoretischen Grundlagen für das Lernen von Verhalten im allgemeinen und Verhalten in der Erziehung im besonderen kennenlernen.

Im dritten Teil werden Sie diese Kenntnisse auf Ihr persönliches Problem anwenden und es damit lösen.

1. Kapitel

Alltägliche Erziehung und gezielte Verhaltensänderung

Sicher machen sich alle Eltern Gedanken, wie sie ihr Kind erziehen wollen. Sie haben Vorstellungen, wie ihr Kind werden soll, welche Eigenschaften und Fähigkeiten es in der Erziehung erwerben soll und wie sie selbst mit ihm umgehen wollen. Sie haben also bestimmte Erziehungsziele.

Aber diese Ziele und Vorstellungen sind oft recht ungenau und geraten über Gewohnheiten, ‹Alltagskram› und Anforderungen des Augenblicks leicht in den Hintergrund. Gute oder schlechte Laune, Stimmungen, Erfahrungen, Erinnerungen, schnelle Entschlüsse und anderes mehr beeinflussen das Verhalten gegenüber Kindern, ohne daß man im jeweiligen Augenblick darüber nachgedacht hat. Eltern reagieren auf ihr Kind auch nicht jedesmal gleich, sondern oft anders.

Alltägliche Erziehung

Wie man die meisten Verhaltensweisen ‹unwillkürlich› zeigt, das heißt, ohne daß man vorher groß darüber nachgedacht hat, macht man es auch mit Kindern: Nicht Überlegung, Abwägen und Planung bestimmen hauptsächlich das augenblickliche Verhalten, sondern schnelle Entschlüsse, Gefühle und Gewohnheit.

Alltägliche Erziehung ist zumeist Erziehung aus dem Stegreif.

Meistens ist das auch richtig so. Man kann sich nur ungezwungen und ‹natürlich› verhalten, wenn man nicht jede Kleinigkeit genau abwägt und plant. Und solange das Elternverhalten nicht ganz vom Zufall abhängt und so voller Widersprüche ist, daß das Kind nicht mehr weiß, was es tun und lassen soll, ist ungezwungenes, natürliches Elternverhalten ausgesprochen wünschenswert. Menschen sind eben keine Roboter, sondern unvollkommen, abhängig von ihrer jeweiligen körperlichen und seelischen Verfassung, sie haben Stärken und Schwächen. Auch Eltern. Diese Erfahrung ist auch für die kindliche Entwicklung durchaus wichtig.

Ungezwungenes, ‹natürliches› Elternverhalten anzustreben bedeutet freilich nicht, daß man auf das Nachdenken, Abwägen oder planmäßige Vorgehen in der Erziehung verzichten sollte. Im Gegenteil. Sich vorausschauend bemühen, dem Kind gerecht zu werden, und sich in Ruhe Gedanken machen, erspart einem ja gerade dann krampfhaftes Nachdenken im unpassenden Augenblick, wenn man schnell handeln will. Es ermöglicht erst, in dem jeweiligen Augenblick ungezwungen zu sein. Gedankenlosigkeit in der Erziehung ist mindestens ebenso bedenklich wie vor jeder Handlung oder Äußerung lange nachzugrübeln, ob man sich jetzt richtig verhält. Dann kommt man zu gar nichts und begeht auch häufig nicht wieder gutzumachende Fehler:

Die Tochter kommt ganz stolz aus der Schule nach Hause und sagt: «Unsere Lehrerin hat mich heute gelobt, weil ich dem Peter bei einer Aufgabe geholfen habe, obwohl wir uns in der Pause geprügelt haben.» Dann ist es richtig und notwendig, wenn die Mutter sich *spontan* darüber freut (nicht über die Prügelei) und ihrer Tochter sagt, daß sie das auch ganz toll findet und daß sie sich darüber freut, daß ihre Tochter ihr das erzählt. Da kann man nicht erst lange abwägen, ob man jetzt begeistert sein darf oder nicht.

Wenn ein kleines Kind, ohne auf den Verkehr zu achten, auf die Straße läuft, muß die Mutter es reflexartig zurückreißen und es, soweit es schon so verständig ist, über die Gefahr aufklären.

Gezielte Verhaltensänderung

Nun ist es aber möglich, daß diese spontane Erziehung in einigen Fällen nicht mehr so richtig klappt, wie man es sich eigentlich wünscht. Man merkt es an vielerlei Dingen:

- Das Kind zeigt ein problematisches und höchst beunruhigendes Verhalten, ohne daß man den Eindruck hat, irgendwelche Fehler gemacht zu haben.
- Man ärgert sich in einer bestimmten Situation immer wieder über sein eigenes Verhalten, weil man eigentlich etwas anderes sagen oder tun wollte.
- Man möchte ein bestimmtes Ziel erreichen, hat auch Vorstellungen, wie es aussehen soll, aber dann hapert es an der Verwirklichung.

Offensichtlich stößt man hier an Grenzen, die man nicht ohne weiteres überspringen kann, wo einem gute Wünsche und spontanes Verhalten nicht so recht weiterhelfen. Gewohnheiten, eigene Erfahrungen können einen daran hindern, solche Probleme in den Griff zu kriegen. In so einem Fall kann eine *gezielte Verhaltensänderung* zunächst die alltägliche Erziehung ersetzen. Gezielt heißt,

- daß man sich über das angestrebte Ziel im klaren ist,
- daß man jeden Schritt zum Erreichen dieses Ziels festlegt und durchführt,
- daß man den Erfolg der Änderung überprüft.

Das ist ungefähr so, als wenn Sie ein Haus bauen wollen:

Sie können Ziegelsteine an jeder Stelle vermauern. Doch das bedeutet noch lange nicht, daß Ihr gewünschtes Haus auch tatsächlich dabei herauskommt. Um das zu gewährleisten, brauchen Sie einen Plan! Aus diesem Plan geht hervor, wie das Haus aussehen soll, wo Türen, Fenster und Räume hinsollen. Sie müssen angeben, wann welche Arbeiten gemacht werden müssen und was vorher alles dasein soll: Sie können keinen Dachstuhl setzen, bevor nicht die Mauern gezogen sind, und Sie können die Mauern nicht setzen, bevor nicht das Fundament geschüttet ist. Und außerdem muß vorher noch die Kellerdecke geprüft und abgenommen worden sein.

Zusammenfassung

1.

Alltägliche Erziehung ist zumeist Erziehung aus dem Stegreif, das heißt, nicht von Überlegung und Planung bestimmt, sondern von Gefühlen und schnellen Entschlüssen.

2.

Wenn man mit alltäglicher Erziehung ein bestimmtes Problem nicht bewältigt, kann man vorübergehend eine gezielte Verhaltensänderung einsetzen.

3.

Gezielte Verhaltensänderung unterscheidet sich von alltäglicher Erziehung hauptsächlich dadurch, daß sie *planmäßig* vor sich geht. Das bedeutet:

○

Das Ziel und der Weg dahin sind festgelegt und bekannt.

○

Die Schritte zu diesem Ziel werden auf ihren Erfolg hin überprüft.

2. Kapitel

Problem und Ziel

In diesem Kapitel machen Sie sich klar, wo Sie und Ihr Kind Schwierigkeiten haben. Sie benennen und beschreiben Ihr Hauptproblem und stellen fest, wen dieses Problem wie stark belastet.

Welche Schwierigkeiten haben Sie?

Beschreiben Sie jetzt bitte kurz die Schwierigkeiten, die Sie mit Ihrem Kind haben. Was ist Ihr und Ihres Kindes Problem?

Bitte schreiben Sie Ihr und Ihres Kindes Problem auf

→**Arbeitsblatt 1.**

Versuchen Sie dann einen Begriff zu finden für dasjenige Verhalten Ihres Kindes, das Ihnen am meisten Schwierigkeiten bereitet. Dazu ein Beispiel:

> Wenn Ihr Kind abends nicht ins Bett gehen will und dauernd herumläuft, noch etwas ißt, dreimal aufs Klo geht, viermal gute Nacht sagt, dann doch wieder etwas vergessen hat und noch sehr viel erzählt, schnell noch etwas nascht und wieder einen Augenblick vorm Fernseher sitzen bleibt und Sie so langsam, aber sicher auf die Palme treibt, dann wäre ein Begriff für das alles: Mein Kind zögert das Zubettgehen hinaus.

Benennen Sie jetzt bitte so knapp wie möglich das Verhalten Ihres Kindes, das Ihnen die meisten Schwierigkeiten bereitet, indem Sie möglichst einen Begriff dafür schreiben auf

→**Arbeitsblatt 2.**

Dieses Verhalten von Arbeitsblatt 2 nennen wir von jetzt an *Problemverhalten* Ihres Kindes.

Wen belastet das Problemverhalten?

Dieses Problemverhalten kann für Sie als Eltern, für die Umgebung Ihres Kindes oder für Ihr Kind selbst eine Belastung sein.

> Wenn ein Kind plötzlich anfängt, heimlich Zigaretten zu rauchen, ist das in erster Linie für das Kind selbst schädlich.
> Wenn ein Kind auf einmal immer seine Spielkameraden schlägt, sooft es nicht seinen Willen bekommt, ist das für seine Umgebung eine Belastung.
> Wenn ein Kind sich weigert, seine Spielsachen wegzuräumen, geht das hauptsächlich seinen Eltern auf die Nerven.

Natürlich kann ein Problemverhalten auch alle drei Seiten belasten oder schädigen: Eltern, Umgebung und das Kind selbst.

Kreuzen Sie bitte für Ihren Fall an,

wen das Problemverhalten Ihres Kindes wie stark belastet. Machen Sie bitte Kreuze in der unteren Hälfte von

→Arbeitsblatt 2.

Erste Überlegungen zum Zielverhalten

Wenn Sie das Problemverhalten Ihres Kindes mit Hilfe dieses Programms ändern wollen, dann haben Sie vielleicht auch schon eine Vorstellung davon, wie Ihr Kind sich Ihrer Meinung nach statt dessen verhalten soll.

> Wenn ein Kind immer Streit sucht und sich mit seinen Freunden prügelt, dann möchte man, daß es friedlich mit ihnen spielt.
> Wenn ein Kind seine Spielsachen immer überall liegenläßt, möchte man, daß es sie wegräumt.

Beschreiben Sie jetzt bitte kurz, wie Sie sich das andere, ‹neue› (‹richtigere›) Verhalten Ihres Kindes vorstellen, oben auf

→Arbeitsblatt 3.

Sie haben jetzt in etwa ein *Zielverhalten* für Ihr Kind benannt.
Kreuzen Sie bitte einmal an, für wen es von Vorteil wäre, wenn Ihr Kind in Zukunft dieses Zielverhalten zeigen würde. Machen Sie Ihr(e) Kreuz(e) in die Mitte von

→Arbeitsblatt 3.

Gründe für das Zielverhalten

Wenn man für sein Kind so ein Zielverhalten wünscht und anstrebt, kann das natürlich viele Gründe haben.
Wenn man will, daß sein Kind die Spielkameraden nicht schlägt, sondern friedlich mit ihnen spielt, dann deswegen,

○ weil man es satt hat, von den Eltern der Spielkameraden darauf angesprochen zu werden. Denn das ist einem peinlich.

oder

○ weil man Angst hat, daß bald kein Kind mehr mit dem eigenen spielen will.

oder

○ weil man denkt, man müßte jeden Streit selbst schlichten. Und das ist nicht nur lästig, sondern eine glatte Überforderung.

oder

○ weil man möchte, daß das Kind mit anderen gut auszukommen lernt.

Und sicher gibt es noch viele andere Möglichkeiten, warum man ein bestimmtes Zielverhalten für sein Kind anstrebt.
Bitte begründen Sie jetzt einmal für sich selbst, warum Sie für Ihr Kind das Zielverhalten von Arbeitsblatt 3 oben wünschen. Schreiben Sie sich eine kurze Begründung unten auf

→Arbeitsblatt 3.

Zusammenfassung

1.

Sie haben Ihre und Ihres Kindes Schwierigkeiten beschrieben.

2.

Dasjenige Verhalten Ihres Kindes, das die meisten Schwierigkeiten macht, ist das Problemverhalten Ihres Kindes.

3.

Das Problemverhalten kann verschiedene Personen belasten oder schädigen.

4.

Sie haben in etwa ein Zielverhalten für Ihr Kind benannt und kurz begründet, warum Sie dieses anstreben.

3. Kapitel

Erziehung und Gesellschaft

In diesem Kapitel befassen wir uns mit den Grundlagen der Erziehung: Was bedeutet Erziehung, welchen Sinn hat sie, welche Aufgaben haben Eltern? Besonders für diejenigen, die an der Erziehung ihres Kindes etwas ändern wollen, ist es wichtig, diese Grundlagen zu kennen.

Erziehung findet immer dann statt, wenn Einfluß auf die Persönlichkeitsentwicklung genommen wird.

Den meisten Eltern sind die folgenden Dinge vielleicht bekannt, es ist jedoch wichtig, sie sich noch einmal ins Gedächtnis zu rufen und bei der Verhaltensänderung zu berücksichtigen.

Die Aufgabe der Erziehung für die Gesellschaft

Wir alle leben in Gemeinschaft mit anderen Menschen und müssen miteinander auskommen, füreinander arbeiten, uns verständigen und miteinander vertragen. Kurz: Wir sind alle Mitglieder unserer Gesellschaft und aufeinander angewiesen. Dabei verstehen wir unter Gesellschaft: die Bevölkerung eines Landes, Volkes oder Staates in allen ihren Schichten und Untergliederungen mitsamt den Einrichtungen, die das Zusammenleben der Menschen regeln oder beeinflussen (Wirtschaft, Rechts- und Finanzwesen, Informationsaustausch).

In jeder Gesellschaft gibt es Regeln, wie man miteinander umgeht und wie man sich verhalten soll. Es gibt erwünschte und unerwünschte Verhaltensweisen.

Erziehung hat die Aufgabe, Kinder mit diesen Regeln vertraut zu machen. Sie soll ihnen erwünschte Verhaltensweisen und erwünschte Eigenschaften beibringen und unerwünschte verhindern.

Erwünscht sind diejenigen Eigenschaften und Verhaltensweisen, die für den Fortbestand und die Entwicklung der Gesellschaft *nützlich* sind. Und das ist von Gesellschaft zu Gesellschaft verschieden:

In einem Volk, das von der Jagd lebt, dürfen die Menschen keine Angst vor wilden Tieren haben. Wenn vor ihnen ein Bär auftaucht, dürfen Sie nicht gleich vor lauter Angst weglaufen, denn der Bär bedeutet Nahrung für alle. Sie müssen also schnell reagieren, überlegen, wie sie es am besten anstellen, den Bären zu fangen und zu erlegen. Um die Existenz des ganzen Volkes zu sichern, es zu ernähren, braucht jedes Mitglied Eigenschaften wie List, Schlauheit, Unerschrockenheit. Das sind die in dieser Gesellschaft nützlichen und erwünsch-

ten Eigenschaften.
In einer Gesellschaft, die hauptsächlich von Industriearbeit lebt, müssen die Menschen unter anderem Routinearbeiten schnell und fehlerfrei erledigen, Stress und Leistungsdruck aushalten, sich an wechselnde Verhältnisse schnell anpassen können; sie müssen ständig bereit sein dazuzulernen, sich zu spezialisieren und zu verbessern und sich voll einzusetzen, und dabei Rückschläge ohne Murren ertragen können. Andererseits müssen die Menschen ihr Leben so einrichten können, daß sie sich körperlich und seelisch wohlfühlen.
In unserer Gesellschaft nützliche und erwünschte Eigenschaften sind also unter anderem Beständigkeit, Einsatzbereitschaft, Belastbarkeit, Anpassungsfähigkeit, Lernbereitschaft, Fachkenntnisse.

Wie eine Gesellschaft ihren Lebensunterhalt erarbeitet, das bestimmt einen großen Teil der Vorstellungen von erwünschten, ‹guten› Eigenschaften. Zum anderen Teil bestimmen Geschichte, Religion und besonders die innere Ordnung einer Gesellschaft, was erwünscht, erlaubt, geduldet und verboten ist.

Ob in einem Land eine mächtige Kirche besteht oder nicht oder ob ein Land eine bewegte oder ruhige Geschichte hatte, ob in einer Demokratie tatsächlich jeder überall gleiches Recht hat, oder ob es Gruppen gibt, die sich auch gegen den Willen der Mehrheit durchsetzen und den ‹kleinen Mann› mundtot machen können – alles das bestimmt darüber mit, was in der jeweiligen Gesellschaft erwünscht ist und was nicht.

Erwünscht sind Verhaltensweisen, die nützlich sind für die Gesellschaft, so wie sie ist. Das heißt noch lange nicht, sie sind für jeden einzelnen oder auch die Mehrheit der Menschen nützlich. Besonders sogenannte unterdrückte Minderheiten (Rentner, Gastarbeiter, Kinder) erreichen mit den erwünschten Eigenschaften wie Geduld und Anpassungsfähigkeit gar nichts, wenn sie an ihrer Lage etwas ändern wollen. Diese Eigenschaften nützen am meisten denen, die in der jeweiligen Gesellschaft sowieso obenauf sitzen, weil ihre Stellung dadurch unbestritten bleibt.

Also: Gesellschaftlich nützliches Verhalten ist nicht unbedingt für jeden einzelnen nützlich. Gesellschaftlich nützlich heißt dem Fortbestand und der Entwicklung der jeweiligen Gesellschaftsform dienlich.

Der Einfluß der Gesellschaft auf die Erziehungsziele

Jede Erziehung verfolgt ein Ziel. Das übergeordnete, allgemein gültige Erziehungsziel ist: Das Kind soll lernen, mit der Lebenswirklichkeit möglichst gut zurechtzukommen. Das heißt, das Kind soll sich im Leben zurechtfinden, mit seinen Gegebenheiten und Anforderungen fertig werden, dazu muß es sich ihnen anpassen können.

In der Erziehung lernt das Kind, mit der Lebenswirklichkeit zurechtzukommen.

Diese Lebenswirklichkeit besteht aus den gesellschaftlichen Umständen, in denen Eltern und Kind leben. Diese gesellschaftlichen Umstände wiederum machen sich in den Anforderungen bemerkbar, die an den einzelnen gestellt werden. Das allgemeine Erziehungsziel, nämlich der Gesellschaft nützliche Eigenschaften und Verhaltensweisen zu erwerben, äußert sich in direkten Anforderungen an den einzelnen. Diese direkten Anforderungen wiederum bestimmen die alltäglichen, faßbaren Erziehungsziele:

Wer Nachbarn hat, die sich über jeden Lärm gleich beschweren, der muß seine Kinder wohl oder übel zum Leisesein erziehen, um nicht aus der Wohnung gekündigt zu werden.

Aus der Anforderung der Umgebung ergibt sich also notgedrungen das faßbare Erziehungsziel, nämlich ‹leise Kinder›.

Solche Anforderungen sind nicht für jeden gleich, nicht für alle Kinder, nicht für alle Eltern:

In manchen Familien sind viele Kinder, in manchen nur eins.
Manche Eltern wollen straffe Ordnung, manche nehmen alles etwas lockerer.
Manche haben einen anstrengenden Beruf, manche einen weniger anstrengenden.
Manche sind arm, manche reich.
Manche haben ein Haus mit Garten, manche eine Etagenwohnung.

Und wenn die Lebensumstände unterschiedlich sind, so sind auch die konkreten Anforderungen für Eltern und Kinder unterschiedlich; ja sogar oft widersprüchlich:

Kinder sollen viel an der frischen Luft spielen, aber es gibt zuwenig Spielplätze, und Rasenflächen dürfen sie nicht betreten. Sie sollen sich austoben, aber bei zuviel Lärm schimpfen die Nachbarn. Erwachsene sollen mündige Bürger sein, müssen aber auf der Arbeit auch unsinnige Anweisungen befolgen.

Die Widersprüchlichkeit solcher Anforderungen spiegelt die Widersprüchlichkeit der Lebenswirklichkeit wider: Familie, Bekannte, Nachbarn, Behörden, Arbeitgeber, Kollegen, ja die verschiedensten Gruppen stellen Ansprüche und Forderungen an den einzelnen, welche sich selbstverständlich auch auf die Erziehung auswirken.

Daß diese Ansprüche nicht für jeden gleich sind, daß manche Menschen reich, andere arm sind, manche ein Haus mit Garten haben, andere nicht, liegt nun allerdings nicht an der ‹freien Willensentscheidung› einzelner, die sich entschließen, reich zu sein, und andere entschließen sich nicht. Denn jeder kann schließlich nur im Rahmen derjenigen Möglichkeiten und Chancen handeln, die er im Leben vorfindet. Daß diese Möglichkeiten und Chancen ebenfalls nicht für alle gleich, sondern genau wie Geld, Macht, Einfluß und Besitz ungleich verteilt sind, ist vielmehr eine gesellschaftliche Frage. Es hängt damit zusammen, wie die Steuern, das Erbrecht, das Bildungswesen, das Einkommensgefüge oder der Arbeitsmarkt gestaltet sind und wie in unserer Gesellschaft wichtige politische Entscheidungen zustande kommen, wem diese Entscheidungen *nützen* und wer die Folgen zu tragen hat.

Welche der an einen gestellten Anforderungen man erfüllt, hängt nicht zuletzt davon ab, welche gesellschaftliche Gruppe größere Macht auf einen ausübt. Das heißt, manche Gruppen stehen in der gesellschaftlichen Rangordnung über einem und können einen zur Erfüllung der Anforderungen notfalls zwingen. Arbeitgeber, Vorgesetzte haben mehr Macht als man selbst, können einen zum Beispiel zwingen, selbst bei größter Hitze mit Schlips und Kragen im Büro zu erscheinen, obwohl das den eigenen Interessen im Augenblick widerspricht. Indem so eine Gruppe Zwang ausüben kann, übt sie Macht über einen aus. Macht und Einfluß aber gehören zur Wirklichkeit unseres Lebens hier und heute genauso wie die Tatsache, daß unter den heutigen Verhältnissen nicht alle gleichmäßig an der Macht teilhaben. Das heißt, die meisten haben praktisch keine Macht und manche haben viel davon. Weil aber nun Erziehung darauf abzielt, daß das Kind mit der Lebenswirklichkeit zurechtkommt, und die ungleiche Verteilung von Macht zu dieser Lebenswirklichkeit gehört, deswegen wirken sich die gesellschaftlichen Machtverhältnisse stets auf die Erziehung aus.

Ein Beispiel soll das noch mal erläutern:

Herr und Frau Fricke wohnen in einem großen Neubau. Ringsum gibt es keinen Spielplatz. Deswegen dürfen ihre Kinder Frank und Manuela noch lange nicht im Treppenhaus spielen, ein Schild am Hauseingang verbietet es. Für Herrn und Frau Fricke ist es daher praktisch ein Erziehungsziel, daß Frank und Manuela immer schön ruhig sind und nicht auf der Treppe herumtoben. Denn im Fall wiederholter Beschwerden hat die Wohnungsgesellschaft die Macht, Frickes aus ihrer Wohnung zu kündigen.
Andererseits haben einzelne Mieter nicht die Macht, die Gesellschaft zum Bau eines Spielplatzes zu zwingen. Das können sie nur – wenn überhaupt – zum Beispiel in Form von Mieterinitiativen oder wenn sie sich anders organisieren und *gemeinsam* ein Ziel verfolgen.

Gesellschaftlicher Wandel

Natürlich können sich die gesellschaftlichen Machtverhältnisse und Zustände und damit die Gegebenheiten und Anforderungen auch ändern. Es ist noch gar nicht so lange her, da war das Familienoberhaupt stets nur der Mann. Und es verstand sich von selbst, daß er auch seiner Frau Anweisungen gab. Frauen hatten nichts zu sagen. Reste dieses Zustandes finden sich auch heute noch in Gesten und Verhalten von Männern und Frauen. Je mehr Frauen jedoch eine berufliche Tätigkeit aufnahmen, je besser Frauen sich in gewerkschaftlichen und sonstigen Frauengruppen zusammentaten, desto größer wurde ihr Selbstbewußtsein. Dieses Selbstbewußtsein führte dazu, daß sie ihre benachteiligte Lage erkannten und es durchsetzten, daß ihnen mehr und mehr Rechte eingeräumt wurden. Auch das Grundgesetz der BRD enthält bereits die Forderung nach Gleichberechtigung.

Je selbstverständlicher die Gleichberechtigung der Geschlechter für Kinder von heute ist, desto nachdrücklicher werden sie als Erwachsene auf diesem gleichen Recht bestehen.

Mit der Erziehung von heute werden also auch schon Voraussetzungen geschaffen für die Gesellschaft, in der die Kinder morgen als Erwachsene leben.

Wenn Kinder in der Familie rechtzeitig lernen, mitzudenken, mitzureden, mitzuentscheiden, werden sie sich diese Rechte auch später nicht mehr nehmen lassen und sich für ihre Mitsprache einsetzen.

Will man sein Kind bestmöglich auf zukünftige Anforderungen vorbereiten, muß man sich schon heute überlegen, wie diese Zukunft aussieht oder aussehen soll.

Wenn Sie beispielsweise annehmen, daß es in Zukunft mehr und mehr auf Selbständigkeit, Mitdenken, Mithandeln, aufs füreinander Einstehen (Solidarität) und gemeinsame Entschlußkraft ankommt, dann tun Sie Ihrem Kind einen Gefallen, wenn Sie diese Eigenschaften und Verhaltensweisen schon heute fördern.

Zusammenfassung

1.

In der Erziehung lernt das Kind, sich in der Lebenswirklichkeit zurechtzufinden.

2.

Erziehung soll dem Kind die erwünschten und nützlichen Haltungen, Eigenschaften und Fähigkeiten beibringen.

3.

Nützlich heißt in erster Linie: Das Verhalten dient dem Fortbestand der Gesellschaft. Was im einzelnen erwünscht und nützlich ist, bestimmen die persönlichen Lebensumstände und die jeweilige Lebenswirklichkeit des Kindes und der Eltern.

4.

Zu den Lebensumständen und der Lebenswirklichkeit gehören a) die allgemeinen Bedingungen, wie die Gesellschaft ihren Lebensunterhalt erarbeitet, ihre Geschichte, ihre innere Ordnung und ihre Machtverhältnisse. Dieser Teil der Lebensumstände ist für alle gleich, aber im Laufe der Geschichte veränderbar.

b) die persönlichen Lebens- und Arbeitsbedingungen, Forderungen und Erwartungen von Verwandten, Bekannten oder Kollegen.

Dieser Teil der Lebensumstände ist für jeden anders und oft widersprüchlich. Er ist vielfach kurzfristig veränderbar.

5.

Erziehung ist zugleich immer Erziehung für die Zukunft. Die Erziehung von heute bereitet auf die Gesellschaft von morgen vor.

4. Kapitel

Lage der Eltern

Damit Sie die Probleme mit Ihrem Kind von allen Seiten richtig aufschlüsseln, wollen wir Ihr Augenmerk noch kurz auf Ihre Lage als Eltern lenken.

Wie lernt man erziehen?

Sie müssen Ihr Kind erziehen, ohne daß es Ihnen jemand beigebracht hat. Zwar leuchtet jedem ein, daß man lesen, schreiben, einen Beruf oder Autofahren *lernen* muß. Erziehen aber wird nicht gelehrt. Daher blicken viele Eltern auf ihre eigene Erziehung zurück und nehmen diese – meist unbewußt – zum Vorbild. Aber auch andere Dinge beeinflussen Ihr Verhalten gegenüber Ihren Kindern: persönliche Erfahrungen, die Sie in Ihrem Leben gemacht haben und noch machen. Auch Ihre unmittelbare Umgebung nimmt Einfluß: Tadel von Lehrern Ihres Kindes, Bemerkungen von Nachbarn, Ratschläge von Bekannten, aber auch das Verhalten von Spielkameraden Ihrem Kind gegenüber. Diese Mitmenschen haben – nebenbei gesagt – durchaus ein eigenes Interesse an ‹wohlerzogenen› Kindern. Denn mit braven, gehorsamen, fleißigen Kindern haben sie es leichter als mit solchen, die ihren eigenen Willen haben und sich nicht alles gefallen lassen.

Im großen und ganzen sind Eltern auf sich allein gestellt. Sie erleben zwar, wie Ihr Kind und Sie selbst von gesellschaftlichen und umgebungsmäßigen Verhältnissen und Zuständen abhängig sind, aber Sie können sich dem nicht entziehen. Sie erleben, wie andere Menschen Forderungen und Erwartungen an Ihr Kind und Sie selbst stellen. Diese Erwartungen und Forderungen erkennen Sie vielleicht oft gar nicht als solche, weil sie Ihnen in Form von Sitten, Bräuchen, Umgangsformen, Gewohnheiten entgegentreten. Sie sind aber trotzdem da. Allen Erwartungen genügen und nie ‹anecken› wollen ist genauso aussichtslos wie zu meinen, man könnte sich diesen Erwartungen stets entziehen. Da ist es schon eher sinnvoll zu versuchen, diese Erwartungen zu erkennen und sich damit auseinanderzusetzen. Sie können sich überlegen, welche Erwartungen richtig und berechtigt sind oder ob sie Ihren eigenen Vorstellungen widersprechen. Und schließlich werden Sie feststellen, was gut für Ihr Kind und für Sie selbst ist, und entscheiden, welche Erwartungen Sie sich zu eigen machen und erfüllen und welche nicht.

Erziehung – Privatsache?

Viele Eltern sind der Meinung, daß die Erziehung ihrer Kinder ihre reine Privatangelegenheit sei, daß allein sie bestimmen, wie die Erziehung aussehen, was sie erreichen soll. Wie wir aber im vorigen Kapitel dargelegt haben, geht die Bedeutung der Erziehung über den privaten Bereich hinaus. Denn Erziehung hat eine wichtige gesellschaftliche Aufgabe: Erziehung soll den Kindern gesellschaftlich nützliche Verhaltensweisen und Eigenschaften beibringen. Diese gesellschaftliche Aufgabe der Erziehung setzt Ihnen als Eltern einen Rahmen. Innerhalb dieses Rahmens können Sie Ihre persönlichen Vorstellungen verwirklichen. Dies wird deutlich, wenn Eltern diesen Rahmen verlassen; dann nimmt der Staat ihnen die Erziehung aus der Hand und bringt das Kind ins Heim. Geht Ihr Kind nicht regelmäßig zur Schule oder begeht es Diebstähle, dann greift er in schlimmen Fällen sogar mit Polizeigewalt ein. So geht nicht nur die Bedeutung der Erziehung, sondern natürlich auch die Bedeutung von Erziehungsproblemen über den familiären Bereich hinaus. Auch Erziehungs*probleme* sind nicht reine Privatangelegenheit der Eltern, und sie können es auch gar nicht sein. Zu einem bestimmten Teil sind sie schließlich auch durch ‹äußere› Dinge verursacht, das heißt durch Dinge, die man als einzelner gar nicht in der Hand hat. Ja auch die ‹persönlichen Lebensverhältnisse› sind zu einem guten Teil gar nicht vom einzelnen zu beeinflussen.

Aus dem bisher Gesagten folgt zweierlei:

1. Erziehungsprobleme sind nie nur persönliche ‹Schuld› der Eltern. Auch Ihre nicht.
2. Sie können Ihre Erziehungsprobleme nicht lösen, ohne daß Sie die äußeren Einflüsse bedenken und berücksichtigen.

Schon die Tatsache, daß Erziehungsprobleme heutzutage stark zugenommen haben und daß bei vielen Eltern die Erziehung nicht reibungslos klappt, ist ein klares Zeichen dafür, daß es sich um eine eher allgemeingesellschaftliche Entwicklung handelt als um eine zufällige Häufung privater Probleme.

Teilweise kommt diese Entwicklung sicher auch daher, daß heute mehr Eltern als früher ihre Kinder als gleichwertige Familienmitglieder anerkennen. Indem sie aber die Kinder anerkennen, nehmen sie auch deren Wünsche, Ansprüche, Probleme ernst. Diese Wünsche und Ansprüche stimmen aber nicht immer mit denen der Eltern überein. Zwischen solchen manchmal gegensätzlichen Wünschen den gerechten Ausgleich zu finden ist für Sie als Eltern sicher manchmal schwer und eine Quelle für Probleme.

Unbewußte Einflüsse in der Erziehung

Eltern erzielen oft eine erzieherische Wirkung, ohne bewußt etwas dazu zu tun. Denn den größten Teil seines Familienlebens sieht man ja gar nicht als Erziehungsmaßnahme an, sondern hält ihn eben für selbstverständlich.

> Wenn die Eltern ihren Söhnen Stabilbaukästen und ihren Töchtern Puppen schenken, erzielen sie damit ebenfalls erzieherische Wirkungen. Sie festigen zugleich die sogenannten Geschlechterrollen-Vorurteile.

Dabei ist für Mädchen das Puppenspiel sehr wohl eine wirklichkeitsnahe Vorbereitung auf die Gegebenheiten des Lebens. – Allerdings nur solange man voraussetzt, daß Frauen allein für Heim und Herd zuständig sind und nicht für berufliche Tätigkeit. Und diese Voraussetzung stimmt schon heute meistens nicht mehr. (Für Jungen gilt umgekehrt dasselbe.)

Wenn es in einer Familie so zugeht, daß die Kinder (sie sind die ‹Kleinen›) den Mund halten müssen und daß sowieso immer nur einer (zum Beispiel der Vater) bestimmt, dann gewöhnen sich die Kinder an den Zustand, daß man immer dann den Mund hält, wenn man nicht gerade selbst derjenige ist, der das Sagen hat.

Auch so ein Familienleben wäre eine wirklichkeitsnahe Vorbereitung auf das Leben. Nämlich auf ein Leben, wo einer (zum Beispiel der Vorgesetzte) was sagt und alle anderen gehorchen. (Es ist aber zugleich auch eine *Festlegung* auf das Leben, wie die Eltern es *heutzutage* noch erleben.)

Lage der Kinder

Bei Erziehungsproblemen zu sagen «Mein Kind ist unverbesserlich schlecht und mißraten, und niemand kann etwas dafür», ist sicher nicht mehr möglich. Das kann nur jemand denken, der gar nichts verbessern will oder es schon lange aufgegeben hat, etwas zu verändern. Vielmehr ist ein Kind großenteils ‹Produkt› seiner Umgebung (zu der natürlich auch die Eltern gehören).

Jeder hat es schon mal gesehen: Erwachsene drängeln sich in Kaufhäusern vor, beschimpfen kurz mal Kinder von Fremden, weil ihnen irgendwas nicht paßt (was dieselben Leute sich bei anderen Erwachsenen nicht so leicht trauen würden). Kinder können sich gegen ungerechte Behandlung oder schlechte Einflüsse von allein nur schwer wehren. Wenn, tun sie es auf ihre Weise: Sie werden störrisch, dickköpfig oder aufsässig, oder sie ziehen sich still in sich selbst zurück und werden scheu. Nicht jeder weiß diese und ähnliche Zeichen zu deuten. Sie sind eine Art Notwehr gegen ungerechte oder falsche Behandlung. Die Probleme der Umwelt mit dem Kind sind eben zugleich auch die Probleme des Kindes mit der Umwelt. Oder auf die Familie bezogen:

Die Probleme der Eltern mit dem Kind sind zugleich die Probleme des Kindes mit seinen Eltern.

Die besondere Stellung der Eltern

Zur ‹Erziehung› gehören immer zwei Seiten: eine, die erzieht, und eine, die erzogen wird. Ohne Frage sind Sie als Eltern die stärkere Seite: Sie sind älter, erfahrener, kräftiger, wissen mehr, Sie verdienen das Geld, besorgen die Dinge, die Ihr Kind braucht, und Sie haben (auch gesetzlich) das Recht zu bestimmen, wie Sie Ihr Kind erziehen wollen. Wie sehr Sie von ihrer stärkeren Stellung Gebrauch machen oder ob Ihnen Ihr Kind auf der Nase herumtanzt, ist eine andere Frage. Denn eine stärkere Stellung haben und eine starke Stellung ausnutzen sind zwei verschiedene Dinge. Wegen Ihrer stärkeren Stellung ist es auch in erster Linie *Ihre* Aufgabe, die Probleme zwischen Ihnen und Ihrem Kind anzupacken und zu lösen. Indem Sie die Schwierigkeiten entschlossen angehen, anstatt zu warten, bis sie größer werden, kommen Sie Ihrer Erziehungsberechtigung und -verantwortung in besonderer

Weise nach. Unser Programm soll Sie dabei unterstützen und ermutigen.

Zusammenfassung

1.

Erziehung ist nicht nur reine Privatangelegenheit.

2.

Von der Gesellschaft werden an die Eltern Anforderungen und Erwartungen gestellt, denen sie sich schlecht entziehen können.

3.

Diese Anforderungen setzen einen Rahmen für die Erziehungsmöglichkeiten, die die Eltern haben. Wird dieser Rahmen gesprengt, greift der Staat ein.

4.

Auch Erziehungsprobleme sind daher nicht reine Privatangelegenheit oder -schuld.

5.

Eltern haben Kindern gegenüber die stärkere Stellung.

6.

Kinder können sich selbst schlecht gegen Ungerechtigkeiten wehren. Daher ist es auch Aufgabe der Eltern, Schwierigkeiten anzugehen, um ein für beide Teile zufriedenstellendes Verhältnis zu ermöglichen.

7.

Der erste Schritt für eine Lösung des Problems ist, daß man die Anforderungen und Erwartungen erkennt und überdenkt, daß man entscheidet,

○

welche sinnvoll und nützlich sind und welche nicht,

○

nach welchen man sich richten sollte und nach welchen nicht.

5. Kapitel

Hinweise über die Grundlagen der kindlichen Entwicklung

In diesem Kapitel werden Sie einiges finden, was Ihnen sicher nicht ganz neu ist. Aber wir wollen Sie damit nicht langweilen, sondern nur sichergehen, daß Sie nichts Unmögliches von Ihrem Kind verlangen.

Kinder machen eine Entwicklung durch – sie wachsen, entwikkeln allmählich immer mehr Können, werden älter und selbständiger. Sie lernen nach und nach immer dazu. Um aber lernen zu können, müssen bestimmte Voraussetzungen da sein:

> Ein Blinder kann nun einmal nicht lernen, Farben zu unterscheiden. Ein zweijähriges Kind kann nicht lernen, Bücher zu lesen.

Auch wenn man sich mit beiden noch soviel Mühe gibt – es geht einfach nicht. Es fehlt die organische Grundlage: Beim Blinden fehlt die Sehfähigkeit, aus welchen Gründen auch immer; beim Kleinkind ist das Gehirn noch nicht so weit entwickelt, daß es geschriebene Sätze aufnehmen und verarbeiten kann.

Körperliche Entwicklung der Kinder

Kinder kommen nicht als fertige Wesen auf die Welt. Sie machen bis zum Erwachsenenalter (und auch noch darüber hinaus) eine Entwicklung durch. Sie können nicht, wie die meisten Tiere, gleich laufen, wenn sie geboren werden. Man kann sie auch nicht zwingen, gleich loszulaufen. Knochen und Muskeln müssen erst so weit ausgebildet sein, daß das Kind die Möglichkeit hat, sich auf den Beinen zu halten. Das Gehirn muß so weit entwickelt sein, daß es Körperbewegungen steuern kann. Erst dann ist es möglich, mit dem Laufenlernen zu beginnen.

Genauso ist es mit allen anderen körperlichen Fähigkeiten auch. Knochen, Muskeln, alle beteiligten Organe müssen erst ausgereift sein, bevor das Kind lernen kann, mit seinem Körper etwas anzufangen. Das Gehirn spielt dabei eine besondere Rolle. Alles, was wir tun, wird von ihm aus gesteuert. Auch das Gehirn macht eine allmähliche Entwicklung durch, bis seine Nervenbahnen zu allen Organen und Körperteilen richtig ausgebildet und eingespielt sind.

Grundsätzlich kann man also sagen: Bevor bei einem Kind ein Lernvorgang einsetzen kann, muß alles, was an diesem Vorgang beteiligt ist, einen bestimmten körperlichen Reifegrad erreicht haben.

Das Kind muß bereits gelernt haben, mit den beteiligten Muskeln umzugehen: Bevor ein Kind sauber sein kann, müssen die Schließmuskeln voll ausgebildet sein. Sein Gehirn muß die Fähigkeit erlangt haben, diese Muskeln zu betätigen. Zwingt man ein Kind vor diesem Zeitpunkt (der im 3. Lebensjahr liegt) zur Sauberkeit, dann überfordert man seine Kräfte. Unter anderem auch deshalb, weil kleine Kinder das meiste dadurch lernen, daß sie es von Eltern, Geschwistern oder anderen *abgucken*. Und die Gelegenheit, anderen «richtiges» Toilettenverhalten abzugucken, wird kleinen Kindern nur selten geboten.

Erschwerend kommt dazu, daß die Regulierung der Schließmuskeln «unsichtbar» verläuft, so daß das Kind mühsam, durch Versuch und Irrtum, ein Gefühl für die richtige und rechtzeitige Wahrnehmung und Muskelbewegung erlangen muß. Läßt man dem Kind nun nicht Zeit, auch hier zu lernen, so kann die Überforderung zu seelischen Schäden führen. Nicht weil es ein besonders inniges Verhältnis zu seinen Ausscheidungen hat, wie die Psychoanalytiker glauben, sondern weil dem Kind eine Leistung zu früh abverlangt wird, die es noch nicht gelernt hat. Auch wenn das Kind sich meistens schon von selbst meldet, wenn es auf den Topf muß: Man sollte es nicht bestrafen, wenn doch mal wieder ein Unglück passiert. Auch wenn es unbequem ist, dauernd Windeln zu wechseln. Jedes Lernen braucht seine Zeit und geht nicht von heute auf morgen. (Auch wir Erwachsenen lernen beispielsweise richtiges Autofahren erst mit der Zeit und machen als Anfänger noch öfter mal Fehler.)

Seelische Entwicklung der Kinder

Nicht nur die körperliche Reifung entscheidet über das, was ein Kind, was ein Mensch lernen kann. Ebenso wie der Körper entwickeln sich seelische oder geistige Fähigkeiten ganz allmählich.

Ein dreijähriges Kind kann noch nicht begreifen, warum es nicht bei Rot über die Straße gehen soll.

Das wird es erst viel später einsehen, und auch dann kann man nicht von ihm erwarten, daß es ständig daran denkt. Kinder handeln spontan. Sie können nicht, wie Erwachsene, immer an die Folgen von dem denken, was sie gerade tun. Sie leben im Augenblick, erst mit dem Alter wächst die Fähigkeit, die Folgen ihres augenblicklichen Tuns mit zu bedenken.

Trotzdem können Eltern durch Aufmerksamkeit und Konsequenz (nicht zu verwechseln mit Strafe) das Kind daran hindern, allein über die Straße zu laufen, und ihm beibringen, es nur in Begleitung Erwachsener oder an einer Ampel bei *Grün* zu tun. Daß es möglich ist, zeigen die Besitzer gut abgerichteter Hunde. Ohne nun ein kleines Kind mit einem Hund gleichsetzen zu wollen, steht doch fest, daß (jedenfalls in der ersten Zeit ihres Lebens) beide auf gleiche Weise lernen.

Es fällt Kindern auch schwer, auf etwas zu warten. Sie möchten ihre Bedürfnisse und Wünsche sofort befriedigt haben – sie haben kein Gefühl für die Zeit, für Warten. Je jünger sie sind, desto wichtiger ist für sie der Augenblick, desto mehr leben sie nur in dem, was sie gerade tun oder was um sie herum geschieht.

Ein kleines Kind weint, wenn die Mutter weggeht. Auch wenn man ihm sagt, daß sie gleich wiederkäme.

Erst mit der Zeit entwickelt das Kind die Fähigkeit, auch längere Zeiträume abzuschätzen.

Die Hauptrolle bei der Entwicklung seelischer oder geistiger Fähigkeiten spielen das Gehirn und das Nervensystem.

Grundsätzlich gilt also auch hier: Bevor ein seelischer oder geistiger Lernvorgang beim Kind einsetzen kann, müssen die Teile des Gehirns und des Nervensystems, die an diesem Vorgang beteiligt sind, einen bestimmten Reifegrad erreicht haben.

Bevor ein Kind einsehen kann, *warum* es nicht bei Rot über die Straße gehen darf, muß es sprechen können, gelernt haben, einfache Zusammenhänge zu begreifen, eine Erklärung aufzunehmen und zu verarbeiten und auch schon eine Menge Erfahrungen gemacht haben.

Wie in der körperlichen gibt es auch in der seelischen Entwicklung Zeitpunkte, zu denen ein Kind für etwas ‹reif› ist, zum Beispiel auf die Ampel zu gucken, bevor es über die Straße läuft. Oder auf die Erfüllung eines Wunsches mal etwas länger zu warten. Oder eine gewisse Verantwortung zu übernehmen. Zuerst vielleicht für seine eigenen Spielsachen, dann für sein Zimmer. Allmählich auch für andere, ein Tier, kleinere Geschwister und auch für sein eigenes Tun.

Kinder müssen ihre Möglichkeiten erproben

Wenn eine körperliche oder seelische Entwicklung des Kindes abgelaufen ist, will das Kind seine neuen Fähigkeiten erproben. Es will damit Erfahrungen machen, sehen, was es damit anfangen kann, wie es damit umgehen muß. Kinder wollen die neu erworbenen Fähigkeiten weiterentwickeln.

Kann ein Kind einmal an einen Türdrücker heranreichen, dann macht es mit dem größten Vergnügen alle Türen in der Nähe auf und zu.

Es freut sich wie ein Schneekönig darüber, wieder etwas zu können, was ihm vorher nicht gelungen ist. Und das stellt es kräftig unter Beweis.

Dieses ‹Erproben› geht einem sicher manchmal auf die Nerven: wenn die Kinder immer alles anfassen oder dauernd Fragen stellen oder auf einmal alles selbst machen wollen. Sie fangen jetzt an, mit dem Stück Umwelt, das sie sich erobert haben, ihre eigenen Erfahrungen zu machen. Das ist wiederum notwendig, damit sie später, als älteres Kind, als Jugendlicher, als Erwachsener mit der ganzen Umwelt zurechtkommen können.

Kinder müssen lernen, mit sich, mit anderen und mit irgendwelchen Dingen umzugehen.

Lernbereitschaft

Wenn beim Kind die entsprechenden körperlichen und seelischen Grundlagen für eine Fähigkeit herangereift sind, ist das Kind am Anfang sehr empfänglich dafür, diese Fähigkeit auszubilden, *zu lernen.*

Wenn das Kind Mund, Lippen und Kehlkopf bewegen kann, wird es anfangen, Laute auszusprechen.
Wenn es Dinge aus seiner Umgebung begreifen kann, wird es viele Fragen stellen: Warum ist dies so, warum ist das so?
Wenn es allein seinen Löffel zum Mund führen kann, wird es sich

nur noch ungern von Ihnen helfen lassen.

Wenn die Voraussetzungen für eine neue Fähigkeit da sind, wird das Kind Ihnen von selbst sein Interesse zeigen, mit seinen neuen Möglichkeiten etwas anzufangen. Kinder sind dann *bereit*, zu lernen, sind meist sogar begierig darauf und haben Spaß daran. Wenn Sie Ihr Kind in dieser Zeit unterstützen und ihm helfen, seine neuen Fähigkeiten zu erproben und Erfahrungen zu sammeln, dann werden Sie sehen, wie interessiert Ihr Kind am Lernen ist. Kinder lernen gern. Sie freuen sich, daß sie auf einmal etwas können, was ihnen vorher nicht gelungen ist. (Wir Erwachsenen freuen uns ja auch über ‹Erfolgserlebnisse›.)

Kinder wollen also ihre Fähigkeiten entwickeln.

Sie wollen selbständig werden, und sie werden Ihnen ihr Interesse auf irgendeine Art mitteilen. Es kommt nun darauf an, daß Sie diese Mitteilungen verstehen und dann dieses Interesse fördern, ihre Aufgabe ist es nun, dem Kind weiterzuhelfen, sich zu entwickeln.

Entwicklung der Eltern

Wenn sich ein Kind entwickelt, immer mehr lernt, immer mehr kann, müssen sich auch die Eltern verändern. Das heißt, sie können sich einem Zehnjährigen gegenüber nicht genauso verhalten wie gegenüber einem Säugling.

Eltern müssen also auch im Laufe der Entwicklung ihrer Kinder neue Verhaltensweisen entwickeln.

Die Aufgaben der Eltern wandeln sich mit der kindlichen Entwicklung. Sie sorgen sich beim Säugling hauptsächlich um sein körperliches Wohlbefinden, zu dem auch der körperliche Kontakt zwischen Eltern und Säugling gehört. Das tritt zwar nicht in den Hintergrund, wenn das Kind lernt, seinen Körper selbst zu gebrauchen, aber die Art und Weise, wie Eltern sich um das Kind kümmern, ändert sich:

> Wenn es seinen Löffel selbst zum Mund führen kann, brauchen Sie ihm nicht mehr zu helfen.
> Wenn es laufen kann, brauchen Sie ihm sein Spielzeug nicht mehr zu holen.

Wegen der Unselbständigkeit eines kleinen Kindes übernehmen die Eltern Aufgaben für das Kind, die es selbst noch nicht erledigen kann. Wenn sich aber bestimmte Fähigkeiten entwickelt haben, müssen sie von ihren Aufgaben zurücktreten. Das Kind hat dann ein Stück Selbständigkeit erlangt und kann in bestimmten Bereichen für sich selbst sorgen, zum Beispiel sich ein Stück Brot holen, wenn es Hunger hat.

Mit der Entwicklung des Kindes ändern sich die Aufgaben der Eltern. Das Sorgen um das körperliche Wohl des Kindes tritt allmählich mehr in den Hintergrund. Dafür wird die Bedeutung der Eltern für die seelische Entwicklung und sein seelisches Wohlbefinden größer. Es wird wichtiger, das Kind in seiner seelischen und geistigen Entwicklung zu unterstützen, für es da zu sein, es zu fördern.

Auch hier ändern sich mit der Entwicklung die Aufgaben. Auch hier müssen Eltern immer mehr davon zurücktreten, für das Kind Entscheidungen zu treffen. Das Kind erlangt immer mehr Selbständigkeit auch in diesem Bereich. Es muß lernen, mit seinen Fähigkeiten umzugehen. Es muß selbst erfahren, was es damit anfangen kann und was für es selbst nützlich ist.

Grundsätzlich kann man also sagen: Mit der allmählichen körperlichen und seelischen Entwicklung des Kindes müssen die Eltern auch eine Entwicklung durchmachen.

Sie müssen lernen, mit wachsender Selbständigkeit des Kindes dem Kind selbst Aufgaben zu überlassen, die sie vorher immer übernommen haben; zum Beispiel bei einem Streit mit den Spielkameraden *nicht* zu vermitteln, sich nicht einzumischen. Das wird nicht immer ganz einfach sein. Aber machen Sie sich klar, daß aus Ihrem Kind ein Erwachsener werden soll, der mit seinen Schwierigkeiten selbst fertig werden muß, und das will rechtzeitig geübt sein.

Wozu sagen wir Ihnen das alles?

Wir geben Ihnen diese Hinweise aus zwei Gründen:

1. Damit Sie mit Hilfe dieses Programms von Ihrem Kind nur solche Dinge verlangen, die es schon können kann, das heißt, daß Sie es nicht überfordern.
2. Damit Sie selbst ihm Aufgaben überlassen, die es entsprechend seiner Entwicklung schon selbst übernehmen kann, das heißt, daß Sie es nicht unterfordern.

Fordern Sie nicht zu früh zuviel von Ihrem Kind. Aber billigen Sie ihm auch die Selbständigkeit zu, die es seiner Entwicklung gemäß schon erlangt hat.

Das richtige Maß zu finden ist sicher nicht ganz einfach. Aber sprechen Sie darüber einfach mal mit dem Kind – Sie werden dann schon merken, wo es sich über- oder unterfordert fühlt.

Zum Schluß noch ein paar ‹gute Ratschläge›:

Hindern Sie Ihr Kind möglichst wenig daran, seine Fähigkeiten und Möglichkeiten zu erproben. Es macht dadurch Erfahrungen. (Sie wissen selbst, wie wichtig Ihre eigenen Erfahrungen für Sie waren und sind.) Nur so wird es dem Kind möglich, seine Fähigkeiten richtig einschätzen und gebrauchen zu lernen. Überbehütete Kinder trauen sich entweder zuviel oder zuwenig zu – und haben es deshalb in jedem Fall schwerer.

Achten Sie darauf, wenn Ihr Kind Interesse zeigt, etwas zu lernen. Fördern Sie dieses Interesse und seine Fähigkeiten. Machen Sie sich klar, daß Ihre Aufgaben in bezug auf das Kind sich wandeln. Versuchen Sie, sich der Entwicklung Ihres Kindes anzupassen. Treten Sie freiwillig von Ihren Aufgaben zurück, wenn es an der Zeit ist (auch wenn es manchmal schmerzt).

Leider können wir Ihnen nicht auf ein paar Seiten genau sagen, wann ein Kind was können muß oder kann, zu welchem Zeitpunkt, in welchem Alter welche Fähigkeiten vorhanden sind. Das ist natürlich auch immer etwas unterschiedlich, nicht alle Kinder sind gleich. Aber bedenken Sie bei Ihren Plänen bitte diese Hinweise. Informieren Sie sich notfalls durch entsprechende Bücher, oder fragen Sie einen Kinderpsychologen, einen Erziehungsberater oder Ihren Kinderarzt. Oder wenn Sie Zweifel haben, achten Sie auf gleichaltrige Kinder und vergleichen Sie. Aber auch wenn diese vielleicht schon etwas mehr können: Lassen Sie Ihrem Kind genügend Zeit! Es wird schon von selbst sein Interesse zeigen, wenn es etwas lernen kann und möchte. Zwingen Sie es nicht, weiter zu sein, als es kann. Aber lassen Sie es auch so weit sein, *wie* es kann!

Zusammenfassung

1.

Ein Kind macht eine allmähliche körperliche und seelische Entwicklung durch.

2.

Wenn die körperlichen und seelischen Grundlagen ausgereift sind, ist es in dieser Zeit sehr lernbereit.

3.

Sie selbst können dann diese Fähigkeiten fördern und weiterentwickeln.

4.

Sie sollen nicht zuviel und nicht zuwenig von Ihrem Kind fordern, das heißt, ihm so viel Selbständigkeit und Entscheidungsmöglichkeiten lassen, wie es seinen Fähigkeiten und seinem Entwicklungsgrad entspricht.

6. Kapitel

Erziehungsziele

Erziehung ist in der Regel gemeinsame Aufgabe beider Eltern. Wenngleich auch in Wirklichkeit oft der eine den Hauptteil und der andere nur wenig von der Erziehungstätigkeit übernimmt, so sollte doch wenigstens Einigkeit zwischen beiden Eltern über die Ziele der Erziehung bestehen. Bei diesem Kapitel ist es daher besonders wichtig, daß Sie die folgenden Überlegungen zu den Erziehungszielen mit Ihrem Ehepartner gemeinsam machen. Sie sollten sich also in diesen Tagen zusammensetzen und das Für und Wider Ihrer Erziehungsziele gemeinsam besprechen. Vielleicht erscheint es Ihnen ein wenig komisch, *jetzt* über Erziehungsziele zu sprechen, wo Sie doch seit Jahren erziehen; doch Sie werden schnell merken, daß dies notwendige Überlegungen sind.

Wozu braucht man Erziehungsziele?

Erziehung hat immer Ziele, auch wenn man ihnen zum Teil nur unbewußt folgt. Oft sind die einzelnen Ziele widersprüchlich. Aber gerade darum ist es nützlich und wichtig, sich über die der Erziehung zugrundeliegenden Ziele klarzuwerden. Denn nur wenn man sein Ziel weiß, landet man nicht ‹aus Versehen› dort, wo man am Ende gar nicht hin wollte. Das gilt um so mehr bei ‹Kurswechsel›, das heißt, wenn man an der Erziehung etwas ändern will. Zwar hat man meistens ungefähre Vorstellungen, was man mit seiner Erziehung erreichen will. Selten kann man jedoch ganz genau sagen,

1. wie diese Erziehungsziele aussehen.
2. welche einzelnen Fähigkeiten ein Kind erwerben soll.
3. was man selbst als Eltern tun kann, wie man sich selbst verhalten sollte, um dem Kind die günstigsten Bedingungen zu bieten, diese Fähigkeiten zu lernen.

Damit sind die drei Gesichtspunkte abgesteckt, unter denen ‹Erziehungsziele› betrachtet werden können und müssen. Im folgenden werden wir diese drei Gesichtspunkte ausführlich erläutern, um Ihnen die Festlegung und Auswahl ‹Ihrer› Erziehungsziele zu erleichtern.

Wie können Erziehungsziele aussehen?

Unter Erziehungszielen kann man sehr unterschiedliche Dinge verstehen. Deshalb wollen wir zunächst festlegen, was wir darunter verstehen:

Erziehungsziele bezeichnen diejenigen Fähigkeiten, Eigenschaften und Haltungen, die ein Kind in der Erziehung erwerben oder entwickeln soll.

Unter Fähigkeit sollen hier die Fähigkeit überhaupt, die Bereitschaft und praktisches Können verstanden werden:

Die Fähigkeit überhaupt: Um zu schreiben, muß man mit Schreibwerkzeug umgehen und Buchstaben, Worte und Sätze aufschreiben können.
Die Bereitschaft: Die Fähigkeit überhaupt ist völlig nutzlos, wenn man sich immer weigert zu schreiben, obwohl man könnte.
Das praktische Können: Nur durch Übung und immer wiederkehrende Wiederholung kann man eine Fertigkeit so vervollkommnen, daß man sicher damit umgehen kann.

In diese drei Bestandteile kann man auch andere ‹Fähigkeiten› wie Nettsein-Können, Zuhören-Können, Geduld, Ausdauer und so weiter aufteilen.

Erziehungsziele können ganz greifbar oder eher allgemein beschrieben werden. Ein allgemeines Oberziel wäre etwa: «Das Kind soll lernen, mit der Lebenswirklichkeit zurechtzukommen.» Dieses Oberziel gilt für jede Gesellschaft. Was aber ‹mit der Lebenswirklichkeit zurechtkommen› heißt, ist in einem Indianerdorf am oberen Amazonas etwas ganz anderes als etwa im Mittelalter in Europa oder in unserer modernen Industriegesellschaft. In unserer Gesellschaft gehören dazu Fähigkeiten wie:

Arbeitsfähigkeit: In der Schule gut lernen, selbständig arbeiten können, einen bestimmten Beruf erlernen und ausüben können.
Einsichtsfähigkeit: Die Dinge, die mir wichtig sind, verstehen und damit etwas anfangen können.
Kritikfähigkeit: Kritisch beurteilen können und selbst der Kritik anderer gegenüber aufgeschlossen sein.
Einordnungsfähigkeit: Sich an Ordnungen halten, pünktlich sein, Gesetze respektieren, gut in einer Familie zusammenleben, Kompromisse schließen können.
Kontaktfähigkeit: Kontakte zu anderen knüpfen, auf andere zugehen können, gut mit anderen auskommen und zusammenleben.
Durchsetzungsfähigkeit: Berechtigte Interessen sicher vertreten und auch gegen den Widerstand anderer verwirklichen können; Konflikte austragen können.
‹Sittlichkeit›: Andere nicht übers Ohr hauen, ehrlich sein, die Persönlichkeit anderer respektieren, nach moralischen Werten leben.
Ausgeglichenheit: Zufriedenheit mit sich selbst und anderen, nicht jähzornig werden, nicht unter Kleinigkeiten leiden oder sich durch alles aus der Bahn werfen lassen.
Genußfähigkeit: Das Angenehme im Leben, Liebe und Freuden bewußt wahrnehmen und erleben können.

Diese Liste allgemeiner Erziehungsziele läßt sich sicher noch beliebig verlängern.

Zweierlei ist allen diesen aufgezählten Zielen gemeinsam:

1. Die Ziele spiegeln die gesellschaftlich gewünschten und nützlichen Eigenschaften wider. Sie sind Teil unser aller Lebenswirklichkeit. Die meisten Menschen werden diese Ziele bejahen.
2. Alle Ziele sind so allgemein, daß nicht ohne weiteres klar ist, wel-

che einzelnen Verhaltensweisen zu diesen Fähigkeiten gehören.

Auch Ihre persönlichen Erziehungsziele berücksichtigen diese Lebenswirklichkeit und werden wohl von den meisten Menschen bejaht. Weil Sie viele solcher Ziele finden, jedoch unmöglich alle zugleich verwirklichen können, müssen Sie sich Schwerpunkte setzen.

Sie treffen also eine Entscheidung, in der Sie aus den möglichen (das sind ungeheuer viele) Zielen diejenigen auswählen und zu verwirklichen suchen, die Ihnen am wichtigsten erscheinen.

Die Grenzen, auf die Sie bei der Auswahl Ihrer Erziehungsziele stoßen, werden dabei nicht allein von Ihnen bestimmt:

> Das Erziehungsziel «Ich will aus meinem Sohn einen Säufer und Gammler machen, der auch noch Rauschgift verkauft!» läßt sich wohl schwer verwirklichen, denn es würden sehr schnell eine ganze Menge Stellen (Fürsorge, Polizei und andere mehr) eingreifen und mich daran hindern. Das ist nun zugegebenermaßen ein sehr unsinniges Ziel, es sind jedoch auch Ziele denkbar, die nicht so unsinnig sind und trotzdem auf Widerstand (zum Beispiel bei den Verwandten) stoßen können. Das Ziel «Mein Junge soll auch nähen, kochen und andere Hausarbeiten lernen. Deshalb soll er auch mit Puppen spielen» wäre so ein Ziel, dem wohl nicht jeder zustimmen würde.

Der Wandel der Lebenswirklichkeit

Das zuletzt genannte Ziel hätte vor 50 Jahren noch als ganz unmöglich gegolten. Nicht nur der Junge, sondern auch seine Eltern wären damals einfach ‹unten durch› gewesen. Heute würden sich die meisten Leute nicht daran stören.

Die Lebenswirklichkeit hat sich in den letzten 50 Jahren merklich gewandelt; und zusammen mit der Lebenswirklichkeit mögliche und tatsächliche Erziehungsziele. Was zu Zeiten unserer Großeltern noch ‹unmöglich› war, ist heute selbstverständlich – und umgekehrt.

Es ist daher nur vernünftig, sich von Zeit zu Zeit zu überlegen, ob die angestrebten Erziehungsziele noch zu Recht bestehen. Jeder muß sich fragen:

«Erziehe ich mein Kind für die Zukunft, für die Zeit, in der es leben wird und die es mitgestalten soll, oder eigentlich für eine Zeit, die es schon heute nicht mehr gibt?»

Die häufig unterschiedlichen Auffassungen von Erziehung, die Großmütter und Mütter zu ewigen Streitgesprächen reizen, spiegeln diesen Wandel wider. In diesen Gesprächen über Erziehungsziele werden alte in Frage gestellt und neue verteidigt und umgekehrt. Folgerichtig schließen sich daran auch die Fragen an, ob die Lebenswirklichkeit zu Recht so ist, wie sie ist. Was an der alten, vergangenen gut und schlecht war, was an der jetzigen gut und schlecht ist und wie man sich eine zukünftige und vielleicht bessere Lebenswirklichkeit wünscht oder vorstellt.

Die Antworten auf diese Fragen haben eine Auswirkung auf die Auswahl der Erziehungsziele. Denn einerseits beeinflussen die gesellschaftlichen Umstände diese Ziele, andererseits aber können Sie durch die Auswahl und Verwirklichung Ihrer Ziele auch die Lebenswirklichkeit ein wenig beeinflussen, in der Ihr Kind leben und die es mitgestalten soll.

Die Teilziele oder: Welche Fähigkeiten soll Ihr Kind erwerben?

Durch das Aufstellen von allgemeinen Erziehungszielen sind die einzelnen Fertigkeiten und Verhaltensweisen, die diese allgemeinen Fähigkeiten (Ziele) ausmachen, aber noch nicht benannt.

Zum Beispiel Durchsetzungsfähigkeit: Was bedeutet das eigentlich?

Um zur Durchsetzungsfähigkeit erziehen zu können, muß man vorher Teilziele, einfache Handlungen und Fähigkeiten benennen, die das Kind erwerben soll.

Solche Teilziele sind:

- vor anderen Menschen reden können,
- anderen zuhören können,
- eine eigene Meinung haben und vertreten,
- nicht sofort nachgeben,
- Kritik ertragen können,
- geduldig erklären können.

Auch diese Liste läßt sich noch beliebig verlängern.

Diese Ziele sind Fertigkeiten, die das Kind lernen muß. Und erst dann, wenn es diese Teilziele, diese einzelnen Fähigkeiten wirklich und sicher beherrscht, könnte man sagen: «Mein Kind ist durchsetzungsfähig, kann seine Interessen vertreten, denn es kann vor anderen Menschen völlig frei reden, kann anderen zuhören . . .»

Wenn nun aber *Ihr* Kind Durchsetzungsfähigkeit lernen soll, so braucht es jemanden, nämlich *Sie*, der es diese Fähigkeit lehrt. Sie müßten dann also Ihrem Kind zeigen, wie man das macht: anderen zuhören oder vor anderen reden.

Sie wären für das Kind ein Vorbild, an dem es sein Lernen ausrichtet. Sie korrigieren Ihr Kind, wo es Fehler macht, und machen das richtige Verhalten vor. Sie ermöglichen Ihrem Kind, sich auch gegen Sie selbst erfolgreich durchzusetzen, wenn der vorgetragene Wunsch berechtigt ist. Denn nur Verhalten, das ‹Erfolg› hat, wird sicher gelernt. Das bedeutet aber:

Die Teilziele haben Folgen für das Verhalten der Eltern

Der Wille allein, ein Teilziel zu erreichen, genügt nicht. Zugleich muß man sich Gedanken über das eigene Verhalten machen.

Sie werden sich also zu jedem Teilziel überlegen:

- Wie muß ich mich verhalten, damit mein Kind das Ziel erreichen kann? Wie kann ich ihm das richtige Verhalten zeigen, wie kann ich mein Kind ermuntern, es unterstützen, das Verhalten erfolgreich zu versuchen?
- Wie darf ich mich *nicht* verhalten, wodurch werde ich zu einem schlechten Beispiel?
- Wodurch verhindere ich, daß mein Kind dieses Ziel erreicht?
- Fordere ich vielleicht von meinem Kind etwas Unerreichbares?

Welche Grenzen stellen sich bei der Auswahl der Teilziele?

Es sind vier Grenzen denkbar, die sich nicht ohne weiteres überwinden lassen und die bei der Planung der Erziehungsziele berücksichtigt werden müssen:

1. Alter und Entwicklungsstand des Kindes: Ein Ziel muß dem jeweiligen Entwicklungsstand (körperlich und geistig) des Kindes angepaßt werden, um das Kind nicht zu überfordern. ‹Frei sprechen können› bedeutet für

ein vierjähriges Kind ‹erzählen, was es gerade tut›, für ein achtjähriges ‹aus der Schule oder über einen Ausflug berichten› und für einen 15jährigen Jugendlichen ‹über eine interessante Frage debattieren›.

2. Ihre eigenen Grenzen, die Sie nicht ohne weiteres überwinden können: Würden Sie Ihr Kind gern alle europäischen Sprachen lernen und auch gleich in den Ländern selbst erproben lassen, so würde das sowohl an den Grenzen Ihrer eigenen Sprachkenntnisse wie auch an den Grenzen Ihrer Geldbörse scheitern. Wenn Sie Ihr Kind zu einem ruhigen und gelassenen Menschen erziehen wollen, bestehen Ihre Grenzen vielleicht darin, daß Sie selbst ausgesprochen temperamentvoll sind. Viele dieser ‹eigenen Grenzen› sind in Wirklichkeit aber sehr wohl veränderbar – wenn auch nicht von heute auf morgen.
3. Unaufhebbare Einschränkungen, die das tägliche Leben und die äußeren Umstände setzen: Hiermit sind Beschränkungen durch die Umwelt, zeitliche oder gesetzliche Beschränkungen und andere Umstände gemeint, die ein sinnvolles Erziehungsziel zeitweise außer Kraft setzen können: Wenn Ihr Kind sich austoben soll, weil das für seine körperliche Entwicklung gut ist, so muß jedoch spätestens abends um zehn Uhr Ruhe sein, weil die Nachbarn sich sonst zu Recht beschweren.
4. Fälle, in denen Sie zwei unterschiedliche, sich gegenseitig ausschließende Erziehungsziele anstreben und die eine Entscheidung für das eine und damit zugleich gegen das andere Ziel erfordern. Ein solcher Fall tritt dann ein, wenn ein Kind eigentlich sich frei entscheiden soll, was es tun und lassen kann, um durch gute und schlechte Erfahrungen seine Grenzen und Möglichkeiten zu erfahren, und es plant etwas nicht nur Unsinniges, sondern in höchstem Maße Lebensbedrohendes oder Gefährliches und ist auch durch die besten Gründe nicht davon abzubringen. In diesem Fall würde das Ziel Selbstbestimmung durch den Grundsatz, Gesundheit und Leben zu bewahren, außer Kraft gesetzt. Ein so krasser Zwiespalt wird selten sein, in harmloserer Form aber immer wieder auftreten.

Erziehungsziele sind der ‹rote Faden› in der Erziehung. Um sie zu verwirklichen, müssen Eltern ihr eigenes Verhalten nach ihnen ausrichten. Dabei wird es manchmal Sonderfälle geben, in denen ein dem Ziel entsprechendes Verhalten nicht möglich ist. Machen Sie diese Fälle zur Ausnahme, und seien Sie nicht zu schnell bereit, diese Ausnahme herbeizuführen!

Zusammenfassung

1.

Hinter jeder Erziehung stehen (mehr oder weniger bewußte) Erziehungsziele.

2.

Erziehungsziele bezeichnen die Fähigkeiten, die ein Kind erwerben soll, um in seiner Lebenswirklichkeit zurechtzukommen.

3.

Erziehungsziele und Lebenswirklichkeit hängen voneinander ab.

4.

Beide sind wandelbar.

5.

Zu den Erziehungszielen gehören allgemeine Ziele, praktische Teilziele und die Überlegungen, was die Erziehenden tun können, damit diese Ziele verwirklicht werden.

6.

Es ist wichtig, sich über seine Erziehungsziele klarzuwerden, um mitbestimmen zu können, ‹wohin es geht›.

7.

Erziehungsziele sind keine starren Regeln, sondern Maßstäbe, die einem im Alltag helfen, die richtigen Entscheidungen zu treffen.

8.

Der Verwirklichung der Ziele sind Grenzen gesetzt durch

○ das Alter und den Entwicklungsstand des Kindes,

○ die Möglichkeiten des eigenen Verhaltens,

○ äußere, nicht durch einen selbst beeinflußbare Umstände,

○ sich gegenseitig ausschließende Ziele, die die Entscheidung ‹eins von beiden› erfordern.

Die obigen Überlegungen setzen Sie jetzt bitte in die Tat um.

Nehmen Sie hierfür das

→ **Arbeitsblatt 4.**

Dort finden Sie drei Felder, jeweils eins für

- ○ das allgemeine Erziehungsziel,
- ○ die dafür notwendigen Verhaltensweisen Ihres Kindes,
- ○ und Ihr eigenes, dieses Verhalten begünstigende Tun.

Gehen Sie dabei so vor, daß Sie zunächst übergeordnete Ziele aufschreiben, sich dann überlegen, welche konkreten Verhaltensweisen die Teilziele bilden, und schließlich in das unterste Feld schreiben, durch welche eigenen Verhaltensweisen Sie das Auftreten dieser Teilziele fördern können.

Machen Sie diese Schritte für jedes Ihrer allgemeinen Erziehungsziele. Fertigen Sie sich dabei so viele Arbeitsblätter nach dem vorhandenen Muster an, wie Sie brauchen. Damit Sie nicht ‹unendlich viele› Teilziele und Verhaltensweisen aufschreiben, ist es notwendig, daß Sie sich auf die wichtigen, die Sie besonders fördern wollen, beschränken.

7. Kapitel

Verhalten ist gelernt

Manchmal hört man von jemandem, er sei der *geborene* Fußballspieler. Das ist natürlich nicht ganz wörtlich zu nehmen, denn bei der Geburt kann natürlich noch keiner Fußball spielen. Gemeint ist damit: Ob ein neugeborenes Kind später einmal ein guter Fußballspieler wird oder nicht, das steht bei der Geburt schon fest. Aber steht es wirklich fest? Wir wollen es einmal untersuchen:

Ein Kind, das in den USA geboren ist, wird schon mal kein Fußballspieler, denn unsere Art Fußball kennt man in den USA kaum.
Ein Kind, das in der Schule nie Sportunterricht bekommt, kann später kaum noch ein guter Fußballspieler werden.
Ein Junge, dessen Spielkameraden alle keinen Fußball leiden können, behält wahrscheinlich selbst auch keinen Spaß daran.
Ein Junge, der nicht im Fußballverein ist, lernt nicht so gut Fußball wie die, die in einer Mannschaft spielen. Schon gar nicht wird er je ‹entdeckt›.

Wie man sieht, ist bei der Geburt noch überhaupt nicht klar, was aus einem Kind wird. Vielmehr stellt sich das erst mit der Zeit heraus und hängt von vielen äußeren Dingen ab. Nämlich davon, was das Kind lernt und was es zu lernen überhaupt Gelegenheit bekommt. Was man ein Kind nicht lernen läßt, das kann es auch nicht lernen. Das gilt für gute wie für schlechte Eigenschaften. So steht es bei der Geburt auch nicht fest, ob ein Kind ehrgeizig, bockig, freundlich oder herzlos wird. Diese Eigenschaften lernt es erst durch Erfahrungen, sogenannte *Lernerfahrungen*.

Begabung

Allerdings: Lernen kann man nur etwas, für das auch organisch die Anlagen und Voraussetzungen vorhanden sind. Dabei kann es sein, daß jemand auf einem bestimmten Gebiet besonders gut und schnell lernt, das heißt, er ist für etwas begabt. Diese Begabung kann sich nur dann voll entfalten, wenn man überhaupt die Gelegenheit hat, auf diesem Gebiet zu lernen und Fortschritte zu machen.

Wenn ein Kind zum Beispiel sehr schnell und leicht andere Sprachen lernen kann, wird diese Begabung erst zum Ausdruck kommen, wenn es mit anderen Sprachen in Berührung kommt.

Sonst geschieht natürlich gar nichts. Um diese Begabung dann auch voll zu entfalten, muß auch möglichst viel Berührung mit einer Sprache möglich sein, zum Beispiel indem das Kind mit ausländischen

Kindern spielt oder in der Schule einen guten und Spaß bringenden Sprachunterricht erhält.

Begabungen sind schon in den organischen Anlagen ‹bereitgestellt›, aber sie entwickeln sich nicht von selbst. Sie müssen von außen gefördert werden, sonst treten sie vielleicht gar nicht in Erscheinung.

Begabung ist eigentlich nichts weiter, als eine gute Voraussetzung, auf einem Gebiet etwas zu lernen. Erst durch die üblichen Lernprozesse kann die Begabung dann voll zur Geltung kommen.

Es gibt viele verschiedene Arten, etwas zu lernen. Die wichtigsten wollen wir Ihnen im folgenden kurz schildern. Mehr darüber werden Sie noch in den späteren Kapiteln erfahren.

Lernen durch Beobachtung und Nachahmung

Eine ganze Menge lernt man durch Beobachtung. So beobachten Kinder die Umgangsformen und den Umgangston ihrer Eltern gegenüber Fremden und ahmen beides nach. Auch den Sprachdialekt erwirbt ein Kind überwiegend durch Beobachten (genaugenommen durch Zuhören) der Eltern. Und wenn man ein Lied oder eine Schlagermelodie oft genug gehört hat, kann man sie beim ersten Versuch nachsingen.

Lernen am Erfolg

Das Lernen am Erfolg ist die wichtigste Lernart überhaupt. Niemand tut gern etwas, was ihm keinen Erfolg einbringt. Wenn man mit einer Verhaltensweise etwas erreicht, dann zeigt man dieses Verhalten öfter. Um etwas zu bitten, lernen Kinder dadurch, daß sie das Gewünschte dann bekommen. Wenn sie beim Abwaschen helfen, werden sie durch Lob oder Anerkennung belohnt. Den Eltern nicht zu widersprechen lernen sie manchmal dadurch, daß sie sonst eine Ohrfeige bekommen. Sich bei den Eltern anzuschmiegen lernen sie, weil die Eltern dann zurückschmusen. So ist der Erfolg für das Lernen ein Hauptanreiz (auch wenn er vielleicht nicht immer so sichtbar ist).

Unterschiede erkennen lernen

Auch Unterschiede und Gemeinsamkeiten in Situationen und im Verhalten anderer zu erkennen ist für das Lernen wichtig. Kinder lernen meist schnell, gute Laune der Eltern von schlechter zu unterscheiden. Denn bei guter Laune kann man bei den Eltern landen, bei schlechter macht man sich lieber aus dem Staub, weil man sowieso nichts erreicht. An irgend etwas merkt man immer, wenn dicke Luft ist und was das für Folgen haben könnte. Man lernt, sozusagen auf Signale zu reagieren. (Signale verstehen ist zum Beispiel bei einer Gefahr notwendig.)

Nicht gelernte Verhaltensweisen

Die in diesen Beispielen beschriebenen Verhaltensweisen unterliegen dem Willen des Handelnden, sind also *gewolltes Handeln* zu einem bestimmten Zweck. Obwohl man sie vielleicht unabsichtlich, sozusagen nebenbei, gelernt hat. Tatsächlich hat der Mensch auch einige wenige Verhaltensweisen, die von Geburt an feststehen und die er gar nicht zu lernen braucht.

Reflexe

Jeder kennt einige Reflexe: Ein Säugling kann schon gleich nach der Geburt an der Mutterbrust saugen; man kneift bei grellem Licht unwillkürlich die Augen zusammen; oder wenn man etwas zu essen riecht, läuft einem das Wasser im Mund zusammen. Diese Reaktionen sind Reflexe, die man nicht lernen kann. Auch nicht verlernen oder seinem Willen unterwerfen. Reflexe sind angeboren.

Triebe

Triebe sind angeboren, aber keine eigentlichen Verhaltensweisen. Ein Trieb ist eine Kraft, die dem Verhalten eine Richtung gibt. Ein hungriger Mensch richtet sein Verhalten auf möglichst baldiges Essen aus. Was er aber genau tut, welchen Weg er einschlägt, seinen Hunger zu stillen, hängt von vielen anderen Dingen, darunter auch seinen Lernerfahrungen ab. (Um den angeborenen Geschlechtstrieb richtig aus- oder erleben zu können, braucht man vorherige «Erfahrungen».)

Triebe empfindet man als Bedürfnis. Wie man aber daraufhin mit ihnen umgeht, wie man sich dann tatsächlich verhält, das ist gelernt und nicht angeboren.

Zusammenfassung

1.

Reflexe sind angeborene Verhaltensweisen. Man kann sie weder verlernen noch seinem Willen unterwerfen. Beispiel: Wenn ein Gegenstand sich schnell auf das Auge zubewegt, schließt man unwillkürlich die Augen.

2.

Triebe sind auch angeboren. Sie sind aber keine Verhaltensweisen, sondern eine Kraft, die dem Verhalten eine Richtung gibt. Was man tatsächlich tut, hängt von vielen anderen Dingen ab. Beispiel: Wenn man Hunger stillen will, kann man viele Wege dafür einschlagen.

3.

Zweckhandeln oder *willengeleitetes Handeln* sind die meisten unserer Verhaltensweisen. Sie sind nicht angeboren, sondern im Laufe des Lebens gelernt. Beispiel: Autofahren.

Übungsbeispiele

Damit Sie mehr Sicherheit im Umgang mit diesen Begriffen erlangen, kreuzen Sie bitte in den folgenden Beispielen den richtigen Begriff an:

1. Herr Gärtner will seiner Frau eine Freude machen. Er bestellt zwei Karten fürs Kino. Dies ist ein
   O Reflex O Trieb
   O gewolltes Handeln
2. Im Kino haben Frau und Herr Gärtner Hunger bekommen. Ihr Magen knurrt. Als das Kino aus ist, gehen sie schnell in die nächste Imbißstube.
   Hunger ist ein
   O Reflex O Trieb
   O gewolltes Handeln
   Magenknurren ist ein
   O Reflex O Trieb
   O gewolltes Handeln
   zum Imbiß gehen ist ein
   O Reflex O Trieb
   O gewolltes Handeln
3. Sie nehmen gleich neben dem Holzkohlengrill Platz. Der Rauch vom Feuer steigt Herrn Gärtner in die Augen, und diese tränen.
   Platznehmen ist ein
   O Reflex O Trieb
   O gewolltes Handeln
   das Tränen ist ein
   O Reflex O Trieb
   O gewolltes Handeln

Bitte vergleichen Sie Ihre Lösung auf der nächsten Seite.

Die Lösungen der Übungsbeispiele

1. *Gewolltes Handeln*
   Herr Gärtner hätte ja auch etwas ganz anderes machen können oder auch keine Karten bestellen.
2. *Hunger ist ein Trieb*, er ist sozusagen die Kraft oder der Anlaß für die Gärtners.
   Im *Magenknurren* wird der Reflex des Verdauungsapparats hörbar, mit dem er reagiert, wenn er leer ist. Das Magenknurren läßt sich nicht unterdrücken, nur abstellen, indem man ißt, sonst ist es aber nicht willentlich beeinflußbar.
   Zum Imbiß gehen ist eine gewollte Handlung, die jederzeit unterbrechbar und veränderbar ist und solange man noch andere Wege hat, etwas in den Magen zu bekommen, auch unterlaßbar.
3. *Das Platznehmen* ist eine gewollte Handlung, die auch anders hätte ausfallen können.
   Das Tränen der Augen ist ein Reflex: Wenn Rauch die Augen reizt, dann kann man sich noch so sehr bemühen, man wird das Tränen nicht unterdrücken können.

Sollten Sie beim Ankreuzen unserer Lösungsvorschläge mehr als zweimal abweichen, lesen Sie bitte die

Zusammenfassung Seite 41

noch einmal durch und vergleichen Sie die Antworten noch einmal.

8. Kapitel

Verhalten ist veränderbar

Im letzten Kapitel sahen Sie, daß das menschliche Verhalten (abgesehen von Reflexen) gelernt wird. Verhaltensweisen aber, die der Mensch lernen muß, kann man auch verändern.

Man lernt nie aus

Verhaltensweisen, die man erst lernen muß, sind nichts Festes und Stehendes. Man kann *neu* lernen, *ver*lernen, *anders* lernen (*um*lernen), und zwar das ganze Leben lang. Man lernt nie aus. Neue Lernvorgänge greifen ständig in bereits erlernte Verhaltensweisen ein und verändern sie.

> Beispiel: Eine neue Maschine am Arbeitsplatz oder eine Neuorganisierung der Arbeit bewirkt, daß man neue Arbeitsmethoden lernt und alte verändert.

Wir machen uns diese Tatsache zunutze, daß neue Lernvorgänge gewohnte Verhaltensweisen verändern können. Später im Programm werden wir Ihnen zeigen, wie Sie durch gezielte Lernvorgänge in Ihr Erziehungsproblem eingreifen und es lösen können.

Die Lernerfahrungen des Kindes

Wer bestimmt, durch welche Erfahrungen ein Kind lernt? Zum größten Teil die Eltern! Denn nur mit ihren Eltern bleiben Kinder von Geburt bis zum Erwachsensein dauernd zusammen.
In dieser langen Zeit

- bringen die Eltern den Kindern vieles bei,
- erfahren die Kinder vieles durch die Eltern, zum Beispiel Lob und Strafe, wie die Eltern miteinander umgehen, wie die Eltern mit Mitmenschen umgehen.

Das ist natürlich auch der Grund, warum Kinder ihren Eltern meistens ähnlich sind: Die Kinder lernen aus der Welt und dem Verhalten der Eltern.

Die Eltern steuern einen großen Teil der Lernerfahrungen des Kindes.

Daraus ergibt sich, daß die Eltern vieles falsch, aber noch mehr richtig machen können. Sie können vieles wieder geradebiegen.

Zusammenfassung

1.
Erlernbares Verhalten ist veränderbares Verhalten.

2.
Man lernt nie aus und stets dazu.

3.
Die Eltern steuern zum größten Teil die Lernerfahrungen des Kindes.

9. Kapitel

Verhaltensbeobachtung

Sie wollen das Problemverhalten Ihres Kindes (→ **Arbeitsblatt 2**) verändern und Maßnahmen finden, die Ihr Erziehungsproblem beheben oder doch verkleinern. Um aber zu erkennen, ob bestimmte Maßnahmen überhaupt etwas nützen oder ob man besser andere ergreifen sollte, kurz: um den Erfolg zu beurteilen, muß man das Problemverhalten beobachten.

Herr und Frau Kurze beklagen sich darüber, daß ihre Tochter Ulrike immer dazwischenredet und überhaupt sehr vorlaut ist, wenn Erwachsene sich unterhalten. Weil sie das nicht mehr ertragen können und etwas dagegen unternehmen wollen, beobachten Herr und Frau Kurze, *was* Ulrike eigentlich immer dazwischenredet (dumme Bemerkungen oder kluge), *wie* sie dazwischenredet (in Gesprächspausen oder einfach laut gegenan), *wann* (nur bei Besuch oder bei bestimmten Leuten oder nur bei bestimmten Themen) und vor allem *wie oft* oder *wieviel.*

Was gehört zu einer Verhaltensbeobachtung?

Zu einer vernünftigen und genauen Verhaltensbeobachtung gehören folgende Dinge oder Fragen:

Wie oft (oder wieviel) kommt das Verhalten vor, das ich beobachte?

Um mein Rauchverhalten zu beobachten, muß ich vor allem *zählen*, wieviel Zigaretten ich rauche. Um meine Ausdauer bei der Beschäftigung mit meinen Kindern zu beobachten, muß ich die Zeit ermitteln, also die Minuten *zählen*, wie lange ich mich mit ihnen beschäftige.

Wann rauche ich eigentlich, zum Beispiel wenn ich nervös bin oder nur nach dem Essen? *In welchen Situationen?* Wann beschäftige ich mich mit meinen Kindern: wenn sie gerade ungezogen waren oder wenn sie lieb waren, wenn ich mich über sie freue oder wenn ich sie ruhig haben will, in welchen Situationen?

Was will ich eigentlich beobachten, welches Verhalten?

Wie will ich zählen? Wie läuft das Verhalten genau ab? Heißt rauchen die Zigarette anzünden (und vielleicht schnell wieder ausmachen) oder aufrauchen? Heißt sich mit Kindern beschäftigen, den Kindern Spielzeug in die Hand geben oder mindestens fünf Minuten mit auf dem Teppich sitzen und mitspielen, heißt es den Kindern vorschreiben, was sie als nächstes spielen sollen, oder heißt es die Kinder bestimmen lassen?

Verhaltensbeschreibung

Um Verhalten zu zählen, muß man es vorher genau beschreiben. Damit man weiß, *was* man zählen will. Das gilt auch für das Problemverhalten Ihres Kindes. Sie müssen möglichst genau beschreiben, *was* das Problemverhalten Ihres Kindes ist. Zum Zählen genügt es nicht, wenn Sie sagen «Mein Kind ist unordentlich» oder «Mein Kind hält schlecht Ordnung», sondern Sie müssen klar abgrenzbare Verhaltensweisen beschreiben.

Statt «Mein Kind hält schlecht Ordnung» schreiben Sie «Mein Kind

- räumt den Kleiderschrank aus;
- wirft seine schmutzige Wäsche in die Gegend;
- läßt sein Spielzeug da liegen, wo es gerade ist;
- vergißt seine Schulbücher zu Hause . . .»

Statt «Mein Kind ist bockig (frech, patzig)» schreiben Sie «Mein Kind

- schreit mich an;
- stampft mit den Füßen;
- wirft sich auf den Boden;
- weigert sich, Milch zu holen;
- läuft aus dem Haus . . .»

«Mein Kind ist bockig» ist dabei die gedankliche Zusammenfassung der einzelnen Verhaltensweisen.

Bitte beschreiben Sie jetzt das Problemverhalten Ihres Kindes (→ **Arbeitsblatt 2)** als klar abgrenzbare Verhaltensweisen und so genau wie möglich. Selbstverständlich genügen dazu Stichworte. Benutzen Sie dazu

→ **Arbeitsblatt 5.**

Unter Problemverhalten verstehen Sie in Zukunft diese von Ihnen genau beschriebenen Verhaltensweisen.

Verhaltensbeobachtung zu Hause und an sich selbst

Im vorigen Kapitel haben wir noch mal darauf hingewiesen: Was die Eltern tun, wie sie sich verhalten, das wirkt sich auch auf das Verhalten des Kindes aus. Und weil das Verhalten der Eltern so wichtig ist, deswegen ist es meistens notwendig, auch das Verhalten der Eltern zu beobachten. Und zwar beobachten die Eltern sich selbst.

Frau Held stellt fest, daß sie ihrem Sohn Klaus sehr selten ein anerkennendes Wort sagt. Sie will das ändern. Deswegen legt sie fest, *was* «ein anerkennendes Wort sagen» heißt (sagen, daß Klaus ein kluger, patenter, geschickter, freundlicher Junge ist, daß er etwas gut, schön, besser gemacht hat). Sie legt fest, *wann* ein anerkennendes Wort richtig wäre (nach getaner Arbeit, Schule, Basteln, Spielen, überall zu Hause), und zählt, *wie oft* sie ein anerkennendes Wort sagt. Frau Held zählt ihr «ein anerkennendes Wort sagen», indem sie jedesmal, wenn sie eins sagt, ein Streichholz aus der Schachtel nimmt und es durchbricht und in die Schachtel zurücklegt. Abends kann sie die zerbrochenen Streichhölzer zählen und weiß, wie oft sie ein anerkennendes Wort an dem Tag gesagt hat.

Herr Kurze legt fest, *was* «vorlaut» heißt (eine störende Bemerkung laut dazwischensagen), *wann* sie überhaupt nur stört (wenn die Eltern sich mit anderen unterhalten). Er zählt das vorlaute Verhalten von Ulrike, indem er sich ein Stück Band in die Tasche steckt und jedesmal, wenn Ulrike vorlaut ist, einen Knoten in das

Band macht. Abends zählt er die Knoten.

Einfache Möglichkeiten zur Verhaltenszählung

Wenn man im Hause oder an sich selbst Verhalten zählen will, braucht man ein einfaches Verfahren. Man muß das Verhalten mit etwas zählen, was man immer bei sich haben kann und was leicht zu handhaben und auch möglichst unauffällig ist. Und das ist von Fall zu Fall natürlich verschieden. Es hängt von den Lebensgewohnheiten, der Kleidung und persönlichen Vorlieben ab. Die Zahl der Möglichkeiten ist aber groß. Wir wollen Ihnen nur ein paar Beispiele sagen:

Streichhölzer kann man knicken, andersherum in die Schachtel zurücklegen, abgebrannt zurücklegen oder (vorausgesetzt, man hat sie am Morgen gezählt) wegwerfen.
Münzen oder Spielgeld kann man von einer Tasche in die andere legen, ebenso Erbsen oder Linsen.
Striche mit Bleistift oder Kuli kann man auf Zigarettenschachteln, Zeitungsrändern, Karteikärtchen oder Papiertaschentüchern machen.
Risse kann man in Papiertaschentücher, Zettel und Zeitungen machen.
Kerben kann man in Bleistifte, Hölzer, Schachteln machen.
Knoten kann man in Schnüre, Gummibänder, Tücher machen (oder sie aufknoten).
Büroklammern kann man umbiegen, aufbiegen, an Kärtchen festklemmen, an der Jackentasche oder am Revers feststecken, ähnliches geht mit Stecknadeln.
Salmis oder Bonbons kann man morgens abzählen und zum Zählen (aber nur dann natürlich) aufessen.
Strichlisten, Zählkarten, Zählbretter kann man benutzen, wenn man wenig umherläuft und sie auf dem Tisch oder Regal liegenlassen kann oder wenn sie so handlich sind, daß sie in die Tasche, in die Brieftasche, in die Zigarettenschachtel oder so passen.

Weitere Möglichkeiten

Auch Sie werden später im Laufe des Programms Verhaltenszählungen durchführen. Und sicher haben Sie noch andere Ideen, deren Anwendung für Sie bequemer ist, wie Sie das Verhalten Ihres Kindes oder Ihr eigenes zählen könnten. Natürlich hängt es auch davon ab, *was* und *wann* Sie zählen werden. Diese Festlegungen treffen Sie auch noch später im Programm. Hier bitten wir Sie erst einmal, möglichst viele Ideen aufzuschreiben, wie Sie persönlich Verhalten zählen könnten. Schreiben Sie bitte alle Zählverfahren, die Ihnen einfallen, ins

→ **Arbeitsblatt 6.**

Zusammenfassung

1.

Um ein Problemverhalten ändern zu können, muß man es beobachten.

2.

Für eine sorgfältige Verhaltensbeobachtung muß man
- festlegen, *was* genau (das heißt welche einzelnen Verhaltensweisen) das Problemverhalten ist,
- feststellen, *wann* (das heißt in welchen Situationen) es auftritt,
- *zählen, wie oft* es auftritt.

3.

Geeignete Zählverfahren sind solche,
- die man immer greifbar hat,
- die einem nicht unangenehm oder peinlich sind,
- die einen möglichst wenig stören oder behindern.

10. Kapitel

Ihre erste Zählübung

Zählen Sie ab morgen eine Woche lang das Problemverhalten Ihres Kindes, das Sie in → **Arbeitsblatt 5** in klar abgrenzbaren Verhaltensweisen genau beschrieben haben. Wählen Sie dazu dasjenige Zählverfahren aus, das Sie für das bequemste und einfachste halten. Vor allen Dingen aber wählen Sie ein Zählverfahren, bei dem Ihnen das Zählen nicht unangenehm oder gar peinlich ist. Sollte sich das Verfahren im Laufe der Woche als doch nicht so praktisch herausstellen, dann probieren Sie ein anderes Zählverfahren aus. Wenn Sie aber das Zählverfahren wechseln oder andere Anfangsschwierigkeiten haben, dann sollten Sie ein paar Tage länger beobachten und zählen.

Wahrscheinlich können Sie nicht den ganzen Tag lang beobachten und zählen, weil Sie oder Ihr Kind nicht den ganzen Tag zu Hause sind, möglicherweise auch, weil das Problemverhalten so häufig ist, daß Sie mit dem Zählen gar nicht so lange durchhalten. In diesen Fällen legen Sie einen Zeitraum fest (wie von 17 bis 21 Uhr), während dessen Sie jeden Tag zählen. Es sollte aber, schon wegen der Vergleichbarkeit, jeden Tag derselbe Zeitraum sein. Abends tragen Sie bitte in den Zählbogen I (→ **Arbeitsblatt 7**) den Tag, den Zählzeitraum und die Häufigkeit ein, wie oft an diesem Tag in dem Zählzeitraum das Problemverhalten Ihres Kindes aufgetreten ist. Geht es nicht um die Häufigkeit, sondern um die Dauer des Problemverhaltens, dann zählen Sie die Zeit (zum Beispiel in angebrochenen 5-Minuten-Abschnitten), *wie lange* das Problemverhalten aufgetreten ist. Sollte das Zusammenzählen abends aus irgendwelchen Gründen ungünstig sein, können Sie die Eintragungen auch zu einer anderen Tageszeit machen. Dann muß es aber wieder jeden Tag zur selben Zeit sein. Günstig ist es, wenn Sie Ihre Eintragungen *vor einer regelmäßigen oder angenehmen Tätigkeit vornehmen*: vorm Fernsehen, vorm Abendessen, vorm Zubettgehen. Sie erreichen damit, daß Sie die Eintragungen erstens nicht vergessen und zweitens gern tun. Vielleicht ‹versüßen› Sie sich die Eintragungen sogar mit einem Bonbon, einer Zigarette, einem Bier oder ähnlichem?

Wahrscheinlich werden Sie eine interessante Entdeckung machen: Dadurch, daß Sie das Problemverhalten Ihres Kindes zählen, erscheint es Ihnen in einem ganz anderen Licht: Es ärgert Sie auf einmal viel weniger (oder mehr), oder Sie stellen fest, daß es seltener (oder häufiger) vorkommt, als Sie dachten. Lassen Sie sich von solchen

Überraschungen nicht verblüffen, und zählen Sie ungestört weiter. Bedenken Sie, daß für eine Änderung des Problemverhaltens die genaue Beobachtung und damit Zählung notwendige Voraussetzung ist.

Das Allerwichtigste aber, was Sie beim Zählen beachten sollten, ist:

Zählen Sie sofort eins weiter, wenn das Problemverhalten aufgetreten ist!

Zögern Sie also nicht, bis Sie Knoten, Strich, Riß oder Kerbe machen. Man vergißt es zu leicht nachzuholen, wenn man es nicht auf der Stelle tut. Und nehmen Sie sich das Zählen *ganz fest* vor! Machen Sie sich ruhig Erinnerungshilfen, machen Sie sich den berühmten Knoten ins Taschentuch, kleben Sie sich kleine rote Punkte an Tisch und Bänke, tun Sie sonst was, bis Sie die Zählerei ganz bestimmt nicht mehr vergessen. Sagen Sie bei jedem Zählen zu sich selbst, daß die Veränderung des Problemverhaltens mit dem Zählen anfängt!

Die Notwendigkeit der Zählung

Die Zählung fällt Ihnen vielleicht etwas schwerer, als Sie im Moment annehmen. Nun, durch geschickte Wahl des Zählverfahrens und durch Gewohnheit können Sie sich das Zählen stark erleichtern. Aber verzichten sollten Sie *auf keinen Fall* auf eine sorgfältige Beobachtung und Zählung des Problemverhaltens. Denn diese Zählung ist unbedingt notwendig,

- ○ weil man nur durch Zählung die Stärke oder Schwere des Problemverhaltens zahlenmäßig und genau erfassen kann;
- ○ weil man ohne genaue Beobachtung kleine Änderungen des Problemverhaltens nicht feststellen kann;
- ○ weil man dann auch die ersten Erfolge gar nicht bemerkt und meint, man macht etwas falsch;
- ○ weil Sie später im Programm noch weitere Verhaltensbeobachtungen und -zählungen vornehmen und bis dahin bereits einige Übung und das für Sie beste Zählverfahren herausgefunden haben sollten.

Zusammenfassung

1.
Die Beobachtung und Zählung des Problemverhaltens Ihres Kindes ist unbedingt erforderlich.

2.
Wählen Sie ein einfaches, bequemes und angenehmes Zählverfahren. Probieren Sie sonst ein anderes.

3.
Zählen Sie stets sofort! Machen Sie sich Erinnerungshilfen.

4.
Zählen Sie an jedem Tag, und zwar jeden Tag in demselben Zeitraum.

5.
Tragen Sie täglich und regelmäßig die Häufigkeit des Problemverhaltens im Zählbogen ein; möglichst vor einer angenehmen oder regelmäßigen Tätigkeit.

6.
Durch das Zählen kann sich Ihre Sichtweise des Problemverhaltens eventuell ändern.

Zwei Schlußbemerkungen

Es gibt einen Ausnahmefall, in dem Sie diese erste Zählübung nicht durchzuführen brauchen: nämlich dann, wenn Ihr Kind das Problemverhalten mit Sicherheit *nie* zeigt, das heißt, wenn das Problem darin besteht, daß Ihr Kind ein erwünschtes und wichtiges Verhalten nie zeigt. Wenn aber das Problem so ist, daß Ihr Kind ein erwünschtes und wichtiges Verhalten zwar manchmal, aber viel zu selten zeigt, dann sollten Sie diese erste Zählung unbedingt durchführen.

Damit die Zählergebnisse nicht zu stark verfälscht werden, sollten Sie Ihrem Kind nicht gleich erzählen, daß Sie bestimmte Verhaltensweisen zählen. Sonst könnte es sein, daß Ihr Kind sich während dieser Zeit ganz anders verhält als sonst, weil es weiß, daß Sie es beobachten. Wenn Ihr Kind es aber bemerkt, daß Sie zählen, und es fragt sie, was los ist, dann erzählen Sie ruhig. Wichtiger als vollkommen unverfälschte Zählergebnisse ist es, daß Ihr Kind kein Mißtrauen gegen Sie entwickelt.

11. Kapitel

Verhalten und Situationen

Verhalten ist gelernt und veränderbar. Manchmal geschehen solche Veränderungen wie von selbst:

> So kann aus einem wilden Kind, wenn es in die Schule kommt, ein ruhiges Kind werden oder umgekehrt. Auch Erwachsene ändern sich noch. So wird vielleicht aus einem mürrischen Menschen nach dem Wechsel seines Arbeitsplatzes ein fröhlicher.

Einflüsse der Umgebung

Die beiden Beispiele haben eines gemeinsam: Die Änderung im Verhalten geschieht, nachdem sich die Umgebung oder Situation ändert. Ja, es gibt noch krassere Beispiele: Manche Kinder sind zu Hause nicht zu bändigen, benehmen sich aber in der Schule oder bei anderen Leuten zu Besuch ganz still (oder umgekehrt).

Die äußere Umgebung (Situation) entscheidet immer mit, was man gerade tut und wie man es tut.

Dieser Satz ist nicht überraschend. Denn man paßt sich im allgemeinen ja sowieso an die Situation an, in der man gerade ist. Was man zu Hause tut, macht man noch lange nicht auf der Arbeit. Wenn ‹dicke Luft› herrscht, verhält man sich anders, als wenn alles in Ordnung ist. Ja, manchmal wäre das Verhalten eines Menschen unbegreiflich, würde man nicht die Situation kennen, in der es geschieht. Eigentlich wird sogar jedes Verhalten erst mit Kenntnis der Situation verständlich. Schließlich spielt sich Verhalten immer in einer bestimmten äußeren Umgebung ab, man verhält sich stets ‹in Situationen›.

Verhalten ist immer Verhalten in einer Situation

‹Situation› soll heißen: Während man irgend etwas tut, während man also irgendein Verhalten zeigt, bestehen *zur selben Zeit* um einen herum bestimmte Gegebenheiten und Verhältnisse. *Im selben Moment* tun andere etwas in unmittelbarer Nähe oder mit einem gemeinsam. Alle Einzelheiten der Lage, in der man sein Verhalten zeigt, machen zusammen die *Situation* aus.

Was gehört alles zur Situation?

Zum Verständnis eines bestimmten Verhaltens muß man

- ○ den Zeitpunkt,
- ○ den Ort,
- ○ die beteiligten Personen

kennen.

Oft reicht das auch aus, um erkennen zu können, warum nun gerade dieses und kein anderes Verhalten der beteiligten Personen auftritt. Manchmal wird aber das Verhalten eines Menschen unverständlich bleiben, wenn man *nur* die gerade ablaufende Situation betrachtet und nicht versucht, weiter zurückliegende Ereignisse oder Folgen zur Erklärung mit heranzuziehen.

So kann es völlig unverständlich sein, daß Herr Müller ‹aus heiterem Himmel› einen Zornausbruch bekommt, wenn sein Sohn sagt, daß es schön ist, im Büro zu arbeiten. Und das, obwohl alles um ihn herum harmonisch ist, niemand Herrn Müller ärgert oder sonst ein böses Wort gefallen ist. Wenn man dagegen weiß, daß Herr Müller erst von seinem Chef angeblubbert worden ist, dann von der Leiter gefallen ist und kurz vor Dienstschluß festgestellt hat, daß eine ganz wichtige Arbeit vergessen worden ist, als er, ohnehin schon geschafft, endlich nach Hause wollte, wird klar, wenn auch nicht unbedingt entschuldbar, daß er keineswegs aus heiterem Himmel geplatzt ist, sondern daß *vorher* schon einiges passiert war und die Erwähnung des Büros nur das Faß zum Überlaufen brachte.

Ohne die *Vorgeschichte* zu kennen, bleibt der Zornausbruch unerklärlich. Kennt man die Vorgeschichte, so weiß (oder vermutet) man, daß Herr Müller bereits mit ‹Wut im Bauch› nach Hause kam. Worte, Verhalten irgendwie beteiligter Personen und Ereignisse, die der Situation vorangehen, in der das Kind das Problemverhalten zeigt, bilden zusammen die Vorgeschichte, sofern sie das Verhalten beeinflussen oder hervorrufen.

Ebenso, wie das ‹Verhalten in einer Situation› häufig erst durch seine Vorgeschichte verständlich wird, kann es auch erst durch etwas, was erst später geschieht, verständlich werden:

Der 10jährige Peter kommt, nachdem er den ganzen Tag draußen gespielt hat, zum Abendessen heim und erzählt, nachdem er noch mit Appetit gegessen hat, daß er sich plötzlich ganz krank fühlt, daß ihm alles, besonders Bauch und Kopf, weh tut und daß er auch wahrscheinlich Fieber habe, auf jeden Fall müsse er wohl am nächsten Tag das Bett hüten.
Nachdem die Eltern die Möglichkeit einer Lebensmittelvergiftung ausgeschlossen haben, das Fieberthermometer nichts Auffälliges anzeigt, sind sie zwar ratlos, aber auf jeden Fall bleibt Peter am nächsten Tag im Bett. Gegen Nachmittag verschwindet die Krankheit dann auch ganz von allein, und alles geht seinen normalen Gang.
Einige Tage später erfahren dann Peters Eltern von einem Schulfreund, daß Peter verdammt viel Glück hatte, ausgerechnet am Tage einer schweren Rechenarbeit krank gewesen zu sein. Ein Zufall? Natürlich – oder etwa nicht? Als die Eltern fragen, klärt Peter sie auf, daß der Gedanke an die unverständlichen Rechenaufgaben ihn ganz krank gemacht habe. So findet auch die unverständliche Krankheit Peters (Peters Verhalten) eine späte, natürliche Erklärung.

Wie im vorigen Beispiel die Vorgeschichte, ist hier die *Nachgeschichte* notwendig, um das Verhalten in der Situation zu verstehen. Zumeist sind es angenehme oder unangenehme Folgen, die ‹irgendwie› mit dem Verhalten in Zusammenhang stehen. Dieser Zusammenhang ist jedoch weniger offensichtlich und damit auch viel schwerer zu erkennen als die Ursachen und Folgen, die direkt in der Situation mit dem Verhalten verbunden sind. Häufig wird jedoch durch die Vorgeschichte und/oder die Nachgeschichte das Verhalten eines Menschen erst richtig verständlich.

Fassen wir noch einmal zusammen:

Wir unterscheiden die Situation, die Vorgeschichte und die Nachgeschichte. Alle drei stehen mit dem Verhalten in Zusammenhang und können uns helfen, es besser zu verstehen und darüber hinaus zu verändern.

Situation ist alles, was mit dem Verhalten unmittelbar zusammenhängt, also zur gleichen Zeit und am gleichen Ort passiert; dazu gehören ebenfalls die anwesenden Personen und ihr Verhalten.

Die Vorgeschichte umfaßt einen größeren, zurückliegenden Zeitraum vor der betrachteten Situation. Das sind Ereignisse, die das in der Situation gezeigte Verhalten beeinflussen (gute und schlechte Erfahrungen, ein unangenehmes oder angenehmes Ereignis, gute oder schlechte Laune, etwas Besonderes, das nicht immer vorkommt).

Die Nachgeschichte folgt auf die Situation. Auch sie ist nicht genau eingrenzbar. Es handelt sich um angenehme oder unangenehme Folgen, und das Verhalten dient dazu, sie entweder zu umgehen oder gerade herbeizuführen. Angst vor Strafe oder Vorfreude nehmen eine zukünftige Situation im Geist vorweg und beeinflussen damit das Verhalten in der bestimmten Situation.

Während eine Situation und die beteiligten Personen, Sachen, Verhaltensweisen gut zu beschreiben sind, ist das mit Vorgeschichte und Nachgeschichte viel schwieriger, denn sie sind weder von vornherein erkennbar, noch sind sie im allgemeinen sehr auffällig, oft scheint überhaupt kein Zusammenhang zum augenblicklichen Verhalten zu bestehen. Trotz dieser Schwierigkeiten muß man versuchen, herauszubekommen, was die Vor- und/oder Nachgeschichte ist, wenn man ein Verhalten ändern will, denn erst dadurch wird ein scheinbar unerklärliches Verhalten verständlich.

Situationen bei Ihnen:

Jetzt sollen Sie versuchen, das bisher Gesagte anzuwenden, und für das Problemverhalten Ihres Kindes die Situationen und, soweit erforderlich und auffindbar, Vor- und Nachgeschichte heraussuchen.

Es stehen Ihnen hierfür → **Arbeitsblatt 8** für die Situationen, → **Arbeitsblatt 9** für die Vorgeschichten und → **Arbeitsblatt 10** für die Nachgeschichten zur Verfügung.

Wenn die Situationen, in denen das Problemverhalten Ihres Kindes auftritt, *immer gleich* sind, brauchen Sie sie natürlich nur einmal aufzuschreiben. Tritt das Problemverhalten dagegen in mehreren, unterschiedlichen Situationen auf, mit unterschiedlichen Leuten oder in unterschiedlicher Form, müssen Sie auch diese unterschiedlichen, aber typischen Situationen untersuchen.

Um das Problemverhalten Ihres Kindes (siehe → **Arbeitsblatt 5**) zu verändern, müssen Sie also möglichst alle Situationen kennen, in denen es geschieht. Denn schließlich wollen Sie das Problemverhalten auch in allen Situationen beheben, in denen es bisher auftrat. Dabei sollten Sie Ihren Blick dafür schärfen, was den verschiedenen Situationen gemeinsam ist und was sie voneinander unterscheidet. Später im Programm werden Sie nämlich die entscheidenden Gemeinsamkeiten aller Situationen feststellen und hier mit einer Veränderung des Problemverhaltens ansetzen.

Schreiben Sie bitte gleich alle Situationen kurz und stichwortartig auf, in denen das Problemverhalten Ihres Kindes auftritt. Beschränken Sie sich dabei auf die wirklich unterschiedlichen, wie verschiedene beteiligte Personen, verschiedene ‹Schauplätze›, verschiedene Umstände. Für die Reihenfolge geben wir Ihnen mit den Unterpunkten eine kleine Hilfe. Wenn Sie sich einmal nicht an alle Einzelheiten der Situation erinnern können, dann warten Sie einfach ab, bis die gleiche oder fast die gleiche Situation wiederkommt und Ihr Kind das Problemverhalten zeigt. Achten Sie dann genau auf alle Einzelheiten, und tragen Sie nach, was Ihnen auffällt. Oder fragen Sie einfach Ihr Kind, wie es diese Situationen aus seiner Sicht erlebt, wenn eine Situation schwer zu beschreiben ist.

Erinnern Sie sich jetzt an das letzte Mal, als Ihr Kind das Problemverhalten zeigte. Was genau passierte in dieser Situation? Denken Sie an alle Anwesenden und Beteiligten, besonders an sich selbst. Wer tat was? Beschreiben Sie die Situation kurz und knapp in

→ **Arbeitsblatt 8.**

Gibt es keine andere Situation als die eben beschriebene, in der Ihr Kind das Problemverhalten zeigt, dann lesen Sie gleich weiter bei der Zusammenfassung. Sonst fertigen Sie sich nach dem Muster von Arbeitsblatt 8 ein zusätzliches Arbeitsblatt an und beschreiben jetzt eine *andere* Situation, in der Ihr Kind das Problemverhalten oft zeigt. Denken Sie an alle Anwesenden und Beteiligten, besonders an sich selbst. Wer tut was? Beschreiben Sie diese andere Situation kurz und knapp auf Ihrem selbstgemachten Arbeitsblatt 8.
Fertigen Sie sich noch so viele Arbeitsblätter 8 zusätzlich an, wie es verschiedene Situationen gibt, in denen Ihr Kind sein Problemverhalten zeigt, und verfahren Sie entsprechend.

Zusammenfassung

1.
Verschiedene Situationen bewirken meist verschiedenes Verhalten.

2.
‹Situation› ist das Geschehen und die Verhältnisse, in die ein Verhalten ‹eingebettet› ist.

3.
Verhalten ist immer Verhalten in Situationen. Deswegen ist Verhalten nur verständlich und beurteilbar, wenn man die Situation kennt.

4.
Um das Problemverhalten in allen Situationen zu verändern, in denen es auftritt, muß man diese Situationen kennen.

Die Vorgeschichte bei Ihnen

Bitte beschreiben Sie jetzt einige Vorgeschichten, die dem Problemverhalten Ihres Kindes vorausgehen. Auch hier wieder kurz und knapp in Stichworten. (Wenn Sie sich einmal nicht genau an alle Einzelheiten erinnern, dann warten Sie einfach ab, bis es wieder mal zu derselben oder fast derselben Vorgeschichte kommt. Achten Sie dann auf alle Einzelheiten.)

Bitte nehmen Sie jetzt Ihr erstes **Arbeitsblatt 8** vor. Was war bei der hier beschriebenen Situation die Vorgeschichte? Was genau geschah vorher? Wer tat was? Denken Sie wieder an alle Anwesenden und Beteiligten, besonders an sich selbst. Beschreiben Sie die Vorgeschichte kurz und knapp in

→ **Arbeitsblatt 9**.

War an diesem Tag sonst noch etwas anders als gewöhnlich? Gab es im Tagesverlauf etwas Besonderes oder etwas Bezeichnendes? Dann machen Sie dazu ein paar Stichworte in **Arbeitsblatt 9 unten**.

Fertigen Sie von Arbeitsblatt 9 soviele zusätzliche Arbeitsblätter an, wie es verschiedene Vorgeschichten gibt. Füllen Sie die zusätzlichen Arbeitsblätter ganz entsprechend aus.

Die Nachgeschichte bei Ihnen

Auch das Problemverhalten Ihres Kindes hat eine Nachgeschichte. Denn irgendwas passiert ja hinterher. Das muß nichts Aufregendes sein. Beschreiben Sie jetzt bitte die Nachgeschichten, die dem Problemverhalten Ihres Kindes folgen. Wieder kurz und knapp in Stichworten. Auch hier gilt: Wenn Sie sich einmal nicht genau an alle Einzelheiten erinnern, dann warten Sie ab, bis es wieder zu der gleichen oder fast der gleichen Nachgeschichte kommt. Achten Sie dann dabei auf alle Einzelheiten.

Bitte denken Sie zuerst an die Situation, die Sie in Ihrem ersten **Arbeitsblatt 8** beschrieben haben. Was war bei dieser Situation die Nachgeschichte? Was genau geschah danach? Wer tat was? Denken Sie auch hier an alle Beteiligten und Anwesenden, besonders an sich selbst. Beschreiben Sie die Nachgeschichte kurz und knapp in

→ **Arbeitsblatt 10**.

Auch von Arbeitsblatt 10 fertigen Sie sich soviele zusätzliche Arbeitsblätter an, wie es verschiedene Nachgeschichten gibt. Füllen Sie die zusätzlichen Arbeitsblätter wieder entsprechend aus.

Sie sind bereits ein großes Stück weiter

Sie haben die Situationen beschrieben, in denen das Problemverhalten Ihres Kindes auftritt, die jeweilige Vorgeschichte und die jeweilige Nachgeschichte. Wenn Sie Vorgeschichte, Situation und Nachgeschichte für jeden einzelnen Fall hintereinander lesen, bekommen Sie eine genaue Schilderung des jeweiligen Handlungsverlaufs. In Kapitel 22 werden Sie diese ‹Fallgeschichten› wieder aufgreifen und weiter aufschlüsseln. Dabei werden Sie den ‹Hebel› ausfindig machen, mit dem Sie das Problemverhalten angehen können.

Zusammenfassung

1.

Jedes Verhalten hat eine Vorgeschichte und eine Nachgeschichte. Es gibt weder Verhalten ‹im luftleeren Raum› noch ‹folgenloses› Verhalten. ‹Keine auffälligen Folgen› sind schließlich nichts anderes als ‹unauffällige Folgen›.

2.

Zur Vorgeschichte des Problemverhaltens gehören das Geschehen und die Ereignisse, die der Situation vorausgehen, in der das Problemverhalten geschieht; außerdem irgendwie bemerkenswerte Einzelheiten des Tagesverlaufs.

3.

Vorgeschichte und Nachgeschichte ermöglichen oft die Erklärung eines bestimmten Verhaltens.

Teil II

Lerntheoretische Grundlagen

Im ersten Teil dieses Programms haben Sie sich mit dem Umfeld beschäftigt, in dem das Problemverhalten Ihres Kindes auftritt. Sie haben das Problemverhalten als einzelne beobachtbare Verhaltensweisen genau beschrieben und auch schon beobachtet und gezählt. Außerdem haben Sie sich mit den Situationen befaßt, in denen das Problemverhalten auftritt, sowie mit den dazugehörigen Vor- und Nachgeschichten. Sie kennen also bereits:

- das Problemverhalten im einzelnen,
- die Situationen,
- die Vorgeschichten,
- die Nachgeschichten.

Davor haben wir versucht, den weiteren Hintergrund aufzuhellen, vor dem Erziehung, Erziehungsprobleme und auch das Problemverhalten zu sehen sind. Zu diesem Hintergrund gehören:

- die gesellschaftliche Aufgabe der Erziehung,
- die Lage der Eltern, also Ihre eigene Lage,
- Ihre Erziehungsziele,
- reifemäßige Voraussetzungen beim Kind.

Im nun folgenden zweiten Teil befassen Sie sich mit dem Entstehen und der Aufrechterhaltung von Verhalten. Sie werden die Grundsätze und Regeln kennenlernen, nach denen Verhalten gelernt wird. Diese Regeln gelten für erwünschte oder ‹normale› Verhaltensweisen genauso wie für unerwünschtes Verhalten und auch das Problemverhalten. Der zweite Teil ist als Einführung in diese allgemeinen Lernregeln gedacht. Im dritten und letzten Teil werden Sie diese Lernregeln auf das Problemverhalten anwenden und es dadurch verändern.

12. Kapitel

Bekräftigungslernen

Als ‹Lernen am Erfolg› hatten wir in Kapitel 7 das Bekräftigungslernen schon kurz eingeführt. Da es aber die wichtigste Lernart überhaupt ist, wollen wir es hier noch einmal ausführlich darstellen.

Bekräftigungslernen
Ein Verhalten wird gelernt, weil es Erfolg hat, das heißt, weil auf das Verhalten eine Belohnung folgt – das Verhalten wird dadurch *bekräftigt.*

Diese Belohnung muß nicht immer offensichtlich sein. Wenn Sie Ihrer Tochter fürs Abwaschen fünfzig Pfennig geben, wollen Sie sie ganz absichtlich belohnen (und hoffen dabei, daß sie häufiger abwäscht). Wenn Sie Ihrem Sohn aber immer ein Stück Schokolade zum Trost geben, wenn er sich von seinen Spielkameraden hat verprügeln lassen ohne sich zu wehren, dann merken Sie vielleicht gar nicht, daß Sie das ‹Sich-nicht-wehren› belohnen (obwohl Sie vielleicht sogar möchten, daß er sich wehrt).

Eltern belohnen oder bekräftigen oft Verhaltensweisen ihrer Kinder, ohne es selbst zu wissen oder auch zu wollen.

Am besten zeigen wir an einem Beispiel noch einmal auf, wie Eltern ein Verhalten ihres Kindes belohnen und fördern.

Matthias fängt immer an zu weinen, wenn seine Spielkameraden an sein Spielzeug gehen und auch damit spielen wollen. Dann kommt seine Mutter immer, nimmt den anderen das Spielzeug weg und sagt: «Das dürft ihr aber nicht.»

Matthias merkt schnell, daß sein Weinen die Mutter herbeiruft, die dann sein Problem löst. Er braucht sich selbst nicht mit den anderen Kindern auseinanderzusetzen und so eine gemeinsame Lösung zu finden. Das Weinen hat also zur Folge (den Erfolg), daß er ganz bequem und ohne Anstrengung zu seinem Spielzeug kommt. Die Mutter belohnt sein ‹Um-Hilfe-Weinen›, indem sie die Erwartung ihres Sohnes erfüllt und seine Schwierigkeiten für ihn beseitigt. Er wird dadurch nie lernen, sich selbst mit anderen auseinanderzusetzen und Probleme zu lösen. Er wird *immer wieder* weinen, denn er hat gelernt, daß das seine Probleme beiseite schafft.

Verhalten, das belohnt wird, wird gelernt und tritt häufiger auf.

Noch ein Beispiel:

Angela sieht gern fern. Wenn sie ihren Vater darum bittet, eine Sendung sehen zu dürfen, sagt er immer nein, weil er fernsehen für Kinder nicht gut findet. Dann fängt Angela zu betteln und zu quengeln an. Das geht ihrem Vater dann immer so auf die Nerven, daß er doch den Fernseher anstellt.

Mit dem einfachen Bitten erreicht Angela nichts. Der Vater lehnt immer ab. Erst wenn sie anfängt, zu betteln und zu quengeln, erreicht sie ihr Ziel – sie bekommt dann, was sie will. Indem der Vater schließlich den Fernseher anstellt, *belohnt* er die Quengelei seiner Tochter. Er beweist ihr damit, daß das Betteln und Quengeln ein Verhalten ist, das seinen Zweck erfüllt, also erfolgreich ist. Mit seinem eigenen Verhalten bestärkt er das Kind darin, dieses Verhalten beizubehalten. Angela wird also auch in Zukunft quengeln, wenn sie fernsehen will.

Auch hier wird das Verhalten belohnt und tritt häufiger auf.

Aber in diesem Beispiel wird nicht nur das Verhalten des Kindes bekräftigt – auch das des Vaters. Da ihm die Quengelei auf die Nerven geht, erreicht er durch sein Nachgeben, daß er wieder seine Ruhe hat. Das ist auch ein Erfolg (wenn auch nur ein kurzfristiger). So wird auch der Vater sein Verhalten immer wieder zeigen, eben weil es belohnt wird. Und dieses Spiel: Kind bettelt und quengelt, um fernsehen zu dürfen, Vater stellt schließlich den Fernseher an, um seine Ruhe zu haben – wird auch in Zukunft so weitergehen, denn beider Verhalten wird bekräftigt.

Der Vater würde es sicher gern sehen, wenn das Kind nicht mehr rumquengeln würde. Er merkt wahrscheinlich gar nicht, daß er selbst dieses Verhalten verstärkt. Um seine Ruhe zu haben, wählt er den im Augenblick bequemeren Weg, nämlich dem Betteln nachzugeben.

Hieran können Sie deutlich sehen: Sie als Eltern haben einen großen (wenn auch nicht den alleinigen) Einfluß darauf, welche Verhaltensweisen Ihr Kind lernt – denn Sie bestimmen mit Ihrem eigenen Verhalten über den Erfolg, den das Verhalten Ihres Kindes hat. So sind die Verhaltensweisen, die Ihr Kind oft zeigt, gewöhnlich diejenigen, für die Sie Ihr Kind belohnen.

Verhalten, das häufig auftritt, wird irgendwie belohnt und dadurch aufrechterhalten.

Damit ist gesagt: Jedes Verhalten, selbst das Problemverhalten des Kindes, wird irgendwie bekräftigt. Vielleicht sogar von Ihnen selbst.

Belohner

Alle Dinge, die man als angenehm empfindet, können ein Verhalten belohnen oder bekräftigen. Wir wollen sie von jetzt an *Belohner* nennen. Belohner können sein:

> Schokolade, Geld, ein Lächeln, gestreichelt werden, essen gehen, ein Lob bekommen, ein Bad, ein Spaziergang, anerkannt werden, faulenzen, Urlaub machen . . .

also alles, was Spaß macht und schön ist.

Belohner stellen immer ein Bedürfnis zufrieden. Es gibt unmittelbare und mittelbare Belohner. Unmittelbare Belohner sind:

- Essen, wenn man hungrig ist,
- Wärme, wenn man friert,
- Freunde, wenn man einsam ist . . .

Sie stellen unmittelbar ein gerade

bestehendes Bedürfnis zufrieden.

Die mittelbaren Belohner dagegen ersetzen einen unmittelbaren für eine gewisse Zeit. Sie erhalten ihren Wert dadurch, daß sie irgendwann in einen unmittelbaren eingetauscht werden können. Wir nennen sie daher ‹Ersatzbelohner›. Zu den Ersatzbelohnern gehört Geld. Ein Geldstück an sich hat noch keinen Belohnungswert. Es bekommt ihn erst dadurch, daß man sich dafür etwas kaufen kann, es also gegen einen unmittelbaren Belohner eintauscht. Das gleiche gilt auch für Zensuren: Ein paar Zweien im Deutschunterricht sind keine direkten Belohner – sie bedeuten aber eine gesicherte Versetzung oder zum Beispiel Anerkennung von Eltern und Lehrern. Sie setzen sich sozusagen in eigentliche Belohner um.

Ersatzbelohner erhalten ihren Wert durch die Möglichkeit, sie in unmittelbare Belohner einzutauschen.

Ersatzbelohner können ein Verhalten genauso bekräftigen wie unmittelbare Belohner.

Etwas Angenehmes kann aber nur als Belohner wirken, wenn es sofort auf das Verhalten folgt. Immer dasjenige Verhalten wird bekräftigt, das dem Belohner direkt vorausging.

Wegfall einer unangenehmen Empfindung

Ein Verhalten läßt sich auch anders bekräftigen (belohnen) als durch *Geben* eines Belohners: Nämlich durch das *Wegfallen* einer unangenehmen Empfindung.

Dirk hat öfters Streit mit den Kindern auf dem Spielplatz. Manchmal kommt es sogar zu einer Prügelei. In solchen Fällen läuft Dirk aber schnell weg und entzieht sich weiteren Schlägen durch Flucht.

Das Verhalten (weglaufen) hat die Folge, daß eine unangenehme Empfindung (Schläge, Schmerz) aufhört. Das Weglaufen wird dadurch belohnt und als Verhaltensweise gelernt. Dirk wird auch in Zukunft bei Prügeleien weglaufen. Ein weiteres Beispiel:

Ein Mädchen, das schon zur Schule geht, hat einen leichten Sprachfehler: Sie lispelt. Immer wenn sie in der Klasse etwas sagt, fangen alle an zu lachen. Das ist für sie so unangenehm, daß sie bald gar nicht mehr den Mund aufmacht. Als ihre Eltern umziehen, kommt sie in eine neue Schule. In der neuen Klasse lacht niemand, wenn sie redet. Das ermutigt das Mädchen sehr, und sie beteiligt sich bald wieder wie früher am Unterricht.

Hier zeigt sich: Wenn die bisherige unangenehme Folge eines Verhaltens wegfällt, empfindet man das auch wie eine Belohnung. Das Verhalten wird wieder häufiger.

Das Wegfallen einer unangenehmen Folge oder einer unangenehmen Empfindung wirkt als Belohnung. Auch das so belohnte Verhalten tritt häufiger auf.

Belohner für das Kind

Belohner setzt man oft ganz unbewußt ein, läßt sie auf ein Verhalten anderer folgen, ohne sich dessen bewußt zu sein. Genausogut kann man sie aber ganz bewußt einsetzen, um ein erwünschtes Verhalten zum häufigeren Auftreten zu bringen.

Um einerseits herausfinden zu können, womit Sie vielleicht das Problemverhalten Ihres Kindes unbemerkt belohnen, und andererseits zu wissen, womit sie später ein erwünschtes Verhalten des Kindes bewußt belohnen können, möchten wir Sie jetzt bitten, alles aufzuschreiben, was Sie Ihrem Kind gegenüber als Belohner benutzen. Denken Sie auch an scheinbar unbedeutende Dinge wie Zuhören oder Lächeln, alles was ihm Freude macht, und schreiben Sie es auf

→ **Arbeitsblatt 11.**

Wenn Ihnen nicht alles sofort einfällt, können sie später noch Belohner nachtragen.

Selbstbekräftigung

Es ist nicht nur möglich, andere in ihrem Verhalten zu belohnen und zu bekräftigen, man kann es auch mit sich selbst tun. Diese Selbstbekräftigung hat den gleichen Zweck und Erfolg wie die Bekräftigung anderer. Man belohnt sich für sein eigenes, erwünschtes Verhalten. Man lädt sich selbst zum Essen ein, wenn man die Arbeit geschafft hat, die man sich vorgenommen hatte. Oder man gönnt sich einen Bonbon, wenn man einem alten Menschen in der Bahn Platz gemacht hat. Oder man gibt sich eine mittelbare Belohnung: Man wirft einen Groschen in den Spartopf für jedes freundliche Wort den Arbeitskollegen gegenüber. Wenn er voll ist, leistet man sich ein herzhaftes Steak oder etwas ganz Tolles.

Damit erreicht man, daß sein eigenes, belohntes Verhalten häufiger auftritt und zur Selbstverständlichkeit wird. Auf diese Weise kann man an sich ändern, womit man selbst nicht einverstanden ist. Das kann der Fall sein, wenn man feststellt, daß man durch sein eigenes Verhalten das Problemverhalten des Kindes belohnt, das erwünschte Verhalten dagegen nicht belohnt. Dafür ein Beispiel:

Frau Meier stellt fest, daß sie ihre Tochter viel zuwenig für richtiges Verhalten lobt, an falschem aber zuviel rummäkelt. Sie findet das nicht richtig und möchte ihr Verhalten ändern. Ein guter Belohner wäre für sie ein Stück Kuchen – aber so viele Stücke, wie sie ihre Tochter loben möchte, kann und mag sie gar nicht essen. Sie löst das Problem so: Für jedesmal ‹loben› steckt sie sich ein Streichholz in die Tasche. Am Abend zählt sie dann die gesammelten Hölzer. Vorher hat sie festgelegt: Für drei Hölzer darf sie ein Stück Kuchen essen, für sechs Hölzer sogar zwei. Für neun oder mehr gönnt sie sich einen Kinobesuch.

Belohner für Sie

Damit Sie an der Erziehung Ihres Kindes etwas ändern können, werden Sie im 3. Teil herausfinden, welche anderen Erziehungsmaßnahmen, das heißt welches andere Erziehungsverhalten, Sie zeigen müssen. Um dieses andere Verhalten einzuüben, werden Sie sich dafür belohnen.

Deshalb bitten wir Sie jetzt, auch alles aufzuschreiben, was für Sie selbst ein Belohner ist oder sein könnte. Was macht Ihnen Freude? Schreiben Sie bitte alles, was Ihnen irgendwie einfällt, auf

→ **Arbeitsblatt 12.**

Je mehr, desto besser! Wenn Ihnen jetzt nicht alles einfällt, können Sie später noch Belohner nachtragen.

Außerdem finden Sie im Anhang eine Liste möglicher Belohner, falls Ihnen nur schwer welche einfallen.

Wenn Sie Schwierigkeiten haben, Belohner herauszufinden, können Ihnen ein paar Fragen vielleicht helfen. Beantworten Sie diese Fragen dann für sich selbst, stellen Sie sie Ihrem Kind, oder beantworten Sie sie nach Ihrem eigenen Wissen für Ihr Kind, wenn es zu klein ist.

1. Welche Dinge habe ich gern?
2. Was sind meine Hauptinteressen?
3. Was sind meine Hobbies?
4. Mit welchen Leuten bin ich am liebsten zusammen?
5. Was unternehme ich mit denen am liebsten?
6. Was tue ich gern aus Spaß, um mich zu vergnügen?
7. Was tue ich, um mich zu entspannen?
8. Wann fühle ich mich wohl?
9. Über welches Geschenk würde ich mich freuen?
10. Was würde ich mir kaufen, wenn ich 5,–, 10,–, 20,– DM extra hätte?
11. Was möchte ich nicht verlieren?
12. Welches von den Dingen, die ich jeden Tag tue, möchte ich nicht aufgeben?

Sie können sich auch selbst weitere Fragen ausdenken, die Ihnen bei der Suche nach Belohnern helfen können.

Versteckte Belohner

Nehmen Sie **Arbeitsblatt 11**. Dort haben Sie aufgeschrieben, womit Sie Ihr Kind gewöhnlich belohnen. Neben diesen ziemlich eindeutigen Belohnern gibt es noch andere, die nicht so einfach zu erkennen sind. Diese nennen wir hier ‹versteckte Belohner›. Schon der Wegfall oder Entzug einer Strafe oder unangenehmen Sache könnte dazu zählen, denn auch der ist nicht immer so deutlich.

Oft sind Belohner im Spiel, wo man sie gar nicht vermutet:

> Maria bummelt immer unheimlich lange herum, wenn sie Schularbeiten machen soll. Schließlich ist es Zeit, ins Bett zu gehen. Damit es nicht noch später wird, macht die Mutter dann schnell die Aufgaben.

Hier ist zunächst gar nicht deutlich, daß die Mutter das Bummeln regelrecht belohnt, indem sie der Tochter die Arbeit letztlich abnimmt. So wird diese mit Sicherheit nicht mit dem Trödeln aufhören.

Oder:

> Annegret soll abtrocknen. Aber sie läßt jedesmal Geschirr fallen. Nach ein paarmal sagt die Mutter: «Laß man. Du machst doch alles kaputt, ich mach das lieber selbst.»

Auch hier nimmt die Mutter ihr etwas ab, was die Tochter sicherlich unangenehm findet. Sie belohnt Annegret fürs Geschirr-Fallenlassen, ohne es zu merken.

Oder:

> Manfred hat etwas getan, was er nicht sollte. Die Mutter schimpft ganz fürchterlich. Er fängt an zu weinen. Nach kurzer Zeit tut es ihr leid, sie geht zu ihm hin und tröstet ihn mit einem Bonbon.

Obwohl die Mutter zuerst bestraft hat (mit Schimpfen), belohnt sie ihren Sohn anschließend für sein Verhalten mit Bonbon und Trösten. Wenn das öfter geschieht, wird er bald wissen: Tue ich dies, werde ich zunächst bestraft, aber bald darauf doch wieder belohnt.

Es gibt sicher auch bei Ihnen Situationen, in denen Sie Ihr Kind zu guter Letzt für etwas belohnen, was Sie eigentlich gar nicht wollten. Überlegen Sie sich bitte solche Situationen. Wenn Sie dabei noch versteckte Belohner finden, schreiben Sie diese auf **Arbeitsblatt 11** dazu.

Zusammenfassung

1.

Belohner sind alle Dinge oder Ereignisse, die als angenehm empfunden werden oder die ein Bedürfnis befriedigen können.

2.

Es gibt unmittelbare und mittelbare Belohner.

3.

Manche Belohner sind ‹versteckt› und nicht sofort ersichtlich.

4.

Das Geben oder Zufügen eines Belohners und das Wegnehmen oder Beenden einer unangenehmen Empfindung ist eine Belohnung.

5.

Man kann sich auch selbst Belohner geben.

6.

Alle Belohner, unmittelbare, versteckte und Ersatzbelohner, können ein Verhalten bekräftigen.

13. Kapitel

Bestrafung

Auf ein Verhalten kann etwas Angenehmes folgen oder etwas Unangenehmes aufhören: Das nennen wir Belohnung. Es kann aber auch etwas Unangenehmes folgen oder etwas Angenehmes aufhören oder ausbleiben: Das nennen wir Bestrafung.

Es gibt drei Arten von Bestrafung:
1. Zufügen einer unangenehmen Empfindung,
2. Wegnehmen eines Belohners,
3. Mißerfolg.

Zufügen einer unangenehmen Empfindung (Schmerz)

Man kann einen anderen bestrafen, indem man ihm mit körperlichem oder seelischem Schmerz (Schläge; Hohn, Spott) weh tut.

> Tobias spielt gern mit den türkischen Kindern vom Nachbarhaus. Sein Vater will das nicht. Jedesmal, wenn er es trotzdem entdeckt, ohrfeigt er Tobias und sagt: «Damit du endlich begreifst, daß du das nicht sollst!» Von da an spielt Tobias nicht mehr mit den türkischen Nachbarskindern, wenn sein Vater es sehen kann. (Wenn der nicht da ist, spielt er wie immer mit den Kindern.)

Diese Art der Bestrafung verletzt, erniedrigt und demütigt den Bestraften. Sie hat daher die bekannte Nebenwirkung, daß der Bestrafte eingeschüchtert, ängstlich und unsicher wird. Er empfindet sehr oft eine ohnmächtige Wut, die zuweilen in offenen Haß gegen den Bestrafenden umschlägt. Eine weitere Nebenwirkung besteht darin, daß der Bestrafte mit der Zeit bestimmte Tricks lernt, wie er die Bestrafung umgeht oder vermeidet. Wir gehen darauf in Kapitel 18 (Vermeidungslernen) ausführlich ein.

Wegnehmen eines Belohners

Man kann einen anderen auch bestrafen, indem man ihm einen Belohner oder eine angenehme Empfindung wegnimmt (Taschengeldentzug, zu Hause bleiben müssen, an einem schönen Ereignis nicht teilnehmen dürfen, ‹Liebesentzug› . . .).

> Regina bummelt nach der Schule mit ihrer Freundin gern noch ein wenig rum. Ihre Mutter mag das nicht, weil sie das Essen fertig hat. Sie sagt zu Regina: «Wenn du nicht sofort nach Hause kommst, darfst du heute abend nicht fernsehen.» Regina bummelt heute nicht. (Wenn ihre Mutter nachmittags mal nicht zu Hause ist, bummelt sie dafür extra lange.)

Diese zweite Art der Bestrafung ist weniger hart und erniedrigend.

Trotzdem fühlt sich der Bestrafte dem Bestrafenden oft hilflos ausgeliefert, bekommt Angst vor ihm und vor der Strafe. Das Wegnehmen eines Belohners kann ebenso Unwillen und Wut gegen den Bestrafenden hervorrufen. Schließlich ist der Entzug einer angenehmen Sache etwas Unangenehmes. Deswegen lernt der Bestrafte auch hier meistens, die Bestrafung durch bestimmte Tricks zu vermeiden.

Mißerfolg

Mißerfolg ist sozusagen auch eine Art Bestrafung, denn Mißerfolg bedeutet ja: Eine erwartete Belohnung für ein Verhalten bleibt aus. Allerdings bleibt die Belohnung beim Mißerfolg deswegen aus, weil man etwas falsch gemacht hat, und nicht deswegen, weil ein anderer einem die Belohnung wegnimmt. Und deswegen ist Mißerfolg keine Bestrafung im üblichen Sinn. Gleichwohl ist der Mißerfolg etwas, woraus man lernt. Und daher ist er auch in der Erziehung wichtig. Wir kommen ein paar Seiten später darauf zurück.

Die Wirkung von Bestrafung

Wer einen anderen bestraft, bezweckt damit, daß der andere das betreffende Verhalten nicht mehr zeigt, denn:

Bestraftes Verhalten wird seltener.

Der Bestrafte unterdrückt das bestrafte (unerwünschte) Verhalten, solange er eine Bestrafung fürchten muß (zum Beispiel weil der Bestrafende in der Nähe ist). Danach zeigt er das bestrafte Verhalten von neuem. Und außerdem: Unerwünschtes Verhalten unterdrücken heißt noch lange nicht, statt dessen das erwünschte Verhalten zeigen! Erwünschtes Verhalten lernt man nicht durch Bestrafung.

Bestrafung lehrt kein neues (erwünschtes) Verhalten.

Zusammenfassung

1.

Ein Verhalten wird bestraft, wenn ihm
a) die Zufügung einer unangenehmen Empfindung (Schmerz) oder
b) der Entzug oder das Ausbleiben eines Belohners folgt.

2.

Bestrafung erzeugt Angst vor Strafe und vor dem Bestrafenden.

3.

Bestraftes Verhalten wird unterdrückt, also seltener, solange eine Bestrafung befürchtet werden muß. Danach tritt es von neuem auf.

Welche Strafen benutzen Sie?

Wie man sieht, sind Strafen eine zweischneidige Sache: Sie helfen im Augenblick, haben aber große Nachteile. Meistens kann man sie durch zweckmäßigere Erziehungsmaßnahmen ersetzen. Dazu muß man sich aber einen Überblick verschaffen, welche Bestrafungsmethoden man überhaupt benutzt. Damit man sich überlegen kann, welche man wodurch ersetzen will:

Schreiben sie alles auf, wodurch Sie Ihr Kind gewöhnlich oder gelegentlich bestrafen. Unterscheiden Sie nach den beiden Methoden

1. Zufügung einer unangenehmen Empfindung,
2. Entzug von angenehmen Dingen (Belohnern).

Benutzen Sie dazu

→ **Arbeitsblatt 13.**

Was an Strafen so gefährlich ist

Wenn Sie Ihr Kind bestrafen, dann möchten Sie damit ein Verhalten unterbinden, das Ihnen aus irgendeinem Grunde mißfällt. Die Bestrafung erfüllt diesen Zweck aber nur dann, wenn Sie als Bestrafender in der Nähe sind. Und Strafen erzeugen Angst, Angst vor der Strafe und vor dem Bestrafenden. Angst ist jedoch ein schlechter Lehrer. Sie führt zu großer Unsicherheit im Verhalten und so zu weiteren unerwünschten Verhaltensweisen.

> Wenn man sein Kind immer schlägt, weil es nicht einschlafen kann, dann kann das Kind bald vor lauter Angst nicht mehr schlafen und steht womöglich dauernd auf.

Angst zerstört Vertrauen. Man kann einem Menschen kein Vertrauen entgegenbringen, vor dem man sich fürchtet. Bestrafung kann aber auch regelrechten Haß erzeugen. Wer bestraft wird, fühlt sich erniedrigt und dem Bestrafenden hilflos ausgesetzt. Das um so mehr, je bestimmter er die Bestrafung als ungerecht empfindet, die ihm nur vor Augen führt, daß der Bestrafende die stärkere Stellung hat. Diese Gefahr ist bei Kindern besonders groß, weil diese stärkere Stellung bekanntlich stets die Eltern innehaben. Der Bestrafte erlebt seine Schwachheit und Unterlegenheit auch desto bitterer, je mehr er fühlt, daß bei der Bestrafung auch schlechte Laune oder Rachegedanken mitschwingen. Diese Gefühle blinder Ohnmacht führen zu Wut und Haß, wahrlich kein sinnvolles Erziehungsziel.

Nichtbeachtung statt Bestrafung

Das alles heißt natürlich nicht, daß Ihr Kind für jedes beliebige Verhalten immer nur Lob und Anerkennung bekommen soll. Wenn man nicht bestrafen will, muß das Kind trotzdem auch Mißerfolge auf bestimmtes unerwünschtes Verhalten hin erfahren, zum Beispiel um zu lernen, daß man auf andere Rücksicht nehmen muß. Erinnern Sie sich an das 2. Beispiel in diesem Kapitel:

> Regina bummelt auf dem Heimweg von der Schule mit ihrer Freundin gern noch herum, während ihre Mutter dasitzt und mit dem Mittagessen auf sie wartet. Eines Tages braucht Regina anscheinend besonders lange für den Weg. Weil die Mutter aber einen dringenden Arzttermin kurz nach Mittag hat, ißt sie allein und geht weg. Als Regina endlich kommt, ist das Essen kalt und ziemlich alle.

Regina erlebt sozusagen einen selbstverursachten Mißerfolg. Ihre Bummelei hat ihr diesmal kaltes Essen eingetragen. Am Abend war ihre Mutter nicht einmal böse und hat auch nicht geschimpft. Sie hat ihre Tochter nicht bestraft. Folglich braucht Regina auch keine Angst vor ihr zu bekommen. Die Tochter hat aber erlebt, daß die Mutter die rücksichtslose Bummelei diesmal nicht auch noch dadurch belohnt, daß das Essen fix und fertig auf dem

Tisch steht. Wenn Regina sich beim Heimweg so gern Zeit nimmt, läßt die Mutter ihr in Zukunft eine Viertelstunde ‹Bummelzeit›. Wenn Regina dann nicht da ist, ißt die Mutter allein und Regina muß kaltes Essen nehmen oder es selbst aufwärmen. Auf diese Weise braucht die Mutter sich nicht mehr so über die Bummelei zu ärgern, weil sie ja nicht mehr zu warten braucht. Und allein zu essen erträgt sie, bis Regina sich ihre Bummelei abgewöhnt hat.

Außer Strafen im üblichen Sinn gibt es also eine andere Möglichkeit, unerwünschtes Verhalten nicht auftreten zu lassen: Man geht nicht darauf ein, so daß das Verhalten einen Mißerfolg hat. Das Verhalten wird also nicht belohnt und gar nicht erst gelernt. Das gelingt natürlich nur dann, wenn das Verhalten nicht von anderer Seite belohnt wird oder ein selbstlohnendes Verhalten (wie z. B. essen) ist. In unserem Beispiel hatte aber die Mutter das Bummeln immer selbst dadurch belohnt, daß sie wartete und ihrer Tochter trotz Verspätung das Essen fertig servierte. Sie selbst hatte dem unerwünschten Bummeln immer wieder zum Erfolg verholfen. Von nun an ändert die Mutter die Verhältnisse: Sie belohnt Pünktlichkeit, ohne Bummelei zu bestrafen.

Durch die Nicht-beachten-Methode können Eltern lernen, aus Strafen keine persönlichen Racheakte zu machen und die nachteiligen Wirkungen der Bestrafung zu vermeiden. Noch einmal das Beispiel aus dem 12. Kapitel:

> Angelas Vater hat gemerkt, daß die Auseinandersetzungen ums Fernsehen das persönliche Verhältnis zwischen beiden belasten und am Ende doch fast jedesmal der Apparat läuft. Er einigt sich daher mit seiner Tochter, daß er ihr das Fernsehen in Zukunft schon (und nur!) auf einfaches Bitten hin erlauben wird, wenn es nicht gerade sehr unpassend oder störend ist (wegen Besuch, einem Schläfchen oder Zeitunglesen). Wenn es aber nicht paßt und er sagt nein, dann hilft kein Jammern und kein Quengeln. Dann können sich beide höchstens in Ruhe darüber unterhalten, ob der Vater die Zeitung nicht ausnahmsweise (es läuft gerade die Lieblingssendung) in der Küche lesen mag. Aber Gejammer wird er nicht mehr beachten, was Angela nach wenigen erfolglosen Versuchen dann auch schnell begreift. Dadurch finden Vater und Tochter wieder ein gutes Verhältnis zueinander.

Es ist sinnvoll und nützlich, unerwünschtes Verhalten nicht zu beachten und statt dessen das erwünschte zu belohnen.

Immer noch sollte man sich dabei aber Gedanken machen, *warum* man ein bestimmtes Verhalten wünscht oder nicht wünscht. Ob vielleicht nur aus Bequemlichkeit oder ob es auch für das Kind sinnvoll und nützlich ist. Sonst könnte man dem Kind mit dieser Methode auch schaden: Wenn das Kind immer nach allem fragt, was es nicht weiß, oder zum Beispiel bei der Hausarbeit helfen will (eigentlich erwünschte Verhaltensweisen) und immer hat man gerade keine Zeit, Ruhe oder Nerven und beachtet das Kind nicht und belohnt es so auch nicht für diese Verhaltensweisen, dann treibt man dem Kind dies Verhalten geradezu aus.

Wie sie die Nicht-beachten-Methode sinnvoll anwenden, dazu werden wir Sie einige Kapitel später anleiten.

Versteckte Strafen

Auch Strafen sind nicht immer so leicht ersichtlich, wie man denkt. Ein ungewollter böser Blick kann schon eine Strafe sein. Oder auch ein unfreundlicher Tonfall in der Stimme, den man selbst nicht wahrhaben will. Für diese versteckten Strafen noch ein paar Beispiele:

> Rüdiger hat eine 2 in Deutsch geschrieben. Er ist ganz stolz, als er es seinem Vater erzählt. Der sagt auch: «prima», fügt aber gleich hinzu, er hätte in Deutsch immer nur Einsen geschrieben.

Zuerst lobt der Vater zwar Rüdigers Zensur, wertet aber die Leistung durch seine anschließende Bemerkung wieder ab und bestraft ihn damit in Wirklichkeit. Der Junge wird sich vielleicht gar nicht mehr trauen, von seinen Zensuren zu erzählen oder auf sich selbst stolz zu sein. Dabei bemerkt sein Vater den Strafgehalt seiner Bemerkung vielleicht gar nicht.
Oder:

> Annette bringt eine neue Freundin mit nach Haus. Sie stellt sie ihrer Mutter vor und sagt: «Wir dürfen doch hier spielen?» Frau Müller gefällt das Mädchen nicht, doch sie sagt ja. Aber anschließend sagt sie zu ihrer Tochter: «Bring dieses Mädchen nicht noch mal mit.»

Annette empfindet das sicher als Strafe und traut sich das nächste Mal vielleicht nicht mehr, eine Freundin mitzubringen, wenn sie nicht weiß, ob sie der Mutter gefällt.

Wahrscheinlich gibt es auch bei Ihnen viele Situationen, in denen Sie Ihr Kind unbemerkt strafen. Denken Sie einmal darüber nach. Falls Ihnen dann noch versteckte Strafen einfallen, vervollständigen Sie
→ **Arbeitsblatt 13.**

Zusammenfassung

1.

Bestrafung erzeugt Angst und das Gefühl von Ausgeliefert sein und Unterlegenheit bis hin zu ohnmächtiger Wut und Haß.

2.

Die Bestrafung eines unerwünschten Verhaltens läßt sich dadurch ersetzen, daß dem Verhalten keine Belohnung folgt, sondern ein Mißerfolg. Gleichzeitig belohnt man das erwünschte Verhalten.

3.

Oft geschieht eine Bestrafung versteckt.

14. Kapitel

Löschung

In den letzten Kapiteln haben Sie kennengelernt, wie die meisten menschlichen Verhaltensweisen entstehen und aufrechterhalten werden: durch Bekräftigung. Bekanntlich lernt man aber nicht nur immer neue Verhaltensweisen hinzu, sondern die eine oder andere Verhaltensweise geht einem auch wieder verloren, ‹man gewöhnt sich etwas ab›. Davon handelt dieses Kapitel.

Wenn Belohnung ausbleibt . . .

Der zehnjährige Peter erzählt nach dem Mittagessen seiner Mutter immer, was er in der Schule erlebt hat. Die Mutter hört ihm zu und spricht mit ihm darüber. Als aber ihre Schwester, Peters Tante, für vier Wochen zu Besuch kommt, nimmt die Mutter sich nicht mehr die Zeit, mit Peter über seine Schulerlebnisse zu sprechen, und wenn Peter zu erzählen anfängt, sagt sie: «Ich hab keine Zeit jetzt!» und hört gar nicht hin. Als ihre Schwester wieder fort ist, wundert die Mutter sich, warum Peter nichts mehr von der Schule erzählt.

. . . wird Verhalten seltener

Peters Mutter hatte mit ihrem interessierten Zuhören Peters Erzählen belohnt und dadurch aufrechterhalten. Als sie aber Peter nicht mehr zuhörte, belohnte sie das Erzählen nicht mehr. So verlor Peter die Lust, erzählte immer weniger und zum Schluß gar nicht mehr. Peters Von-der-Schule-Erzählen wurde gelöscht.

Wird ein Verhalten nicht mehr belohnt, dann wird es immer seltener und verschwindet schließlich ganz. Dieser Vorgang heißt ***Löschung.*** *Die ‹Nicht-beachten-Methode› von Kapitel 14 ist im Grunde nichts anderes als Löschung.*

Jeder hat es schon mal erlebt

Bestimmt haben auch Sie es schon erlebt: Keiner sagt auch nur ein anerkennendes Wort,

- daß Sie bei der Arbeit besonders rangeklotzt haben;
- daß Sie durch einen kleinen Umweg viel Geld beim Einkaufen gespart haben;
- daß Sie mit dem Saubermachen schon fertig sind;
- daß Sie beim Reisebüro ein tolles Urlaubsziel ausfindig gemacht haben;
- daß Sie das Abendbrot sehr lekker zubereitet haben;
- daß Sie trotz Müdigkeit die Stehlampe repariert haben;
- daß Sie in der Autowerkstatt durch Zähigkeit für den Pfusch anständig was von der Rechnung abgehandelt haben.

Ganz klar: Wenn Sie keine Anerkennung für Ihre Mühe spüren, dann verlieren Sie irgendwann die Lust. Sie klotzen nicht mehr so ran, beeilen sich nicht mehr übermäßig, strengen Ihre Phantasie nicht mehr als nötig an, denn:

Verhalten wird gelöscht, wenn es nicht durch Belohnung aufrechterhalten wird.

Statt dessen tun Sie etwas anderes. Löschung hinterläßt ja keinen weißen Fleck oder ein Loch, wo man ‹nichts› tut. Sie tun nämlich etwas, wozu Sie mehr Lust haben als zu dem Verhalten, für das Sie nicht mehr belohnt werden.

Löschung aus Absicht

Immer wenn Silke mit ihrer Mutter einkaufen geht, bettelt sie im Supermarkt nach Süßigkeiten, die überall in den Regalen liegen (die Süßigkeiten-Regale sind in ‹kindgerechter› Höhe angebracht). Um in Ruhe gelassen zu werden, läßt sich Silkes Mutter meistens breitschlagen und kauft die Leckereien. Bis es der Mutter irgendwann zu dumm wird. Von da an läßt sie das Betteln über sich ergehen und die Süßigkeiten da, wo sie sind: im Regal. Nach 14 Tagen hat Silke das Betteln aufgegeben. Statt dessen schiebt sie jetzt immer den Einkaufswagen.

Der Fall liegt klar: Silkes Mutter hat die Bettelei *mit Absicht* gelöscht, indem sie das Betteln nicht mehr damit belohnte, daß sie Silke Süßigkeiten kaufte.

Dagegen: Peters Gewohnheit, von der Schule zu erzählen, hat seine Mutter *aus Versehen* gelöscht, indem sie nicht mehr zuhörte.

Gelöschtes Verhalten lernt man schnell wieder neu

Peters Mutter wunderte sich, daß Peter gar nicht mehr von der Schule erzählt. Weil sie aber gern wissen möchte, wie es Peter in der Schule ergeht, fragt sie nach dem Mittag: «Wie war's denn in der Schule heute?» Sie hört gut zu, was Peter antwortet, und fragt auch noch mehr. Schon drei Tage später fängt Peter wieder von allein an zu erzählen.

Folgt auf das gelöschte Verhalten wieder die Belohnung, dann erlernt man dies Verhalten ganz schnell wieder neu. Das gelöschte Verhalten ‹erholt› sich sozusagen. Selbstverständlich gilt das für erwünschte wie unerwünschte Verhaltensweisen gleichermaßen.

Zusammenfassung

1.

Wird ein bestimmtes Verhalten bekräftigt, dann tritt es häufiger auf: Es wird gelernt und durch die Belohnung aufrechterhalten (Kapitel 12).

2.

Wird dieses Verhalten nicht mehr bekräftigt, dann tritt es seltener auf und verschwindet schließlich ganz: Es wird gelöscht.

3.

An die Stelle des gelöschten Verhaltens tritt ein anderes Verhalten.

4.

Setzt die Bekräftigung wieder ein, dann wird das gelöschte Verhalten sehr schnell neu gelernt.

Wie können Eltern Löschung bei sich selbst anwenden?

1. Selbstlöschung:

Hat man bei seinen Kindern die Nerven verloren und sich ganz dumm verhalten, dann bekräftigt man sich anschließend nicht mit einer Belohnung wie Bier, Naschen, Zigarette (‹zur Beruhigung›), sondern überlegt lieber, was man in Zukunft besser und geschickter machen kann. Hat man sich seine Gedanken dazu gemacht, dann belohnt man sich lieber *dafür.*

2. Löschung beim Ehepartner:

Hat sich der Ehepartner den Kindern gegenüber unklug verhalten, dann bestärkt man ihn nicht, sondern überlegt mit ihm gemeinsam, was er besser machen kann.

15. Kapitel

Gelegentliche Bekräftigung

Wenn ein bestimmtes Verhalten nicht jedesmal, sondern nur gelegentlich belohnt wird, dann spricht man von gelegentlicher Bekräftigung. Verhalten, das nur gelegentlich belohnt wird, lernt man langsamer. Man *verlernt* es aber auch langsamer. Wie kommt das? Zur Erklärung stellen wir uns zwei Fälle vor:

1. Fall
Jedesmal, wenn Michael nach Schokolade bettelte, gab ihm seine Mutter ein Stück. Michael hat das natürlich schnell gelernt. Da liest die Mutter: Dauernd Schokolade erzeugt Karies und schadet den Zähnen. Ab sofort gibt die Mutter Michael keine Schokolade mehr. Sie ist ganz eisern. Auch das lernt Michael schnell und läßt das Betteln sein.

2. Fall
Heike bettelt auch dauernd nach Schokolade. Aber ihre Mutter gibt ihr nur manchmal welche, ganz nach Zufall. Heike hat das allmählich gelernt. Auch wenn sie mehrmals erfolglos gebettelt hat, gibt sie nicht auf: Irgendwann wird die Mutter ihr schon was geben. Auch Heikes Mutter liest: Dauernd Schokolade schadet den Zähnen. Auch sie gibt ihrem Kind jetzt keine Schokolade mehr. Sie ist genauso eisern wie Michaels Mutter. Aber Heike läßt das Betteln noch lange nicht sein. Sie ist gewohnt, daß es nicht jedesmal klappt, ist ‹abgehärtet› gegen erfolgloses Betteln, und sie versucht es immer wieder: Irgendwann wird sie schon Schokolade bekommen. Lange Pausen hat es früher schließlich auch gegeben. Bis Heike endlich doch ganz aufgibt, dauert es viel länger als bei Michael.

Wir sehen: Heikes Betteln war nur gelegentlich belohnt worden. Als die Mutter keine Schokolade mehr rausrückte und damit das Betteln auch nicht mehr bekräftigte, da wurde Heikes Betteln gelöscht, genau wie Michaels auch. Nur Michael merkte den Umschwung von Belohnung zu Löschung gleich. Heike nicht. Ihre Bettelei war viel zäher und gegen die Löschungsversuche ihrer Mutter viel widerstandsfähiger.
Am wirksamsten ist gelegentliche Bekräftigung, wenn das Verhalten durchschnittlich jedes zweite Mal belohnt wird.

Zusammenfassung

1.

Gelegentliche Bekräftigung heißt: Ein bestimmtes Verhalten wird nicht jedesmal, sondern nur gelegentlich belohnt.

2.

Verhalten, das gelegentlich bekräftigt wurde,

○

wird langsamer gelernt und

○

wird langsamer verlernt, das heißt, es ist widerstandsfähiger gegen Löschung.

Wenn ein Verhalten, besonders ein gelegentlich belohntes, nun nicht mehr bekräftigt wird, also gelöscht werden soll, wird es

○

zunächst häufiger und heftiger auftreten

○

und erst später wegfallen.

Wenn es nach dieser Löschungszeit dann auf einmal wieder bekräftigt werden sollte, dann wird es somit ‹gelegentlich bekräftigt› und damit gegen Löschung widerstandsfähiger werden. Bedenken Sie das bei Ihrem Fall!

Zur Verdeutlichung:

1. Will man seinem Kind oder sich selbst ein bestimmtes Verhalten *an*-gewöhnen, dann bekräftigt man sein Kind und sich selbst zuerst *jedesmal*, wenn das Verhalten auftritt. So wird es schneller gelernt.
2. Wenn das Verhalten gut genug gelernt ist, bekräftigt man nicht mehr jedesmal, sondern nur noch jedes zweite Mal, dann wird das Verhalten widerstandsfähig gegen Löschung.
3. Will man dagegen seinem Kind oder sich selbst ein bestimmtes Verhalten *ab*gewöhnen, darf man nicht etwa umgekehrt vorgehen: Die Belohnung, die bisher auf das Verhalten des Kindes oder das eigene Verhalten folgte, darf man nicht etwa Zug um Zug wegnehmen. Zum Beispiel darf man zu dem Kind nicht manchmal nachgiebig und manchmal hart sein und mit der Zeit immer öfter hart. Dann passiert dasselbe wie unter 1.: Das Verhalten wird nur noch gelegentlich bekräftigt und wird damit gegen Löschungsversuche nur noch widerstandsfähiger. Vielmehr darf auf das abzugewöhnende Verhalten *nie mehr* eine Belohnung folgen!

16. Kapitel

Hinweisreize und Auslösereize

Wodurch man Verhaltensweisen lernt, ist klar: durch Bekräftigung. Bekräftigtes Verhalten zeigt man oft; aber noch lange nicht immer oder ununterbrochen. *Wann* man also ein Verhalten zeigt, davon handelt dieses Kapitel.

Unterschiedliche Situationen

Wie man Verhalten lernt, so lernt man auch Unterschiede erkennen und beachten:

1. Das Kind liegt im Bett. Im Nebenzimmer sind Geräusche (weil die Mutter dort arbeitet oder sich unterhält). Wenn das Kind jetzt schreit, dann kommt die Mutter.
2. Das Kind liegt im Bett. Im Nebenzimmer ist es still (weil niemand da ist). Wenn das Kind jetzt schreit, dann folgt auf das Schreien *nichts*.
   Bald merkt das Kind: Immer wenn im Nebenzimmer Geräusche sind, wird mein Schreien belohnt. Immer wenn es im Nebenzimmer still ist, wird mein Schreien nicht belohnt. Also hat es keinen Zweck, zu schreien, wenn es nebenan still ist.

Das Geräusch im Nebenzimmer ist für das Kind zum Hinweisreiz geworden, der darauf *hinweist*, daß das Schreien belohnt wird. Ist der Reiz da, setzt er das Verhalten in Gang: Das Geräusch bewirkt, daß das Kind zu schreien anfängt. Viele Eltern kennen das: Sie kommen abends spät nach Haus, und das Kind schläft. Sobald sie aber die Wohnungstür aufschließen und die Mäntel auf die Garderobe hängen, Geräusche machen, fängt das Kind an zu schreien.

Hinweisreize kündigen an, daß ein bestimmtes Verhalten belohnt wird. Sie geben sozusagen ‹grünes Licht› und setzen das Verhalten in Gang.

Hinweisreize spielen in unserem Leben eine wichtige Rolle: Wir verhalten uns anders, wenn unser Gegenüber lächelt oder grimmig guckt, wenn es regnet oder die Sonne scheint, wenn wir hellwach oder müde sind. Ein Hinweisreiz, nach dem sich jeder richtet, sind Verkehrszeichen oder Ampeln: Bei rotem Licht bleibt man stehen. Die Nichtbeachtung dieses Hinweisreizes hat meistens fatale Folgen. Umgekehrt wird die Beachtung dieses Hinweisreizes durch das Ausbleiben dieser fatalen Folgen bekräftigt.

Verhalten hängt von der jeweiligen Situation ab

Vielleicht kennen auch Sie so etwas: Ein Kind bettelt und quengelt beim Einkaufen wie verrückt, bis die Mutter endlich Schokolade kauft. Und dasselbe Kind bettelt zu Hause nie, weil es weiß, zu Hause kriegt es keine Schokolade (weil die Mutter zu Hause nicht nachgibt oder weil gar keine Schokolade im Hause ist). Als Hinweisreiz dienen ‹Supermarkt› (besonders das Süßigkeitenregal) einerseits und ‹zu Hause› andererseits. Im Supermarkt bei dem Reiz «Süßigkeitenregal» wird das Betteln belohnt, zu Hause nicht.

> Oder: Die Tochter will ihrem Vater erzählen, daß sie heute in der Schule eine gute Arbeit geschrieben hat. Sie sagt es ihm aber nicht sofort, wenn er von der Arbeit kommt (dann ist er abgespannt und mürrisch), sondern erst, wenn der Vater im Sessel sitzt und sich ein Glas Bier eingeschenkt hat (dann ist er entspannt und kann sich freuen). Der Hinweisreiz ‹Vater sitzt im Sessel beim Bier› zeigt seiner Tochter den günstigen Moment an, wo man ihm gute Nachrichten erzählt (vielleicht auch die nicht so guten).

> *Anders herum:* Der Sohn will die Mutter etwas fragen. Sie liest aber gerade Zeitung. Wenn er jetzt fragen würde, bekäme er eine Abfuhr. Er wartet also, bis die Mutter die Zeitung weggelegt hat. Der Hinweisreiz ‹Mutter liest Zeitung› zeigt den ungünstigen Moment an, wo man sie mit Fragen besser in Ruhe läßt.

Auslösereize

Einen Teil seines Verhaltens braucht man nicht zu lernen, weil er angeboren ist, wie Reflexe (vergleiche Kapitel 7). Reflexe zeigt man, egal ob man dafür belohnt oder bestraft wird. Wohl aber gehen ihnen stets Reize voraus, die die Reflexe auslösen: Plötzliches Licht löst das Schließen der Augenlider aus, Küchendüfte lassen einem ‹das Wasser im Munde zusammenlaufen›. Auslösereize braucht man ebenso wie die Reflexe nicht besonders zu lernen. Die Mutterbrust im Mund des Säuglings löst wie automatisch den Saug*reflex* aus. Die Folgen oder der Erfolg des Saugens (Milch) spielt keine große Rolle. Sogar eine plumpe Nachbildung der Brust aus Gummi (Schnuller) löst das Saugen aus. *Auslösereize* lösen bestimmte Verhaltensweisen ‹reflexartig› aus, egal was die Folgen sind.

Auch bei einigen anderen Verhaltensweisen besteht eine ‹reflexartige› Verkoppelung zwischen Reiz und Verhalten: Beim ‹sich fürchten›, ‹Angst haben›, ‹sich aufregen›, um nur einige zu nennen. Egal was die Folgen sind, sobald der Auslöser da ist, tritt auch das Verhalten auf:

> Herr Müller ist als Kind mal tüchtig von einem Hund gebissen worden. Seitdem hat er Angst vor Hunden. Immer wenn er einen Hund sieht, bekommt er Angst, die von Körperreaktionen wie Zittern, Schweißausbrüchen, weichen Knien begleitet wird.

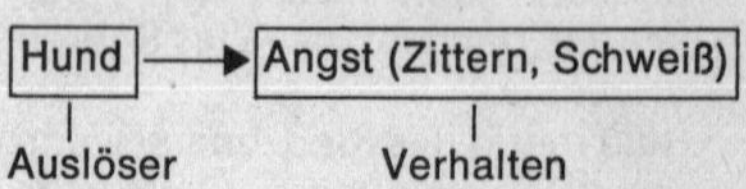

Diese Angst hält so lange an, bis das Tier wieder weg ist. Man könnte Herrn Müller die größte Belohnung für den Fall versprechen, daß er keine Angst mehr spürt. Es wäre nutzlos, denn die Hundeangst hat sich bei ihm fest eingeschliffen, und sie tritt, ähnlich wie ein Reflex, *immer* auf.

Unterschiedliches Verhalten bei Auslöse- und Hinweisreizen

Aus dem bisher über Auslöser und Hinweisreize Gesagten lassen sich einige Unterschiede herausarbeiten (die für die praktische Verhaltensänderung bedeutsam sind):

1. Auslöser lösen ein Verhalten aus. Das heißt, sie rufen es direkt hervor, während Hinweisreize nur ankündigen, daß ein Verhalten jetzt möglich und günstig ist (sie setzen ‹grünes Licht›).
2. Einem Auslösereiz folgt *immer* das ausgelöste Verhalten, während einem Hinweisreiz das jeweilige Verhalten folgen *kann*, aber nicht muß: Auf den Reiz ‹Süßigkeitenregal› in einem Geschäft reagiert man unterschiedlich, je nachdem ob man hungrig ist oder satt.
3. Bei Reflexen steht von vornherein fest, welcher Reiz der Auslösereiz ist. Dagegen hat ein Hinweisreiz seine ‹Bedeutung› nicht von vornherein, sondern sie wird erst gelernt und kann von Person zu Person unterschiedlich sein. Deshalb kann praktisch auch alles zu einem Hinweisreiz werden.
4. Dem Verhalten, das durch einen Hinweisreiz in Gang gesetzt wird, folgt normalerweise eine Belohnung: Entweder zeigt der Hinweisreiz einen günstigen Zeitpunkt an, wo dem Verhalten ein Belohner folgen wird, oder einen ungünstigen, wo man durch die Unterlassung des Verhaltens (das heißt durch Zeigen eines anderen Verhaltens) mit Ausbleiben der Strafe belohnt wird. Bei Verhaltensweisen, die durch einen Auslösereiz ausgelöst werden, spielen die Folgen keine große Rolle.
5. Verhalten, das durch einen Hinweisreiz in Gang gesetzt wird, kann man durch Veränderung der Folge (Zufügen oder Wegnehmen eines Belohners oder einer Strafe) verändern, das heißt entweder häufiger werden lassen oder löschen.

Verhalten ist manchmal gemischt

Ein Reiz, dem ein Verhalten folgt, ist nicht immer eindeutig entweder Auslösereiz oder Hinweisreiz. Häufig sind beide Anteile enthalten:

Herr Müller ist als Kind von einem Hund gebissen worden und hat seitdem Angst vor Hunden. Immer wenn er einen Hund sieht, läuft er weg. Dadurch läßt die Angst nach.
Der Hund ist einerseits Auslöser der Angst, andererseits Hinweisreiz für das Weglaufen:

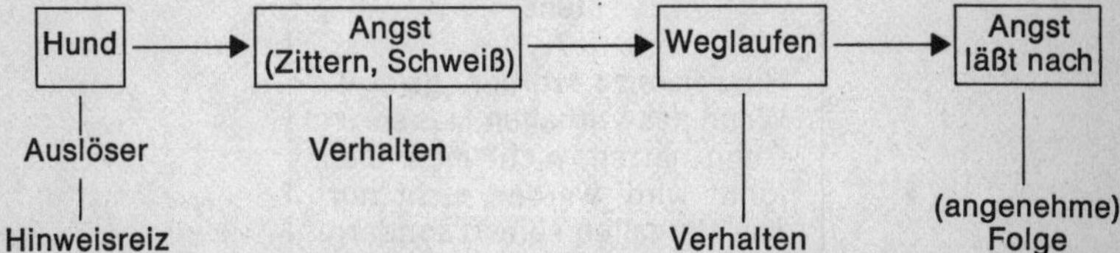

Beide Verhaltensweisen laufen zur selben Zeit ab.

Auf Möglichkeiten und Wege, solche Ängste (hier: Hundeangst) abzubauen, geht unser Programm *nicht* ein, wohl aber auf Verhaltensweisen, die eine Folge der Angst sind (hier: weglaufen). In Fällen weniger ausgeprägter Ängste bewirkt aber die Veränderung des Angst-Verminderungs-Verhaltens (weglaufen) auf Dauer oft auch einen Abbau der Angst selbst.

Sollten aber bei Ihnen oder Ihrem Kind schwere Angstzustände vorliegen, suchen Sie einen Fachmann auf (klinischer Psychologe, Psychiater). Probleme dieser Art können Sie mit diesem Selbsthilfeprogramm nicht behandeln.

Zusammenfassung

1.
Hinweisreize zeigen an, wann ein Verhalten belohnt (oder bestraft) wird und wann nicht.

2.
Hinweisreize zeigen an, wann man also etwas tun sollte und wann lieber nicht.

3.
Hinweisreize setzen bestimmte Verhaltensweisen in Gang. Sie geben ‹grünes Licht›.

4.
Hinweisreize werden gelernt.

5.
Auslösereize setzen Verhalten in Gang. Dabei spielt es keine Rolle, welche Folge dies Verhalten hat.

6.
Bei einem Auslösereiz folgt das zugehörige Verhalten immer, beim Hinweisreiz nur meistens.

7.
Hinweisreize werden gelernt, Wenn das Verhalten, das sie in Gang setzen, nicht mehr belohnt wird, werden nicht nur das Verhalten selbst, sondern auch die Hinweisreize gelöscht.

17. Kapitel

Reizverallgemeinerung

Hinweisreize und auch Auslösereize setzen ein Verhalten in Gang. Auf den Auslösereiz folgt sofort ein ganz bestimmtes Verhalten, der Hinweisreiz kündigt eine günstige Situation an, in der das Verhalten dann auftritt.

Oft jedoch scheint einem Verhalten kein bestimmter oder erkennbarer Reiz voranzugehen. Das Verhalten tritt ‹plötzlich›, scheinbar spontan auf. ‹Nicht erkennbare Reize› heißt aber nicht, daß wirklich kein Reiz da ist. Bedürfnisse, Gefühle, Gedanken, plötzliche Erinnerungen können solche Reize sein; alles, was sich *in* einem Menschen abspielt, ist ja da, wenn auch schwer oder häufig gar nicht für einen Beobachter erkennbar.

Vielleicht liegt aber auch kein *‹eindeutiger Reiz›* vor. Dann liegt es an der Reizverallgemeinerung, daß man keinen bestimmten Hinweisreiz erkennen kann.

Ähnliche Situationen

Beginnen wir mit einem Beispiel:

> Wenn Petra morgens zur Schule gehen will und sich umständlich die Schuhe zubindet, sagt ihre Mutter: «Ach, laß mich das man schnell machen.» Gerne läßt Petra sich das Schuhebinden abnehmen.
>
> Wieder einmal übernachtet Petra bei ihrer Freundin Gabi. Als die beiden morgens zur Schule wollen, braucht Petra zum Schuhebinden länger als Gabi. Gabis Mutter schaut zu und hilft ihr schnell dabei.
>
> Petra lernt: Genau wie zu Haus wird ihr das Schuhebinden abgenommen, wenn sie sich dabei umständlich und ungeschickt verhält und ein Erwachsener sieht zu. Für Petra sind die beiden Situationen ähnlich. Den Hinweisreiz «Meine Mutter steht ‹sprungbereit› da» hat sie verallgemeinert auf «Ein Erwachsener schaut mir zu».
>
> Petra soll beim Krämer um die Ecke einkaufen. Statt zu sagen, was sie will, schaut sie die Verkäuferin mit großen Augen an und läßt sich ihren Einkaufszettel aus der Hand nehmen und sich ihren Korb vollpacken.

Die Verkäuferin belohnt Petra für ihr hilfloses Verhalten, indem sie ihr die Mühe abnimmt. Inzwischen haben sich die Situationen für Petra so weit verallgemeinert, daß die bloße Anwesenheit eines Erwachsenen genügt, um sich hilflos zu verhalten.

Anfangs reagiert Petra auf einen *bestimmten* Hinweisreiz (ihre bereitstehende Mutter). In ähnlichen Situationen (ähnliche Reize) wird sie für dasselbe Verhalten (sich hilflos geben) wieder belohnt. Dadurch werden auch diese ähnlichen Reize zu Hinweisreizen für ihr hilfloses Verhalten. Dieser Vorgang heißt *Reizverallgemeinerung.*

Nur unter zwei Voraussetzungen kann eine Reizverallgemeinerung wirklich vor sich gehen:

Der Handelnde erlebt eine Situation als einem bekannten Hinweisreiz *ähnlich* und zeigt dasselbe Verhalten wie nach dem bekannten Hinweisreiz.

Das Verhalten wird ebenso wie sonst *bekräftigt.*

In unserem Beispiel hat Petra nicht nur die Situationsreize verallgemeinert, sondern auch ihr Verhalten: Anfangs war sie nur ungeschickt beim Schuhebinden, am Ende zeigt sie sich von vornherein unselbständig.

Verhaltensverallgemeinerung und Reizverallgemeinerung treten häufig gleichzeitig auf.

Grenzen der Reizverallgemeinerung

Hinweisreize lassen sich nicht unbeschränkt verallgemeinern. Wo die Schranken liegen, ergibt sich aus den obigen zwei Voraussetzungen für Reizverallgemeinerung.

Nach der Turnstunde zieht Petra sich um. Hier bindet sie sich die Schuhe allein. Sie kommt gar nicht auf den Gedanken, sich von einem ihrer Mitschüler helfen zu lassen. Die Situation im Umziehraum ist der Situation zu Haus nicht ähnlich, denn es sind keine Erwachsenen im Raum. Eine Reizverallgemeinerung auf ‹anwesende Kinder› hat nicht stattgefunden.

Als Petras Mutter zur Kur gefahren ist, sorgt ihr Vater für sie. Er läßt sich von ihrer Hilflosigkeit nicht beeindrucken, und Petra gewöhnt sich schnell daran, ihre Schuhe selbst zuzubinden, wenn nur ihr Vater da ist.

Die letzten Beispiele weisen noch auf einen besonderen Umstand hin: Reizverallgemeinerung ist das Gegenstück zur Herausbildung eines Hinweisreizes. In Anwesenheit ihres Vaters lernt Petra den Unterschied zu beachten: Bei ihrer Mutter und bei den meisten Erwachsenen wird ihre Hilflosigkeit belohnt, bei ihrem Vater dagegen nicht. Dagegen wird für Petra der Unterschied zwischen ihrer bereitstehenden Mutter und der bereitstehenden Verkäuferin im Krämerladen insofern unbedeutend, als sie in beiden Fällen für ihre Unselbständigkeit belohnt wird.

Die Grenze für Reizverallgemeinerung ist dort, wo man einen neuen Hinweisreiz zu unterscheiden lernt.

Zusammenfassung

1.

Man erlebt eine Situation als einem schon bekannten Hinweisreiz ähnlich, zeigt dasselbe Verhalten und wird auch hier belohnt. So lernt man die Reizverallgemeinerung auf diese ähnliche Situation.

2.

Ein Hinweisreiz kann Schritt für Schritt immer weiter verallgemeinert werden.

3.

Wenn ein Hinweisreiz schon auf andere Reize verallgemeinert ist, kann man einen *bestimmten* Hinweisreiz nicht mehr ausmachen.

4.

Weitere Reizverallgemeinerungen erfolgen nicht mehr, wenn man einen neuen Hinweisreiz zu unterscheiden lernt, bei dessen Fehlen man keine Belohnung erwarten kann.

18. Kapitel

Vermeidungslernen

Vermeidungslernen ist ein Sonderfall von Bekräftigungslernen und tritt nur auf, wenn in der Vergangenheit bestimmte Verhaltensweisen bestraft worden sind. Beim Vermeidungslernen sind Bestrafung und Belohnung auf besondere Weise miteinander verknüpft.

Gisela soll nicht Daumen lutschen. Immer wenn sie vom Vater oder der Mutter ertappt wird, bekommt sie eins auf die Finger. Machmal fragen die Eltern auch: «Hast du heute schon wieder Daumen gelutscht?» Sagt Gisela ja, dann kriegt sie wieder eins, sagt sie nein, dann nicht. Meistens sagt sie nein. Tatsächlich gewöhnt Gisela sich das Daumenlutschen ab, wenn die Eltern dabei sind. In der Schule aber und woanders lutscht sie weiter. Die Eltern bemerken, daß Gisela immer seltener zu ihnen zum Schmusen und Anschmiegen kommt.

Gelernte Hinweisreize

Gisela hat zu unterscheiden gelernt, daß sie fürs Daumenlutschen bestraft wird, wenn ihre Eltern es sehen oder wenn sie es zugibt. Sie wird nicht bestraft, wenn sie es abstreitet oder ihre Eltern es nicht sehen. Der Hinweisreiz ‹Eltern sind da› zeigt an: Wenn sie dich jetzt erwischen, gibt es Schläge. Vor Schlägen fürchtet Gisela sich. Schon die Erwartung von Schlägen macht ihr Angst. Mit der Zeit bekommt sie Angst vor der bloßen Gegenwart ihrer Eltern. Denn ob es Schläge setzt, hängt ja weniger davon ab, ob sie Daumen gelutscht hat, als davon, ob ihre Eltern da sind und es sehen. So *vermeidet* sie die Nähe der Eltern, meidet die Situation ‹Eltern sind da› und hält sich viel bei Freunden auf und kommt abends spät nach Haus. Ein solches Verhalten nennt man *Vermeidungsverhalten*.

Weshalb Vermeidungsverhalten belohnt wird

Der Aufenthalt bei Freunden als Vermeidungsverhalten wird dadurch belohnt, daß die Schläge der Eltern wegfallen. Der Wegfall einer unangenehmen Empfindung ist ja genauso eine Belohnung wie die Zufügung eines Belohners. Und weil das Vermeidungsverhalten belohnt wird, lernt man es. Man lernt es immer besser, je sicherer man die Situation vermeidet, in der man bestraft würde. In unserem Beispiel würde das Kind die Strafe fürs Daumenlutschen um so sicherer vermeiden, je mehr Freunde sie hat und je eher sie sich den ganzen Tag bei Freunden aufhalten kann.

Neu gelernte Hinweisreize

Wie bei anderen Verhaltensweisen gibt es auch beim Vermeidungsverhalten Hinweisreize.

Abends geht Gisela nun doch nach Haus. Die Eltern sind froh, daß Gisela endlich da ist, weil es bald Abendbrot geben soll. In ausschmückenden und bewegten Worten erzählt Gisela, was sie im Laufe des Tages alles erlebt hat. Dadurch kommen ihre Eltern gar nicht auf die Idee, nach dem Daumenlutschen zu fragen oder darauf zu achten.

So lernt das Mädchen unterscheiden, daß sie am Tage zu Haus Strafe zu befürchten hat, abends kurz vorm Abendbrot, wenn sie viel erzählt, aber nicht. So werden die Abendbrot-Vorbereitungen zum *Hinweisreiz*, daß keine Strafe zu befürchten ist.

Löschung von Vermeidungsverhalten

Vermeidungsverhalten wird dadurch verstärkt, daß eine zu befürchtende Strafe ausbleibt. Hat man das Vermeidungsverhalten einmal richtig gelernt, dann zeigt man es immer und dann bleibt auch die Strafe immer aus, das heißt, das Vermeidungsverhalten wird jedesmal belohnt. In diesem Fall zeigt man das Vermeidungsverhalten immer weiter, auch wenn man in Wirklichkeit gar nicht mehr bestraft würde, weil beispielsweise der Bestrafende seine Meinung geändert hat. Wenn Giselas Eltern sich also entschließen, ihre Tochter nicht mehr fürs Daumenlutschen zu schlagen, würden sie damit am Vermeidungsverhalten noch gar nichts ändern: Das Vermeidungsverhalten (bei Freunden bleiben, abends spät kommen) wird nicht gelöscht, weil Gisela sich nicht mehr der Situation aussetzt, die ihr Angst macht (zu Hause sein). So kann sie gar nicht die Erfahrung machen, daß ihre Eltern vielleicht ihr Verhalten geändert haben und sie nun nicht mehr bestrafen.

Vermeidungsverhalten ist schwer zu löschen.

Es läßt sich überwinden, wenn man sich in kleinen Schritten der vermiedenen Situation wieder nähert und dafür bekräftigt wird.

Woran man Vermeidungsverhalten erkennt

Vermeidungsverhalten wird belohnt, ohne daß jemand Belohner benutzt. An den nachfolgenden Belohnern ist es also nicht zu erkennen. Vermeidungslernen ist aber oft dort im Spiel, wo sich jemand still zurückzieht, schwindelt oder bestimmten Situationen aus dem Wege geht. Die Gefahr besteht, daß er sich – vielleicht ohne es selbst zu merken – immer mehr zurückzieht und immer mehr Situationen vermeidet (Reizverallgemeinerung). In unserem Beispiel wäre das, wenn sich das Mädchen ganz von ihren Eltern zurückzieht, aber auch von ihren Geschwistern und Schulkameraden. Vielleicht aus Angst, die anderen könnten sie verpetzen. Das Daumenlutschen aber, wofür sie einmal bestraft wurde, bleibt aufrechterhalten. Es tritt dort auf, wo sie keine Angst vor Strafe zu haben braucht.

Zusammenfassung

1.

Wird ein Verhalten nur in bestimmten Situationen bestraft und sind die Strafen solche, vor denen man Angst hat,

○

dann lernt man zuerst die Hinweisreize: *wann* man bestraft wird und wann nicht;

○

dann lernt man ein Vermeidungsverhalten, mit dem man die Situation vermeidet, in der Strafe droht;

○

dann verallgemeinert man das Vermeidungsverhalten auf ähnliche Situationen;

○

dann zeigt man in ungefährlichen Situationen das Verhalten nach wie vor.

2.

Vermeidungsverhalten ist schwer zu löschen.

19. Kapitel

Beobachtungs- oder Nachahmungslernen

Schon in Kapitel 7 haben wir uns kurz mit dem Beobachtungslernen beschäftigt. Lernen durch Beobachtung und Nachahmung heißt: Kinder (und auch Erwachsene) lernen neue Verhaltensweisen, indem sie Personen aus ihrer näheren Umgebung beobachten und deren Verhalten nachahmen. So können neue Verhaltensweisen langsam übernommen und gelernt werden. Gerade weil Kinder in den ersten, für ihre grundlegenden Erfahrungen wichtigsten Lebensjahren hauptsächlich mit ihren Eltern zusammen sind, nehmen sie deren Verhalten als Beispiel, als Vorbild für erstrebenswertes, richtiges und ‹normales› Verhalten.

> Wenn ein Junge immer erlebt, wie sein Vater seiner Frau Befehle erteilt: «Bring mir das Essen, die Pantoffeln, mein Bier!», und die Mutter gehorcht widerspruchslos,

so wird er das für das ‹richtige› Verhalten eines Mannes seiner Frau gegenüber halten. Da er selbst einmal ein Mann werden will, wird er wahrscheinlich schon beim ‹Vater-und-Mutter-Spiel› mit anderen Kindern sich ebenso verhalten – und später als Erwachsener erst recht. (Es sei denn, er bekommt irgendwann durch Anregungen von anderer Seite das Gefühl, das könnte doch nicht in Ordnung sein, und bemüht sich dann, es anderes zu machen.)

Das Verhalten ihrer Eltern dient den Kindern als Vorbild für erstrebenswertes Verhalten überhaupt.

Wenn kleine Kinder sprechen lernen, ahmen sie die Laute nach, die Erwachsene ihnen vorsprechen. Wenn Kinder auch noch für gelungene Nachahmungen durch Anlächeln oder Streicheln belohnt werden, dann machen sie schnelle Fortschritte im Sprechen.

Welches Verhalten wird nachgeahmt?

1. Erfolgreiches Verhalten. Wenn man sieht, daß ein Arbeitskollege durch sein standhaftes Auftreten vor dem Chef gewisse Verbesserungen seiner Arbeitsbedingungen erreicht, dann wird man es ihm vielleicht nachtun.

2. Das Verhalten von Leuten, die Erfolg haben oder einem irgendwie überlegen scheinen. Schauspieler oder Schlagersänger werden nachgeahmt in ihrer Kleidung, Politiker in ihrer Art zu reden, aber auch Vorgesetzte, Höhergestellte, Freunde und Bekannte, die Erfolg haben. *Kinder* sehen insbesondere Lehrer und Erwachsene als überlegen an. Sie ahmen also bevorzugt das Verhalten ihrer Eltern und Lehrer nach. Das bedeutet für die Eltern

Verantwortung und Gefahr zugleich: Das Verhalten, was sie den Kindern ‹vorleben›, übernehmen diese sehr leicht, Vorzüge wie Schwächen. Besonders dann, wenn sie auch selbst mit dem übernommenen Verhalten Erfolg haben.

Warum wird nachgeahmt?

Wenn andere mit einem bestimmten Verhalten Erfolg haben, dann erwartet man bei sich selbst für dasselbe Verhalten denselben Erfolg. Wenn Erfolgsmenschen etwas tun, dann nimmt man an:

- daß dieses Verhalten immer Erfolg hat,
- daß dieses Verhalten richtig ist,
- daß man das auch tun sollte,
- daß man damit auch Erfolg haben wird.

Beobachtungslernen ist oft eine nützliche Sache, denn man kann in kurzer Zeit viel lernen. Es kann aber auch ins Auge gehen, wenn schädliches oder unsinniges Verhalten nachgeahmt wird. Ganz besonders macht sich zum Beispiel die Werbung das Nachahmungslernen zunutze. Das ist zwar in der Erziehung nicht so bedeutsam, aber da sie auf jeden von uns Auswirkungen hat, zeigen wir das an einem Beispiel auf:

> «Ich geh meilenweit für eine Camel!»
> In den Anzeigen und Werbespots wird ein abenteuerlustiger, gutaussehender, lässiger ‹Typ› gezeigt, der sorglos seine Zeit genießen kann. Er besitzt alle Eigenschaften, die man als angenehm empfindet und sich selber wünscht. Oder zumindest ein bißchen. Bloß wie wird man auch so? Die Anzeigen verraten den Weg: Weil es für die meisten Menschen nicht möglich ist, so zu leben, wie dieses Vorbild es tut, kriegt man ein Stück Camel-Mann durch die Zigarette, die man sich wenigstens kaufen kann. Hier sehen wir, wie das ‹Modell› (der Camel-Mann) stellvertretend ist für seine eigenen Wünsche, die man dann durch den Kauf der Zigarette zufriedenstellt.

Ein Beispiel aus der Familie:

> Manche Kinder nässen wieder ein, wenn sie kleine Geschwister kriegen. Nicht aus Wut auf die Mutter, sondern weil sie sehen: Wenn das kleine Kind einnäßt, kommt die Mutter, legt es trokken, pudert und hätschelt es. Einnässen ist also ein erfolgreiches Verhalten, die Mutter sorgt dann für einen. Also nässen auch die älteren Kinder wieder ein. Und die Mutter muß sich tatsächlich wieder mehr mit ihnen beschäftigen.

Beobachtungslernen ohne Beobachtung

Nicht nur lebendige ‹Vorbilder› kann man nachahmen. Auch das Verhalten von Menschen aus einem Film, einem Roman, einem Zeitungsbericht, einer Erzählung kann man nachahmen, wenn es erfolgversprechend scheint.

Zusammenfassung
Dasjenige Verhalten ahmt man nach,
- das bei anderen Erfolg hat,
- das erfolgreiche Menschen zeigen.

Wie können nun Eltern Beobachtungslernen für sich selbst nutzen?

Selbstverständlich kann man auch erziehendes Verhalten nachahmen. Man kann beobachten:

- was der Ehepartner besser in der Erziehung macht;
- was Freunde und Bekannte besser machen;
- was das erziehende Verhalten von solchen Bekannten auszeichnet, die besonders gut mit ihren Kindern zurechtkommen;
- was Freunde und Bekannte machen, wenn ihre Kinder dasselbe problematische Verhalten zeigen wie das eigene Kind. Haben Sie Erfolg?

Wenn man sich entschließt, erzieherisches Verhalten nachzuahmen, dann sollte man sich für jede gelungene Nachahmung ein bißchen mit etwas Angenehmem belohnen! Wie man das genau macht, erfahren Sie etwas später!

Teil III:

Praktische Durchführung

Im ersten Teil des Programms haben Sie sich mit dem Hintergrund und mit dem Umfeld des Problemverhaltens befaßt. Im zweiten Teil haben Sie die Grundlagen und Regeln des Lernens kennengelernt.

In diesem dritten Teil geht es nun um die eigentliche Veränderung in der Erziehung. Sie finden heraus, was das Problemverhalten jedesmal in Gang setzt und welche Belohnung es aufrechterhält. Sie erfahren, was Sie tun müssen, das heißt, welches Verhalten Sie zeigen müssen, damit sich das Problemverhalten Ihres Kindes verändert. Sie bestimmen also auch für sich selbst ein ‹neues› Verhalten und bauen dieses auf. Dann üben Sie es nach den allgemeinen Lernregeln ein, bis es für Sie selbstverständlich geworden ist. Als ‹neues› Verhalten legen Sie etwas fest, was das Problemverhalten Ihres Kindes gar nicht erst auftreten läßt oder was das Problemverhalten nicht mehr belohnt, sondern ‹löscht›. Wenn Sie am Ende des Programms dieses ‹neue› Verhalten beherrschen, wird sich dadurch das Problemverhalten Ihres Kindes bald vermindern.

20. Kapitel

Verhaltensketten

Im II. Teil des Programms haben Sie erfahren, daß Verhalten in der Regel durch bestimmte Hinweisreize in Gang gesetzt und durch Belohnung bekräftigt und aufrechterhalten wird. Damit Sie das Problemverhalten Ihres Kindes verändern können, müssen also zwei Fragen geklärt werden:

1. Was setzt das Problemverhalten in der jeweiligen Situation in Gang, also auf was ist das Problemverhalten eine Reaktion?
2. Wodurch wird das Problemverhalten aufrechterhalten, wodurch wird es belohnt?

Eine Darstellungsweise für Verhaltensabläufe

Man kann einen Verhaltensablauf in einer einfachen Zeichnung (in einem Schema) darstellen:

Reiz → Verhalten → Folge

Eines (oder mehrere) von den Dingen, die vorher passieren, ist der Reiz, der das Verhalten in Gang setzt. Von den Dingen, die nachher passieren, ist eines (oder mehrere) die Belohnung, die das Verhalten bekräftigt und aufrechterhält.

Ein solches Schema, das das Verhalten sowie das vorhergehende und nachfolgende Geschehen enthält, nennen wir eine Verhaltenskette.

In diesem und dem nächsten Kapitel werden Sie lernen, mit Verhaltensketten umzugehen. Im nachfolgenden Kapitel werden Sie mit Hilfe solcher Verhaltensketten Ihr eigenes Problem besser beschreiben können.

Zunächst wollen wir Ihnen den Umgang mit einer Verhaltenskette an einem Beispiel erläutern:

> Der vierjährige Jens findet vor dem Zubettgehen noch hunderttausend Sachen, die er unbedingt erledigen muß.
> Auf diese Weise zögert er mit dem Aufräumen, Trinken, Gutenachtsagen, auf Toilette gehen, wieder Gutenachtsagen, noch etwas Trinken den Weg ins Bett manchmal um Stunden hinaus.
> Wenn sein Vater schließlich doch resolut wird und ihn ins Bett stekken will, gibt es dann regelmäßig ein ganz großes Weinen.
> Dieses Weinen geht dann Frau Maier, das ist die Mutter von Jens, doch ein bißchen auf die Nerven, und sie sagt dann zu ihrem Mann: «Nun sei doch bloß nicht so kleinlich! Laß Jens doch noch ein bißchen aufbleiben, wenn er so gern will.»
> Irgendwann schließlich schläft Jens im Sessel ein, und Herr Mai-

er trägt ihn dann, selbst geschafft, ins Bett. Auf diese Weise beschäftigt Jens Abend für Abend seine Eltern.

Die Verhaltenskette für dieses Beispiel wäre:

Reiz:		Verhalten:		Folge:
ausziehen, waschen	→	herumtrödeln	→	aufbleiben dürfen

Im einzelnen:

Der Reiz
ist für Jens das Abendbrotessen, Ausziehen, Waschen. Diese Tätigkeiten signalisieren ihm: ‹Gleich geht's ins Bett (soll es ins Bett gehen)›.
Dieses Signal ist für Jens der *Reiz*.
Er beginnt mit dem *Verhalten*
‹das Ins-Bett-Müssen hinauszögern, solange es irgend geht›. Dieses Verhalten setzt sich aus einer Menge verschiedener Tätigkeiten zusammen, die die Eltern zunächst dulden: aufräumen, etwas trinken, mehrmals gute Nacht sagen, schmusen und so weiter.
Die Folge
des Verhaltens, der Erfolg des ganzen Manövers ist: Ich (Jens) brauche nicht allein ins Bett, sondern schlafe bei meinen Eltern ein.

Genau wie für die meisten Kinder ist das ‹Länger-aufbleiben-Dürfen› für Jens ein ganz *wirksamer Belohner*.

Nun sieht man an dieser Kette: Jens' Verhalten wird aufrechterhalten durch das Verhalten seiner Eltern, die das Herumtrödeln zu einem Erfolg werden lassen. Denn er erreicht damit sein Ziel: Er darf länger aufbleiben.

So kann man auch für die Eltern eine Verhaltenskette aufstellen, denn die reagieren wiederum auf Jens' Verhalten.
Zunächst die Kette für *Herrn Maier:*

Reiz:		Verhalten:		Folge:
sieht, wie Jens herumtrödelt	→	versucht, Jens ins Bett zu schicken, schimpft	→	läßt nach Einspruch der Mutter Jens weiterspielen und ärgert sich nicht mehr

Für *Frau Maier* gilt folgende Kette:

Reiz:		Verhalten:		Folge:
hört Jens weinen	→	sagt ihrem Mann, er soll Jens noch eine Weile auflassen	→	fühlt sich nicht mehr durch das Weinen gestört, empfindet die Ruhe als angenehm

Der Abschluß beider Ketten ist eine angenehme Folge: für Frau Maier, daß sie ihre Ruhe genießt, und für Herrn Maier, daß seine Frau ihn nicht mehr kritisiert.

Herrn Maier ist es unangenehm, wenn seine Frau sich gestört fühlt und ihn kritisiert. Dann fühlt er sich unwohl. Wenn er also Jens weiterspielen läßt, ärgert sich seine Frau nicht mehr, und das empfindet Herr Maier als angenehm. Das ‹Nicht-mehr-kritisiert-Werden› ist für Herrn Maier ein Belohner.

An diesem Beispiel können Sie folgendes erkennen: An Ereignissen, die sich zwischen Eltern und Kind abspielen, sind alle drei Personen beteiligt. Jeder reagiert auf den anderen, und jeder fühlt sich wohl, wenn für ihn am Ende seines Verhaltens eine angenehme Empfindung steht. Ist das der Fall, werden alle weiteren Vorkommnisse auf ähnliche Weise ablaufen, denn das Verhalten aller drei wird irgendwie belohnt:

- Jens darf länger aufbleiben.
- Herr Maier wird nicht mehr kritisiert. Der Streit ums Zubettgehen ist erstmal beendet.
- Frau Maier hat wieder ihre Ruhe.

Daraus können wir eine Regel ableiten:

Da mit einem häufigen oder regelmäßigen Verhalten eine Belohnung verbunden ist, zeigt die Verhaltenskette am Ende eine angenehme Folge.

Umgekehrt gilt:

Bei einem seltenen Verhalten zeigt die Verhaltenskette am Ende keine angenehme oder zugleich eine unangenehme Folge.

Zusammenfassung

1.

Verhalten läßt sich in einer Verhaltenskette

Reiz — Verhalten — Folge

darstellen.

2.

Die Verhaltenskette kann beliebig viele Glieder haben, sollte aber nur so viele bekommen, wie zum Verständnis des Verhaltens nötig sind. Dabei geht jedem (Teil-)Verhalten ein Reiz voraus.

3.

Ein (Teil-)Verhalten oder eine Folge kann zugleich Reiz für das nächste (Teil-)Verhalten sein:

Reiz → Verhalten → Folge Reiz → Verhalten → Folge

4.

Bei häufigen Verhaltensweisen steht am Ende der Verhaltenskette eine angenehme Folge, während bei seltenem Verhalten zumeist keine Belohnung vorhanden ist.

5.

Verhaltensketten kann man für alle am Verhaltensablauf beteiligten Personen aufstellen. Dabei ist das Verhalten jeder Person von dem der anderen abhängig. Häufig ist auch das Verhalten des einen Beteiligten Reiz oder Folge für das Verhalten des anderen Beteiligten:

Mutter: Reiz Verhalten Folge

Kind: Reiz Verhalten Folge

Mehrgliedrige Verhaltensketten

Die obige Verhaltenskette ist natürlich sehr grob. Um das Verhalten aller beteiligten Personen zu verstehen und vor allem Ansatzpunkte für eine Änderung herauszufinden, muß man so eine dreigliedrige Kette noch mehr aufgliedern. Für Jens sähe die Kette dann so aus:

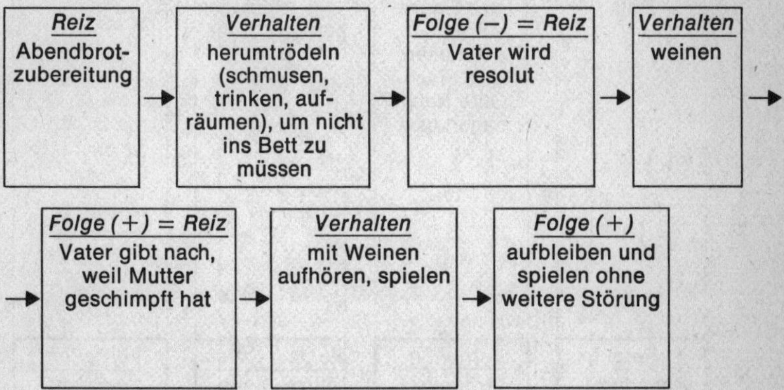

(+) hinter ‹Folge› bedeutet: angenehme Folge
(−) hinter ‹Folge› bedeutet: unangenehme Folge

Das letzte Glied der Verhaltenskette erklärt, warum Jens trotz des Schimpfens (unangenehme Folge) nicht ins Bett geht, sondern weitertrödelt und weint: weil er die Erfahrung gemacht hat, daß er schließlich doch aufbleiben kann, wenn er nur lange genug weint.

Man kann die Verhaltenskette für Jens noch ausführlicher und genauer machen. Man könnte jedes Verhalten in winzige Einzelschritte zergliedern. Das wäre natürlich unsinnig. Man sollte eine Verhaltenskette gerade so fein machen, daß die verschiedenen Verhaltensweisen, die vorausgehenden Reize und die verschiedenen Folgen klar daraus zu erkennen sind, der gesamte Verhaltensablauf aber nicht unnötig zersplittert wird.

Verhaltensketten mit mehreren Personen

Sie haben schon weiter oben gelesen: Das Verhalten des einen Beteiligten hängt ab vom Verhalten des anderen. Man muß die Verhaltensketten der einzelnen Beteiligten also in Verbindung miteinander bringen, so daß das Verhalten des einen den Reiz oder die Folge für das Verhalten des anderen bildet.

Eine solche mehrgliedrige Verhaltenskette für mehrere Personen zeigt die folgende Darstellung auf dieser Doppelseite.

	Es ist Abendbrotzeit. Jens soll zu Bett.	Jens findet noch tausend Sachen zu erledigen: aufräumen, schmusen, mehrfach „Gute Nacht" sagen usw.	Schließlich wird Jens' Mutter resolut und schickt ihn energisch ins Bett.	Davon fängt Jens an zu weinen.
Jens:	*Reiz:* Abendbrotzubereitung →	*Verhalten:* trödeln, verzögern →	*Folge (–)/Reiz* forsch angefaßt werden →	*Verhalten:* weinen
Vater:		*Reiz:* Jens trödelt maßlos →	*Verhalten:* energisch in das Bett schicken →	*Folge (–) /* Sohn weint
Mutter:				*Reiz:* Sohn stört *durch Weinen*

Wenn Ihnen diese Darstellung noch zu unübersichtlich vorkommt, lesen Sie noch einmal das Beispiel auf Seite 93 und verfolgen Sie Schritt für Schritt den Ablauf der obigen Darstellung.

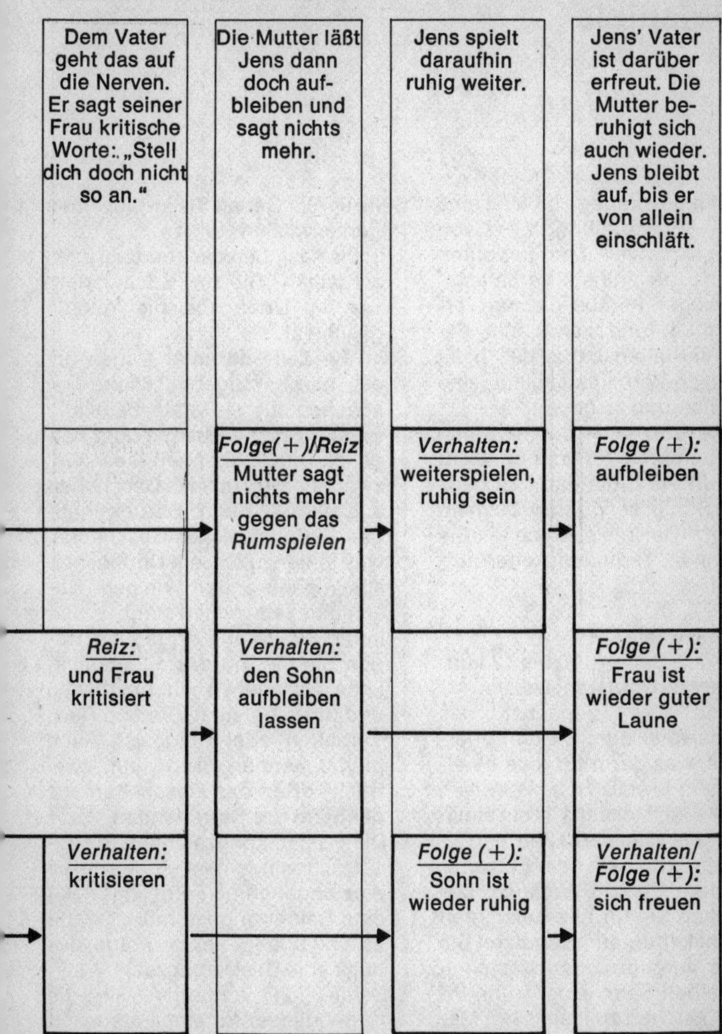

Dem Vater geht das auf die Nerven. Er sagt seiner Frau kritische Worte: „Stell dich doch nicht so an."
Die Mutter läßt Jens dann doch aufbleiben und sagt nichts mehr.
Jens spielt daraufhin ruhig weiter.
Jens' Vater ist darüber erfreut. Die Mutter beruhigt sich auch wieder. Jens bleibt auf, bis er von allein einschläft.
Folge(+)/Reiz
Mutter sagt nichts mehr gegen das Rumspielen
Verhalten:
weiterspielen, ruhig sein
Folge (+):
aufbleiben
Reiz:
und Frau kritisiert
Verhalten:
den Sohn aufbleiben lassen
Folge (+):
Frau ist wieder guter Laune
Verhalten:
kritisieren
Folge (+):
Sohn ist wieder ruhig
Verhalten/Folge (+):
sich freuen

21. Kapitel

Die Anwendung von Verhaltensketten auf Beispiele

Verhaltensketten bieten eine gute Beschreibung von Verhaltensabläufen. Man findet mit ihrer Hilfe diejenigen Verhaltens-‹Kettenglieder› heraus, die man verändern muß (und kann), um der ganzen Verhaltenskette, das heißt dem ganzen Verhaltensablauf, eine andere Richtung zu geben.

Ohne Übung ist das natürlich gar nicht einfach. Es können leicht Fehler auftreten, die dann zu ganz falschen Schlüssen führen. Deshalb folgen jetzt Beispiele, an denen Sie üben können, Verhaltensketten aufzustellen.

Übungsbeispiele

Auf den Seiten 100 bis 123 finden Sie sechs Übungsbeispiele.

Lesen Sie zunächst das Übungsbeispiel durch. Dann überlegen Sie, was darin für jede beteiligte Person jeweils *Reiz*, *Verhalten* oder *Folge* ist. Meistens ist ein einziges Ereignis das Verhalten der einen Person und Reiz oder Folge für eine andere Person *zugleich*. Danach stellen Sie für alle Beteiligten Verhaltensketten auf. Benutzen Sie dazu die vorgedruckten Kästchen auf derselben Seite. Oder wenn Ihnen die Kästchen zu klein sind: Machen Sie sich auf einem großen Blatt Papier selbst ein Lösungsschema. Die Kästchen sind genauso angeordnet wie die im Beispiel auf Seite 94/95. Gehen Sie im einzelnen folgendermaßen vor:

1. In die Kästchen der obersten Zeile schreiben Sie in Stichworten, was im Übungsbeispiel gerade geschieht.
2. In die Zeile darunter tragen Sie ein, ob das augenblickliche Geschehen für die erste beteiligte Person Reiz, Verhalten oder Folge ist. Dazu benennen Sie in ein, zwei Stichworten das Geschehen aus dessen Sicht. Berücksichtigen Sie nur solches Geschehen, was in der zu diesem Übungsbeispiel gehörenden kleinen Geschichte tatsächlich steht.
3. In die zweite und dritte Zeile tragen Sie ein, ob das augenblickliche Geschehen für die zweite und dritte beteiligte Person Reiz, Verhalten oder Folge ist. Auch hier benennen Sie in ein, zwei Stichworten das Geschehen aus der Sicht des Betreffenden.
4. Die Folgen kennzeichnen Sie zusätzlich mit einem +, wenn es eine angenehme Folge, das heißt eine Belohnung ist, mit –, wenn es eine unangenehme Folge, das heißt eine Bestrafung ist.
5. Schließlich verbinden Sie die Kettenglieder für eine Person mit geraden Strichen zu einer Gesamtkette.

Zur Verdeutlichung und zur besse-

ren Anschaulichkeit können Sie Reiz, Verhalten und Folge mit unterschiedlichen Farben kennzeichnen:
Rot – für Reiz
Grün – für Verhalten
Blau – für Folge
Damit haben Sie das 1. Übungsbeispiel gelöst. Die nächsten Beispiele bearbeiten Sie genauso.

Wie beurteilt man seine Lösung?

Hinter jedem Übungsbeispiel finden Sie eine «Musterlösung». Schlagen Sie diese auf, wenn Sie Ihre eigenen Ketten aufgestellt haben, und vergleichen Sie beide. Nur selten wird Ihre Lösung in allen Einzelheiten mit der «Musterlösung» übereinstimmen. Das liegt daran, daß Verhaltensketten *selten eindeutig* sind. Fast immer kann man sie noch weiter unterteilen oder umgekehrt. Außerdem kann man sich manchmal streiten, was die ‹wirkliche› Belohnung («Folge (+)») für ein Verhalten ist. Darum vergleichen Sie, ob Ihre Lösung im wesentlichen mit der Musterlösung übereinstimmt.

Bevor Sie jetzt zu rätseln anfangen, bedenken Sie noch, daß die Kettenglieder oft Reiz und Folge zugleich sind. Die Beispiele stellen einen Ausschnitt aus größeren Verhaltensabläufen dar.

Deshalb kann es in dem einen oder anderen Fall sein, daß die Kette nicht mit einem Reiz beginnt oder mit einer Folge endet. Bitte berücksichtigen Sie das beim Aufstellen der Verhaltensketten.

Zusammenfassung

1.

Mit Verhaltensketten kann man Verhaltensabläufe gut beschreiben.

2.

Verhaltensketten aufstellen muß man üben.

3.

Bitte stellen Sie für alle Übungsbeispiele Verhaltensketten auf. Dazu benutzen Sie die vorgedruckten Kästchen auf der jeweiligen Seite oder ein extra Blatt Papier. Eine genaue Ausfüllanleitung steht auf Seite 96.

4.

Wenn Sie für alle im jeweiligen Übungsbeispiel vorkommenden Personen Verhaltensketten aufgestellt haben, blättern Sie um und vergleichen, ob Ihre Lösung im großen und ganzen mit der ‹Musterlösung› auf der folgenden Seite übereinstimmt. Eine ganz genaue Übereinstimmung ist nicht zu erwarten.

5.

Wenn Sie keine wesentlichen Unterschiede feststellen oder wenn Sie solche Unterschiede geklärt haben, gehen Sie zum nächsten Übungsbeispiel weiter.

Blättern Sie jetzt um und beginnen mit dem Aufstellen einer Verhaltenskette für Übungsbeispiel 1. Die Beispiele sind in ansteigender Schwierigkeit angeordnet.

Übungsbeispiel 1 (Arbeitsblatt 14a)

Jeden Abend, wenn der Fernseher aus ist, macht Herr Weizenkeym einen Rundgang durch seine Wohnung. Er schaut nach, ob überall die Fenster geschlossen, Wasserhähne zu und die Lampen aus sind.

Erst wenn er sich überzeugt hat, daß alles in Ordnung ist, geht er beruhigt ins Bett.

Bitte stellen Sie eine Verhaltenskette für Herrn Weizenkeym auf!

Lösungsvorschlag 1

	Fernsehen ist aus.	Herr W. geht in der Wohnung umher und sieht nach, ob alles in Ordnung ist.	Als er sich überzeugt hat, daß alles in Ordnung ist . . .
Herr Weizenkeym	*Reiz:* Sendeschluß →	*Verhalten:* Rundgang durch die Wohnung →	*Folge (+) / Reiz:* alles ist in Ordnung —

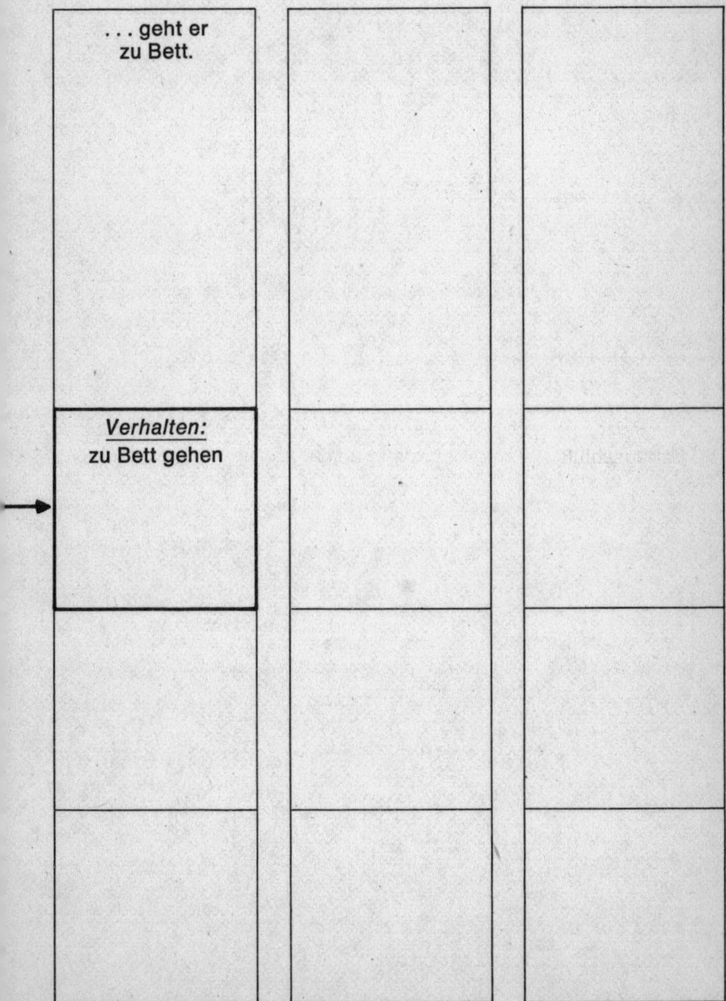
. . . geht er zu Bett.
Verhalten:
zu Bett gehen

Übungsbeispiel 2 (Arbeitsblatt 14b)

Wie jeden Abend macht Herr Weizenkeym auch heute seinen Rundgang durch die Wohnung.

Als er in die Küche kommt, sieht er die Margarine auf dem Tisch stehen. Er will sie in den Kühlschrank zurückstellen, da bekommt er plötzlich Appetit und Magenknurren; obwohl er erst vor einer Stunde Abendbrot gegessen hat, holt er sich Wurst, Käse und Brot her und genehmigt sich ein üppiges Nachtmahl.

Satt und zufrieden setzt er seinen Rundgang fort und geht beruhigt zu Bett.

Bitte stellen Sie eine Verhaltenskette für Herrn Weizenkeym auf!

Lösungsvorschlag 2

	Fernsehen ist aus	Herr W. geht in der Wohnung herum und sieht nach, ob alles in Ordnung ist.	In der Küche sieht er die Margarine auf dem Tisch.
Herr Weizenkeym	*Reiz:* Sendeschluß →	*Verhalten:* Rundgang durch die Wohnung →	*Reiz:* Margarine auf dem Tisch →

Da bekommt er Appetit und Magenknurren	und macht sich noch etwas zu essen.	Satt und zufrieden setzt er seinen Rundgang fort und geht beruhigt zu Bett.
→ *Verhalten = Reiz:* Appetit und Magenknurren	→ *Verhalten:* Essen machen und essen	→ *1. Folge (+):* ist satt *2. Folge (+):* alles ist o.k.

Übungsbeispiel 3 (Arbeitsblatt 14c)

Als Peters Vater ins Kinderzimmer guckt, glaubt er seinen Augen nicht zu trauen: Das ganze Zimmer ist auf den Kopf gestellt. «Jetzt räumst Du die Sachen aber auch wieder weg, oder ich erzähle Dir vor dem Abendessen keine Geschichte», kündigt er Peter an. Da fängt Peter fürchterlich zu weinen an und beschwert sich: «Das ist gemein, Du hast mir die Geschichte fest versprochen!» Als Peter gar nicht mehr zu weinen aufhört, hilft ihm sein Vater schließlich, das Spielzeug weg-

zuräumen. Sehr schnell kehrt das Lachen wieder auf Peters Gesicht zurück. Und über die Geschichte, die ihm sein Vater anschließend erzählt, freut er sich heute besonders.

Bitte stellen Sie Verhaltensketten für Peter und seinen Vater auf!

Lösungsvorschlag 3

	Peters Vater sieht das unordentliche Zimmer	und sagt: „Jetzt räumst du die Sachen aber wieder weg, oder ich erzähle dir vor dem Abendessen keine Geschichte.“	Da fängt Peter fürchterlich zu weinen an und beschwert sich: „Das ist gemein, du hast mir die Geschichte fest versprochen!“
Vater	*Reiz:* Unordnung →	*Verhalten:* Aufforderung zum Aufräumen und Drohung, keine Geschichte zu erzählen. →	*Folge (–) / Reiz:* Peter weint. Er hat nicht ganz unrecht. —
Peter		*Reiz:* Drohung, keine Geschichte zu hören →	*Verhalten:* weinen —

Als Peter gar nicht mehr zu weinen aufhört, hilft ihm sein Vater schließlich, das Spielzeug wegzuräumen.	Sehr schnell kehrt das Lachen wieder auf Peters Gesicht zurück.	Und über die Geschichte, die ihm sein Vater anschließend erzählt, freut er sich heute besonders.
Verhalten: aufräumen helfen	*Folge (+) / Reiz:* Peter ist wieder lieb	*Verhalten:* Geschichte erzählen
Folge (+) / Reiz: Vater hilft	*Verhalten:* lachen	*Folge (+):* Geschichte hören

Übungsbeispiel 4 (Arbeitsblatt 14d)

Sylvia sieht, wie sich ihr kleiner Bruder Ulli mit den Rechenaufgaben abmüht: Bei langen oder großen Aufgaben malt er Männchen, läuft im Zimmer umher und blättert im Rechenbuch. Da sagt Sylvia: «Mann, das ist doch ganz einfach!» und erklärt ihm, wie man die Aufgaben löst. Als beide mit allen Aufgaben fertig sind, sagt die Mutter zu Sylvia: «Weil Du Ulli geholfen hast, brauchst Du heute nicht abtrocknen.» Die Mutter freut sich, daß sie Sylvia für ihre Hilfsbereitschaft belohnen kann.

Bitte stellen Sie Verhaltensketten für Sylvia, Ulli und die Mutter auf!

Lösungsvorschlag 4

	Ulli muß große und lange Aufgaben rechnen.	Ulli müht sich mit den Rechenaufgaben ab: er malt Männchen, läuft im Zimmer umher und blättert im Rechenbuch.	Da sagt Sylvia: „Mann, das ist doch ganz einfach!" und erklärt ihm, wie man die Aufgabe löst.
Ulli:	*Reiz:* Große und lange Aufgaben →	*Verhalten:* umherlaufen, blättern →	*Folge (+):* Sylvia hilft. Da geht es leichter.
Sylvia:		*Reiz:* Ulli müht sich ab →	*Verhalten:* helfen und erklären
Mutter:			*Reiz:* Tochter hilft dem kleinen Bruder

Als beide fertig sind, sagt die Mutter zu Sylvia: „Weil du Ulli geholfen hast, brauchst du heute nicht abtrocknen.“	Die Mutter freut sich, daß sie Sylvia für ihre Hilfsbereitschaft belohnen kann.	
→ *Folge (+):* Abtrocknen ist erlassen		
→ *Verhalten:* Abtrocknen erlassen	→ *Folge (+):* sich freuen	

Übungsbeispiel 5 (Arbeitsblatt 14e)

Der 5jährige Jens sieht, wie seine Mutter sich schminkt, und er fragt: «Was ist denn heute Besonderes los?» Seine Mutter erklärt ihm: Papa und ich sind heute Abend eingeladen, und wir gehen weg. Du bist ja schon ein so großer Junge, deshalb bleibst Du heute allein zu Hause.»

Beim Abendbrot stochert Jens in seinem Essen herum, ißt aber nichts. Seine Mutter fragt ihn, was denn los sei. Jens antwortet: «Ich will nicht, daß Ihr fortgeht, ich mag nicht allein bleiben.»

Darauf seine Mutter: «Ich weiß, daß es keinen Spaß bringt, allein zu bleiben. Damit es nicht so schlimm wird, darfst Du noch einen Film im Fernsehen angucken und auf der Couch schlafen. Ist das nicht toll?»

Jens findet das tatsächlich toll, ißt sein Abendbrot jetzt mit Appetit und freut sich schon darauf, daß seine Eltern endlich gehen.

Stellen Sie Verhaltensketten für Jens und die Mutter auf!

Lösungsvorschlag 5

	Jens sieht, wie seine Mutter sich schminkt.	Daraufhin fragt er, was los sei.	Die Mutter sagt, daß sie heute abend eingeladen sind und er allein zu Hause bleiben soll.
Jens:	*Reiz:* Schminken der Mutter →	*Verhalten:* Frage stellen →	*Folge (–) = Reiz:* erfährt, daß Eltern fortgehen und er allein bleiben soll. —
Mutter:	*Verhalten:* Schminken →	*Folge = Reiz:* wird von Jens gefragt →	*Verhalten:* erklärt Jens, was los ist —

Beim Abendbrot ißt Jens nichts und sagt, daß er nicht gern allein bleiben möchte.	Daraufhin erlaubt die Mutter Jens, daß er fernsehen und auf der Couch im Wohnzimmer schlafen darf.	Jens freut sich darüber und ißt sein Abendbrot jetzt mit Appetit.
→ *Verhalten:* nichts essen und sagen, daß er nicht allein bleiben möchte.	→ *Folge (+) = Reiz:* erhält Fernseherlaubnis	→ *Verhalten:* Abendbrot essen
→ *Folge (–) = Reiz:* Jens verweigert Abendbrot	→ *Verhalten:* gibt Erlaubnis	→ *Folge (+):* Jens fühlt sich wieder wohl und sie kann beruhigt gehen.

Übungsbeispiel 6 (Arbeitsblatt 14f)

Zum drittenmal hört Frau Rapunzel heute schon Sven, ihren Jüngsten, aus dem Spielzimmer wie am Spieß schreien. Er spielt dort mit seinem größeren Bruder Michael. Frau Rapunzel stürzt ins Kinderzimmer und fragt: «Was ist hier los?» Sven erklärt ihr unter Tränen, was vorgefallen ist: Als Sven keine Lust mehr hatte, mit seinen Autos zu spielen, forderte er von Michael dessen Bauklötze. Michael baute gerade eine große Burg daraus zusammen und weigerte sich, seine Klötze herauszugeben, und schubste Sven weg. «Wenn Ihr Euch nicht einigen könnt, dann muß ich die Bauklötze eben teilen», sagt Frau

Rapunzel und schiebt die Klötze in zwei gleich große Haufen auseinander. Michaels lautstarken Protest quittiert sie mit einer Ohrfeige und meint: «Als großer Bruder muß man nachgeben und lieb zu seinem kleinen Bruder sein.» Die Ordnung im Kinderzimmer ist für Frau Rapunzel wiederhergestellt, als Michael schüchtern und ruhig mit Lego-Steinen weiterspielt und sich Sven froh, aber genausoruhig sämtlicher Bauklötze bemächtigt.

Bitte stellen Sie Verhaltensketten für Sven, Michael und Frau Rapunzel auf!

Lösungsvorschlag 6

	Sven fordert Michaels Bauklötze, weil ihm die Autos zu langweilig geworden sind (=Reiz für Sven).	Michael weigert sich, seine Klötze herauszugeben.	Sven schreit wie am Spieß.	Frau Rapunzel stürzt ins Kinderzimmer und fragt: „Was ist hier los?“
Sven:	*Verhalten:* Bauklötze fordern →	*Folge (–) / Reiz:* bekommt die Klötze nicht →	*Verhalten:* schreien →	*Folge (+) / Reiz:* Mutter kommt zu Hilfe und fragt
Michael:	*Reiz:* Sven fordert meine Klötze →	*Verhalten:* sich weigern		
Mutter:			*Reiz:* Sven schreit	*Verhalten:* ins Kinderzimmer laufen und fragen

Sven erklärt unter Tränen, was vorgefallen ist.	„Wenn ihr euch nicht einigen könnt, muß ich die Bauklötze eben teilen!" Frau Rapunzel schiebt die Klötze in zwei gleichgroße Haufen auseinander.	Michaels lautstarken Protest ...	... quittiert sie mit einer Ohrfeige und meint: „Als großer Bruder muß man nachgeben und lieb zu seinem kleinen Bruder sein."	Michael spielt mit Lego-Steinen weiter, Sven schnappt sich alle Bauklötze, und es ist wieder ruhig im Kinderzimmer.
→ *Verhalten:* weinen, erklären	→ *Folge (+) / Reiz:* bekommt die gewünschten Bauklötze →			→ *Verhalten: Folge (+) /* mit allen Klötzen ruhig spielen
→	→ *Folge (–) / Reiz:* die Klötze werden weggenommen	→ *Verhalten:* protestieren	→ *Folge (–) / Reiz:* Ohrfeige	→ *Verhalten:* ruhig, weil eingeschüchtert, mit Lego-Steinen spielen
→ *Folge (–) / Reiz:* Sven weint	→ *Verhalten:* Klötze aufteilen	→ *Folge (–) / Reiz:* Michael geht gegenan	→ *Verhalten:* Ohrfeige	→ *Folge (+):* Ruhe und Ordnung im Kinderzimmer

22. Kapitel

Ihre eigenen Verhaltensketten

In den Übungsbeispielen im letzten Kapitel haben Sie bereits gelernt, Verhaltensketten für unterschiedliche Verhaltensabläufe aufzustellen. Dabei haben Sie geübt, aus einer Situationsschilderung die Reize, das Verhalten selbst und die Folgen für die beteiligten Personen herauszufinden und zu benennen. Dasselbe machen Sie in diesem Kapitel mit Ihrem eigenen Problem. Das heißt, Sie stellen für alle von Ihnen auf → **Arbeitsblatt 8** beschriebenen Situationen, in denen das Problemverhalten Ihres Kindes auftritt, solche Ketten auf. Beginnen Sie zunächst mit dreigliedrigen Verhaltensketten. Benutzen Sie dazu → **Arbeitsblatt 15** oder extra Blätter Papier. Stellt sich dabei heraus, daß die Situation sich nicht in drei Gliedern beschreiben läßt, können Sie auch gleich mehrgliedrige Ketten aufstellen. Lassen Sie dann Arbeitsblatt 15 aus und arbeiten Sie mit → **Arbeitsblatt 16**.

Die Arbeitsbogen sind wieder genauso aufgebaut wie die der Übungsbeispiele und der Verhaltensketten in Kapitel 21. Mit dem auszufüllenden Schema sind Sie also schon vertraut.

Aufstellung dreigliedriger Verhaltensketten

Gehen Sie bitte jetzt folgendermaßen vor:

1. Tragen Sie zuerst in das bereits umrandete Kästchen das Problemverhalten Ihres Kindes ein.
2. In den großen Kästchen der oberen Zelle beschreiben Sie noch einmal kurz in Stichworten, was in der ersten von Ihnen beschriebenen Situation geschieht.
3. Finden Sie jetzt aus Ihren Schilderungen des Ablaufs der Situation heraus, welches der Reiz ist, der das Problemverhalten des Kindes in dieser Situation auslöst. Nehmen Sie dazu auch → **Arbeitsblätter 9 und 10** zu Hilfe. Tragen Sie in das vorangehende Kästchen alles ein, was der Reiz für das Problemverhalten sein kann.
4. Jetzt suchen Sie bitte auf die gleiche Weise die möglichen Belohner, die in dieser Situation das Problemverhalten aufrechterhalten, heraus. Tragen Sie diese in das nachfolgende Kästchen ein.
5. Umranden Sie die ausgefüllten Kästchen, und verbinden Sie sie mit Strichen untereinander.
   Jetzt haben Sie die dreigliedrige Verhaltenskette für Ihr Kind aufgestellt.
6. Versuchen Sie jetzt bitte, um diese entstandene Verhaltenskette herum in ebenfalls dreigliedrigen Ketten das Verhalten der anderen beteiligten Personen darzustellen. Finden Sie aus Ihren Be-

schreibungen heraus, was für jeden einzelnen Reiz und Folge seines Verhaltens sein könnte. Bedenken Sie dabei, daß das Verhalten aller Beteiligten voneinander abhängt. Beginnen Sie immer damit, das Verhalten der Person als erstes in ein Kästchen einzutragen. Dann suchen Sie Reiz und Folge für das Verhalten dieser Person heraus und tragen diese in die entsprechenden Kästchen ein.

7. Umranden Sie die bezeichneten Felder wieder, und verbinden Sie die Kästchen mit Strichen untereinander.
8. Setzen Sie vor jede Kette den Namen der betreffenden Person.
9. Zur besseren Anschaulichkeit können Sie auch hier mit den Farben Rot, Grün, Blau arbeiten wie bei den Übungsbeispielen.

Wenn die Situationen von Arbeitsblatt 8 sehr verschieden sind, weil das Problemverhalten Ihres Kindes sich unter unterschiedlichen Begleitumständen abspielt, dann stellen Sie bitte mehrere Verhaltensketten auf, für jede typische Situation eine. Nehmen Sie dazu extra Blätter Papier, und zeichnen Sie sich darauf Kästchen wie auf → **Arbeitsblatt 15**.

Falls Sie merken, daß in Ihren Beschreibungen der Verhaltensabläufe wichtige Einzelheiten fehlen, so daß Sie keine genauen Ketten aufstellen können, warten Sie das nächste Auftreten des Problemverhaltens ab und beobachten Sie genau, was geschieht. Mit diesen ‹frischen Eindrücken› können Sie dann sicher eine Verhaltenskette aufstellen.

Aufstellung mehrgliedriger Verhaltensketten

Aus den jetzt aufgestellten dreigliedrigen Ketten gehen die tatsächlich wirksamen Reize und Folgen wahrscheinlich noch nicht klar genug hervor. Um zu entscheiden, wo Sie am besten mit einer Änderung des Verhaltensablaufs einsetzen können, ist eine weitere Unterteilung in mehrgliedrige Ketten notwendig und nützlich.

Für die Aufstellung dieser mehrgliedrigen Ketten nehmen Sie jetzt bitte → **Arbeitsblatt 16** vor. Auf diesem Blatt ist wieder das bekannte Schema vorgezeichnet.

Beginnen Sie wieder mit der Kette für Ihr Kind. Sie haben am Beispiel Jens auf Seite 94 gesehen, wie eine grobe, dreigliedrige Kette in eine genauere, mehrgliedrige unterteilt wird. Hier wurde deutlich, wie Jens' Problemverhalten (das Zubettgehen hinauszuzögern) sich in vielen einzelnen Verhaltensweisen äußert (herumschmusen, trödeln, weinen). Dabei gab es für jede einzelne Verhaltensweise einen Reiz und eine Folge. Am Ende der langen Kette war dann der eigentliche Belohner für Jens' Verhalten klar ersichtlich: Er brauchte nicht gleich ins Bett zu gehen.

1. Versuchen Sie jetzt, das Problemverhalten Ihres Kindes in die einzelnen, wichtigen Schritte zu untergliedern. Finden Sie aus der dreigliedrigen Kette die entsprechenden Reize und Folgen heraus. Jeweils ein Reiz oder eine Verhaltensweise oder eine Folge gehört in ein Kästchen. Umranden Sie wieder diese Kästchen mit den passenden Farben.
2. Bauen Sie auf die gleiche Weise die mehrgliedrigen Ketten der Beteiligten um die Kette Ihres

Kindes herum. Setzen Sie wieder die Namen der Person vor die Kette.

3. Überprüfen Sie, ob
   a) die anderen in → **Arbeitsblatt 8** beschriebenen Situationen genauso, das heißt mit *denselben* Reizen und Folgen, ablaufen
   b) oder noch andere Reize und Folgen in diesen Situationen eine Rolle spielen.

Wenn Sie sicher sind, daß in anderen Situationen keine anderen Reize und Folgen ‹am Werk› sind, brauchen Sie für diese keine eigenen Ketten aufzustellen. Sonst stellen Sie auch hier für jede typische Situation neue Verhaltensketten auf. Nehmen Sie dazu wieder extra Blätter Papier und zeichnen sich darauf Kästchen wie auf → **Arbeitsblatt 16**.

Zusammenfassung

1.

In diesem Kapitel haben Sie Verhaltensketten aufgestellt, die beschreiben, wie sich das Problemverhalten Ihres Kindes abspielt.

2.

Für jede beteiligte oder anwesende Person haben Sie dabei festgehalten, was für diese *Reiz*, was *Verhalten* und was *Folge* ist.

3.

Die Verhaltensketten stellen dar, auf welche Weise das Problemverhalten Ihres Kindes von den Verhaltensweisen der anderen beteiligten Personen beeinflußt wird.

23. Kapitel

Auswertung der Verhaltensketten

Die Verhaltensketten, die Sie aufgestellt haben, zeigen, wie das Problemverhalten Ihres Kindes mit dem Verhalten anderer Personen (zum Beispiel Ihrem eigenen) zusammenhängt – und umgekehrt. Die Ketten veranschaulichen, wie das Problemverhalten mit Reizen und Folgen verknüpft ist, die es hervorrufen und aufrechterhalten. Um das Problemverhalten zu verändern, gibt es wie gesagt zwei Möglichkeiten:

1. Veränderung der *Reize*, die das Problemverhalten hervorrufen.
2. Veränderung der *Folgen*, die das Problemverhalten bekräftigen und aufrechterhalten.

In diesem Kapitel werden Sie sich mit beiden Möglichkeiten beschäftigen und herausfinden, welche Reize und welche Folgen Sie tatsächlich verändern können.

Veränderung der Reize

Zuerst gehen Sie der ersten Möglichkeit nach: Veränderung der Reize. Jedem einzelnen Verhalten Ihres Kindes in der Verhaltenskette geht ja ein Reiz voraus, der dieses Verhalten in Gang setzt.

Wenn Sie einen oder mehrere der aufgeschriebenen Reize *verhindern* könnten, so daß diese Reize nicht mehr auftreten, dann würde auch das Problemverhalten Ihres Kindes nicht mehr auftreten. Denn das Geschehen, der Verhaltensablauf würde einen anderen Gang nehmen als gewohnt und in den Verhaltensketten dargestellt. Die Fragen, die sich hier stellen, sind also:

1. Welche der aufgeschriebenen Reize lassen sich verhindern oder verändern?
2. Bei welchen der Reize ist eine solche Verhinderung oder Veränderung sinnvoll?
3. Durch die Veränderung welcher Reize kommen Sie der Verwirklichung Ihrer Erziehungsziele näher?

1. Welche Reize lassen sich verändern?

Sie können diejenigen Reize verändern, die Sie ‹in der Hand› haben. Das sind Reize oder Situationen, die Sie *absichtlich herbeiführen oder verhindern können*; besonders geeignet sind diejenigen Reize, die Ihr eigenes Verhalten sind.

2. Bei welchen Reizen ist eine Änderung sinnvoll?

Nun können Sie eine ganze Menge Situationen beeinflussen. Es ist aber damit noch nicht gesagt, ob das auch sinnvoll ist. Ja, es kann sogar ganz unvernünftig sein, einen notwendigen und unvermeidbaren Reiz verhindern zu wollen:

Wenn der Reiz ‹Vorbereitung des Abendbrots› ist, so kann man ihn zwar vermeiden; nur müßte man dann jeden Abend wohl oder übel hungern oder auswärts essen gehen.

Viele Dinge sind beeinflußbare Reize, deren Verhinderung nicht viel Gutes brächte: Schlafengehen, einkaufen, Hausarbeit und anderes mehr gehören dazu. (Wohl aber läßt sich der Zeitpunkt für Hausarbeit oder Einkauf gewöhnlich verändern. Sofern also der Zeitpunkt dieser Tätigkeiten für das Problemverhalten Ihres Kindes eine Rolle spielt, wären dies ‹veränderbare Reize›.)

- Wenn ein Kind bei langen Einkäufen immer so furchtbar quengelig wird: Dann lassen Sie Ihr Kind bei Bekannten, im Kaufhaus-Kindergarten oder auch zu Haus.
- Wenn ein Kind immer weint, wenn es lange allein zu Hause gelassen wird: Dann versucht man es einzurichten, daß ein Kind möglichst nur dann lange allein bleibt, wenn es zum Beispiel gerade Mittagsschlaf macht. Oder man ruft zwischendurch mal an.
- Wenn ein Kind kein Wort mehr sagt und sich ganz still in sich selbst verkriecht, weil man das Kind wieder etwas zu forsch angefaßt hat: Dann übt man, sanfter mit dem Kind umzugehen.

Ebenso sollte man *Auslösereize*, die ein reflexartiges Verhalten (wie Angst) auslösen, nicht einfach verhindern wollen, wenn es in Wirklichkeit darauf ankommt, daß sich das Kind möglichst bald an diese Auslösereize gewöhnt und ‹normal› darauf reagiert.

Umgekehrt gibt es Reize, die sich ganz gut verhindern lassen:

> Etwas sinnlos verbieten, schimpfen, strafen, beim Anblick eines Strafmandats in Wut geraten und auf den Polizisten losgehen . . .

Es läßt sich nicht allgemein sagen, welche Reize sinnvoll verhindert werden sollten und bei welchen das unsinnig ist. Das hängt in jedem Einzelfall von den besonderen Umständen ab.

Bei der Entscheidung, ob ein Reiz sinnvoll zu verändern ist, spielt es außerdem eine Rolle, welche Bedeutung der Reiz in der Verhaltenskette hat. Ist er für den ganzen Verhaltensverlauf entscheidend oder ausschlaggebend? Bestimmt hauptsächlich dieser Reiz, welche Richtung das Geschehen nimmt? Oder ist er eher nebensächlich? Könnte an seiner Stelle ein ganz anderer Reiz stehen und würde sich am Verhaltensablauf doch nichts Wesentliches ändern? Je wichtiger ein Reiz für die Verhaltenskette ist, desto mehr lohnt sich seine Veränderung, desto sinnvoller ist seine Änderung.

3. Die Veränderung welcher Reize dient Ihren Erziehungszielen?

Diese Frage ist eng verknüpft mit der vorigen Frage: Bei welchen Reizen ist eine Änderung sinnvoll? Denn wenn die Veränderung eines Reizes zwar möglich ist, aber der Verwirklichung Ihrer Erziehungsziele entgegensteht, dann ist die Änderung nicht sinnvoll.
Beispiel:

> Ihr Kind möchte sich aus lauter Bequemlichkeit von Ihnen irgendeine Arbeit oder Aufgabe abnehmen lassen. Weil Sie aber das Ziel verfolgen, Ihr Kind zur

Selbständigkeit zu erziehen, und weil Ihr Kind auch keineswegs damit überfordert wäre, deswegen sagen Sie nein und bieten Ihrem Kind nur ein wenig Mithilfe an. Darauf wird Ihr Kind wütend und knallt mit den Türen.

In diesem Fall hat die Weigerung, dem Kind die Arbeit abzunehmen, das wütende Verhalten des Kindes in Gang gesetzt. Die Weigerung in Einverständnis zu verkehren und die Arbeit abzunehmen wäre zwar möglich, aber unsinnig: Es ist dem Erziehungsziel ‹Selbständigkeit› entgegengesetzt.

Nehmen Sie jetzt → **Arbeitsblatt 16,** und betrachten Sie im Augenblick nur die Zeilen für Ihr Kind. Suchen Sie alle Reize heraus, die irgendein Verhalten Ihres Kindes in Gang setzten. Von diesen Reizen schreiben Sie alle diejenigen,

- die veränderbar sind,
- die sinnvoll veränderbar sind,
- deren Veränderung Ihren Erziehungszielen dient, auf → **Arbeitsblatt 17**.

Wodurch ersetzen Sie die veränderten Reize?

Wenn das Problemverhalten Ihres Kindes nicht mehr auftreten soll, so ist der eine Schritt: Situationen oder Reize zu verhindern oder verändern, die bisher das Problemverhalten eingeleitet oder begünstigt haben. Damit haben Sie sich eben befaßt. Der andere Schritt, sozusagen das Gegenstück, ist, Situationen zu finden, in denen das Problemverhalten zwar möglich ist, aber trotzdem *nicht* auftritt. Diese Situationen sollten entweder die jeweiligen Hinweisreize nicht enthalten oder ein anderes Verhalten einleiten. Dafür ein Beispiel:

Harald will immer fernsehen. Er hält es in der Wohnung nur aus, wenn der Fernseher läuft. Haralds Problemverhalten ist, daß er ein mörderisches Geschrei anfängt, wenn jemand den Fernseher ausschaltet oder etwas anderes sehen will. Manchmal aber spielen seine Eltern abends mit ihm im Wohnzimmer Halma oder andere Brettspiele. Der Fernseher ist dann zwar aus, aber Harald ist das egal. Er könnte natürlich wieder losschreien. Er tut es aber nicht, weil er es auch gar nicht will.

Ein anderes Beispiel:

Ankes Problemverhalten ist, daß sie fast ununterbrochen Nägel kaut. Das schadet zwar sonst niemand, aber ihre Fingernägel verkommen mehr und mehr und waren schon häufig entzündet. Nur wenn Anke häkelt oder strickt, dann kaut sie nicht. Denn beides geht ja schlecht.

Diese beiden Beispiele zeigen Situationen, in denen ein Problemverhalten nicht auftritt. Harald schreit nicht, wenn er mit den Eltern Halma spielt. Anke kaut keine Nägel, wenn sie häkelt. Harald könnte zwar schreien, Anke könnte zwischendurch Nägel kauen, sie tun es aber nicht.

Welche dieser Situationen können Sie herbeiführen?

Welche Situationen oder Hinweisreize haben Sie in der Hand, bei denen das Problemverhalten möglich ist, aber *nicht* auftritt? Das wären solche, die Sie absichtlich herbeiführen oder verhindern können; besonders sind das diejenigen Reize, die Ihr eigenes Verhalten sind.

Schreiben Sie nun diejenigen Reize und Situationen, in denen das Problemverhalten Ihres Kindes *nicht* auftritt und die Sie sinnvoll herbeiführen können, auf

→ **Arbeitsblatt 18**.

Die Situationen und Reize auf → **Arbeitsblatt 17** sollten Sie, wenn möglich, vermeiden. Wenn sie schwer zu vermeiden sind, verdienen sie Ihr besonderes Augenmerk. Das sind dann ‹Gefahrenstellen›, in denen Sie mit dem Problemverhalten rechnen müssen.

Die Situationen und Reize auf → **Arbeitsblatt 18** sollten Sie anstreben, sooft es möglich und sinnvoll ist. Denn hier zeigt Ihr Kind das Problemverhalten nicht.

Zusammenfassung

Die eine Möglichkeit zur Veränderung des Problemverhaltens ist die Arbeit mit veränderten Hinweisreizen.

Dabei sind aus den Verhaltensketten die Hinweisreize herauszufinden, die

a)

leicht zu verändern sind, und

b)

diejenigen, bei denen das Problemverhalten zwar auftreten könnte, es aber unterbleibt.

Veränderung der Folgen

Sie haben sich bisher ausführlich mit der einen Möglichkeit beschäftigt, wie das Problemverhalten Ihres Kindes verändert werden kann: durch Veränderung der Reize oder der Situationen. Der eine Weg zur Veränderung des Problemverhaltens ist, nicht erst die Situationen oder Reize auftreten zu lassen, die das Problemverhalten meistens einleiten, sondern statt dessen Situationen und Reize herbeizuführen, bei denen es *nicht* auftritt.

Jetzt untersuchen Sie die zweite Möglichkeit zur Veränderung des Problemverhaltens: *Die Änderung der Folgen.* Der zweite Weg ist, dem Kind das Problemverhalten ‹zu verleiden›, das heißt, dem Problemverhalten durch Nichtbeachten den bisherigen Erfolg zu entziehen (vergleiche Kapitel 14). Wenn Ihr Kind mit dem Problemverhalten Belohnungen (Geben von Belohnern oder Beenden von unangenehmen Folgen) erreicht hat, dann dürfen diese Belohnungen in Zukunft nicht mehr folgen. Wenn andererseits wünschenswertes Verhalten bisher nicht belohnt wurde oder durch (eventuell versteckte) Strafen verhindert wurde, müssen hier in Zukunft Belohner eingesetzt werden. Ein Beispiel:

Peters Vater fällt auf, daß Peter andauernd sein Spielzeug absichtlich kaputtmacht. Darüber ärgert sich der Vater ziemlich. Deshalb schimpft er Peter aus, wenn Peter wieder mal eins seiner Spielzeugautos in sämtliche Einzelteile zerpflückt hat. Der Vater droht, daß Peter kein neues Spielzeug bekommt. Erst soll er sein kaputtes Auto wieder zusammenbauen, so gut er kann. Weil Peter es aber nicht ganz so gut kann, kommt sein Vater ihm meistens helfen, und die beiden reparieren das Auto gemeinsam.

In diesem Beispiel ist die Sache

nicht so schwer. Peters Vater stellt nämlich fest, daß Peter sehr gern mit ihm gemeinsam die kaputten Autos wieder heilmacht. Das ist wie eine Belohnung fürs Kaputtmachen. Daher kauft der Vater einen Stabilbaukasten. Mit dem Vater gemeinsam kann Peter damit aber nur spielen, wenn er an dem Tag kein Spielzeug kaputtgemacht hat. Wenn er aber etwas kaputtgemacht hat, dann spielt sein Vater nicht mit ihm gemeinsam, weder mit dem Stabilbaukasten, noch hilft er kaputte Autos heilmachen.

Verhinderung der Belohner

Wenn Sie die Belohner verhindern könnten, die auf das eigentliche Problemverhalten folgen, dann würde das Verhalten Ihres Kindes nicht mehr bekräftigt, das heißt, es würde gelöscht. Die Fragen, die sich hier stellen, sind also:

1. Welche der Belohner aus den Verhaltensketten lassen sich verhindern?
2. Bei welchen der Belohner ist eine Verhinderung sinnvoll?

Welche Belohner lassen sich verhindern?

Diejenigen Belohner können Sie verhindern, die Sie ‹in der Hand› haben. Das sind Belohner, die Sie absichtlich geben oder vorenthalten können; besonders aber diejenigen Belohner, die Ihr eigenes Verhalten sind.

Bei welchen Belohnern ist eine Verhinderung sinnvoll?

Immer wenn eine Belohnung bisher das Problemverhalten bekräftigt hat, ist es eine sinnvolle Änderung, dem Problemverhalten in Zukunft keine Belohnung mehr folgen zu lassen. Aber man sollte diese Belohnung dem Kind nicht einfach entziehen, sondern sollte diese in Zukunft auf ein wünschenswertes Verhalten folgen lassen.

Wenn Ihr Kind es bisher durch Geschrei erreicht hat, daß Sie herbeikommen und sich mit Ihrem Kind beschäftigen, dann sollten Sie sich in Zukunft nicht etwa einfach nie mehr mit dem Kind beschäftigen. Sondern Sie sollten sich die Zeit für Ihr Kind nehmen, wenn es auf angemessene Weise zeigt, daß es Sie braucht. Wenn es vielleicht Ihre Hand ergreift oder zärtlich zu Ihnen sein will.

Wenn man also die Belohnung statt dessen auf ein erwünschtes (oder wenigstens gleichgültiges) Verhalten folgen lassen kann, dann ist es sinnvoll, sie im Zusammenhang mit dem Problemverhalten zu verweigern.

Der Entzug einer Belohnung ist andererseits *nicht* sinnvoll, wenn es sich um einen für das Kind unbedingt notwendigen Belohner (essen, spielen, Herzlichkeit, Zuwendung . . .) handelt, den es zu keiner anderen Gelegenheit bekommen kann.

Nehmen Sie sich jetzt → **Arbeitsblatt 16** und betrachten Sie im Augenblick nur die Zeile für Ihr Kind. Suchen Sie alle Belohnungen heraus, die irgendein Verhalten Ihres Kindes belohnen. Von diesen Belohnungen schreiben Sie alle diejenigen,

- die Sie verhindern können
- und deren Verhinderung sinnvoll ist, auf → **Arbeitsblatt 19**

Zusammenfassung

Der zweite Weg zur Veränderung des Problemverhaltens ist die Veränderung der Folgen.

Auch hier sind zunächst diejenigen Belohner herauszusuchen, die man selbst beeinflussen kann.

Dem Problemverhalten sind die Belohner zu entziehen und dafür dem Zielverhalten anzufügen.

Statt des Problemverhaltens muß das Zielverhalten belohnt werden.

24. Kapitel

Das Zielverhalten Ihres Kindes

Sie haben sich bisher hauptsächlich mit dem Problemverhalten Ihres Kindes beschäftigt; mit dem Verhalten, das Ihr Kind *nicht mehr* zeigen soll. In diesem Kapitel legen Sie fest, welches Verhalten Ihr Kind *an Stelle des Problemverhaltens* zeigen soll.

Das Verhalten, das das Problemverhalten Ihres Kindes ersetzen soll, nennen wir *Zielverhalten* Ihres Kindes.

Was soll mein Kind *nicht* tun?
Wenn mein Kind lügt, soll es *nicht* mehr lügen.
Wenn mein Kind streitet, soll es *nicht* mehr streiten.
Wenn mein Kind nicht spricht, soll es *nicht* mehr nicht sprechen.

Was soll mein Kind *statt dessen* tun?
Wenn mein Kind nicht mehr
- lügen soll, dann soll es ehrlich sein;
- streiten soll, dann soll es mit anderen Kindern spielen;
- zu ruhig sein soll, dann soll es mehr sprechen.

Bitte versuchen Sie jetzt (mit Blick auf die Verhaltensketten) das Problemverhalten Ihres Kindes umzukehren in ein Zielverhalten: Was soll Ihr Kind statt des Problemverhaltens tun?
Folgende Dinge sollten Sie beachten:

1. Sprechen Sie mit Ihrem Kind darüber, welches Zielverhalten Sie sich von Ihrem Kind wünschen. Legen Sie das Zielverhalten möglichst auch in Absprache mit Ihrem Kind fest.
2. In Kapitel 2 hatten Sie sich schon Gedanken zum Zielverhalten Ihres Kindes gemacht. An diese Gedanken können Sie anknüpfen. Scheuen Sie sich aber nicht, diese vorläufige Festlegung aus Kapitel 2 über Bord zu werfen, wenn die seitdem von Ihnen neu gesammelten Erkenntnisse ein anderes Zielverhalten erfordern.
3. Denken Sie an Ihre Erziehungsziele. In Kapitel 6 haben Sie sich ausführlich damit beschäftigt, welche Eigenschaften Sie bei Ihrem Kind fördern möchten. Gehen Sie in Gedanken diese Erziehungsziele jetzt bitte noch einmal durch. Denken Sie daran, wie wichtig sie sind und wie leicht man sie über den Alltagssorgen mit den Kindern vergißt. Überlegen Sie, ob das Zielverhalten Ihres Kindes diesen Erziehungszielen nicht zuwiderläuft, ob es tatsächlich auch im Interesse Ihres Kindes liegt und nicht etwa nur ein breiter, für Sie bequemer Weg ist. Wenn das Zielverhalten *nicht* in Einklang mit Ihren Erziehungs-

zielen steht, überlegen Sie, warum nicht. Versuchen Sie, das Zielverhalten mit Ihren Erziehungszielen abzustimmen (und nicht umgekehrt).

4. Bedenken Sie den Entwicklungsstand Ihres Kindes. Man darf die Anforderungen an ein Kind weder zu hoch noch zu niedrig schrauben. Das Zielverhalten darf also Ihr Kind weder überfordern, noch darf es hinter der Entwicklung Ihres Kindes hinterherhinken. (Wenn Ihnen diese Gedanken nicht mehr gegenwärtig sind, lesen Sie in Kapitel 5 noch einmal nach.)
5. Berücksichtigen Sie die Umwelt und die Lebenswirklichkeit, in der Ihr Kind und Sie selbst leben. Vergewissern Sie sich, ob das Zielverhalten Ihres Kindes mit den (gesellschaftlichen) Anforderungen vereinbar ist, denen Ihr Kind oder Sie selbst ausgesetzt sind. Ein Zielverhalten ist ziemlich aussichtslos, wenn es im krassen Gegensatz steht zu den Auflagen, Bestimmungen, Gesetzen, Verordnungen, eingefahrenen Bräuchen, an denen Sie kurzfristig nichts ändern können. Vor einem gewissen Gegensatz zwischen gesellschaftlichen Anforderungen und dem Zielverhalten sollten sie trotzdem nicht zurückschrecken; rechnen Sie aber mit Vorhaltungen oder nur Bemerkungen von Verwandten und Bekannten.

Bitte arbeiten Sie jetzt unter Beachtung der obigen fünf Voraussetzungen aus den Verhaltensketten für das Problemverhalten Ihres Kindes ein Zielverhalten für Ihr Kind heraus. Schreiben Sie dieses Zielverhalten auf → **Arbeitsblatt 20**.

Zusammenfassung

Sie haben jetzt ein Zielverhalten für Ihr Kind festgelegt. Dabei haben Sie beachtet:

○ Ihre Erziehungsziele,

○ den Entwicklungsstand Ihres Kindes,

○ Ihre gesellschaftliche Umwelt.

Dabei haben Sie sich mit Ihrem Kind abgesprochen.

Wie man das Zielverhalten des Kindes fördert

Wenn Ihr Kind schon gelegentlich das Zielverhalten oder wenigstens Vorstufen davon gezeigt hat, dann überlegen Sie:

- Welche Reize gingen dem Zielverhalten voraus?
- Was für Situationen waren oder sind das?
- Welche Reize oder Situationen, glauben Sie, würden das Zielverhalten wahrscheinlicher oder leichter machen?

Wenn Sie diese Situationen oder Reize häufiger machen könnten, dann würde Ihr Kind das Zielverhalten wahrscheinlich häufiger zeigen. Sie müssen daher prüfen, welche dieser Situationen oder Reize Sie ‹in der Hand› haben. Das heißt, welche können Sie absichtlich herbeiführen und insbesondere welche Reize sind nichts anderes als Ihr eigenes Verhalten. Außerdem soll es auch sinnvoll sein, solche Reize oder Situationen herbeizuführen. Schreiben Sie solche Reize oder Situationen,

- ○ die das Zielverhalten Ihres Kindes wahrscheinlicher oder leichter machen würden oder die dem Zielverhalten in der Vergangenheit öfter vorausgegangen sind,
- ○ die Sie ‹in der Hand› haben,
- ○ die Sie sinnvoll herbeiführen könnten, auf → **Arbeitsblatt 18**.

Belohner für das Zielverhalten Ihres Kindes

Gilt es einerseits, Reize oder Situationen zu finden, in denen Ihr Kind das Zielverhalten zeigt, so müssen Sie andererseits überlegen, mit welchen Belohnern Sie das Zielverhalten bekräftigen und dadurch häufiger machen können. Für diese Überlegung haben Sie schon wichtige Vorarbeiten geleistet:

- ○ Auf → **Arbeitsblatt 11** haben Sie Belohner für Ihr Kind aufgeschrieben,
- ○ auf → **Arbeitsblatt 19** haben Sie die Belohner aufgeschrieben, die bisher auf das Problemverhalten folgten.

Was glauben Sie, mit welchen von diesen Belohnern könnten Sie das Zielverhalten Ihres Kindes bekräftigen? Dabei müssen natürlich einige wichtige Dinge beachtet werden. Gehen Sie dazu jeden Belohner von → **Arbeitsblatt 11 und 19** durch, ob er folgende Bedingungen erfüllt:

1. Empfindet Ihr Kind ihn tatsächlich als Belohnung?
2. Ist er stark genug? Wäre Ihr Kind bereit sich anzustrengen, um ihn zu bekommen?
3. Ist er praktisch jederzeit greifbar und wiederholt anwendbar?
4. Ist die Anwendung ohne ‹technische› Schwierigkeiten möglich?
5. Fällt es Ihnen selbst leicht, diesen Belohner anzuwenden?

Bitte suchen Sie diejenigen Belohner heraus, auf die wirklich alle diese Bedingungen (oder wenigstens fast alle) zutreffen. Das ist sehr wichtig, weil davon abhängt, ob Ihr Kind das Zielverhalten in Zukunft häufiger zeigt. Dabei sollten Sie versuchen, wenn Sie zunächst ‹*Sach*›-*Belohner* (Bonbons, Spielzeug) herausgesucht haben, mit der Zeit zu solchen Belohnern überzugehen, die sich nicht in Geld ausdrücken lassen, aber Ihrem Kind Spaß machen (mit dem Kind spielen, es loben, vorlesen), da diese Belohner auf die Dauer viel wirksamer sind.

Unterstreichen Sie diejenigen Belohner von → **Arbeitsblatt 11 und 19**, die geeignet sind, das Zielverhalten Ihres Kindes zu bekräftigen.

Wenn Sie diese Belohner in Zukunft auf das Zielverhalten Ihres Kindes folgen lassen, machen Sie es dadurch häufiger.

25. Kapitel

Ihr eigenes Zielverhalten

Die nächsten drei Kapitel sollten Sie möglichst umfassend mit Ihrem (Ehe-)Partner besprechen, weil Sie hierin weitreichende Festlegungen treffen. Meinungsunterschiede wären hier sehr hinderlich und würden den Erfolg des Programms in Frage stellen.

Sie haben jetzt alle vier Ansatzpunkte behandelt, wie das Problemverhalten Ihres Kindes ab- und das Zielverhalten aufgebaut werden kann. Sie sollten nämlich durch Ihr eigenes Verhalten gegenüber Ihrem Kind

1. die Reize und Situationen vermeiden, die bisher das Problemverhalten eingeleitet oder in Gang gesetzt haben (→ **Arbeitsblatt 17**);
2. die Belohnungen vermeiden, die bisher das Problemverhalten bekräftigt haben (→ **Arbeitsblatt 19**);
3. die Reize und Situationen herbeiführen, die das Zielverhalten Ihres Kindes einleiten oder begünstigen und so das Problemverhalten verhindern (→ **Arbeitsblatt 18**);
4. die Belohner einsetzen, die das Zielverhalten bekräftigen (→ **Arbeitsblätter 11 und 19:** die unterstrichenen Belohner).

Ihr eigenes Zielverhalten wäre, alle vier Ansatzpunkte in die Tat umzusetzen. So viele (scheinbar) verschiedene Dinge auf einmal zu tun, scheint allerdings unmöglich. Daher müssen Sie für diese verschiedenen Ansätze ‹einen gemeinsamen Nenner› finden. Das heißt, Sie sollten einen Begriff finden, unter den mehr oder weniger alle Ansatzpunkte einigermaßen passen; ein Begriff, aus dem hervorgeht, was Ihr eigenes Zielverhalten ist, kann sein: ‹Ich muß meinem Sohn zuhören›, ‹Ich muß öfter mit meiner Tochter spielen› oder ‹Ich muß bei Unartigkeiten die Ruhe bewahren› oder ‹Ich muß mich konsequenter und nicht so wankelmütig verhalten›.

Dazu ein Beispiel:

> Dieters Problemverhalten ist, daß er auf Belehrungen und kritische Fragen mit Wut- oder Weinanfällen reagiert: Wie sich herausstellt, geschehen diese Weinanfälle meistens beim Mittagessen, wenn die ganze Familie da ist.
>
> Die Mutter fragt, was heute in der Schule los war, und wenn dann auch unschöne Dinge zur Sprache kommen, äußert sie ihre Unzufriedenheit mit den Noten und Leistungen ihres Sohnes Dieter. Michael, der ältere Bruder, grinst dann und witzelt häufig über seinen kleineren Bruder.
>
> Die Weinanfälle treten nicht auf, wenn die Mutter nachmittags fragt (wenn sie mit Dieter allein

ist) oder sich das Gespräch beim Mittagessen um den Sportunterricht dreht (wo Dieter bessere Leistungen zeigt als Michael).

Nach Auswertung aller Verhaltensketten ergibt sich (stark gekürzt):

Problemverhalten Dieters: Weinanfälle, keine Kritik annehmen.
Reize für das Problemverhalten: Kritik an den Schulleistungen, wenn Michael dabei ist, besonders beim Mittagessen.
Belohnungen Problemverhalten: Mutter beruhigt ihren Sohn durch zärtliche Beschwichtigungsversuche und mit einem Nachtisch nach Wunsch.
Zielverhalten für Dieter: Erzählen aus der Schule, kritische Nachfragen ruhig beantworten, sich durch älteren Bruder nicht aus der Fassung bringen lassen.
Belohnungen für das Zielverhalten: Zuhören, Lob, Ermunterung, Zärtlichkeit, Kekse.

Das Zielverhalten der Eltern soll möglichst die Reize und Belohnungen für das Zielverhalten des Kindes enthalten und die Reize für das Problemverhalten des Kindes verhindern.

Das Zielverhalten der Eltern ist demnach: vor dem Mittagessen nicht nach der Schule fragen und eventuelle Weinanfälle (durch den älteren Bruder ausgelöst) nicht beachten. Nachmittags beim Kaffeetrinken (Kekse!) gemütlich, vor allem allein, über die schulischen Probleme sprechen, den Erzählungen gut zuhören und mittags in erster Linie über Sport sprechen.
Als ‹gemeinsamen Nenner› für ihr Zielverhalten bilden die Eltern: ‹Beim Kaffeetrinken über Schule sprechen, mittags nur über Sport.›

Wählen sie ein ‹lebendiges› Zielverhalten!

Es wäre sicher engsichtig, wenn Sie Ihr Zielverhalten nur unter dem eingeschränkten Gesichtspunkt betrachten, ob Sie dadurch auch tatsächlich diesen oder jenen Reiz vermeiden oder diesen oder jenen Belohner auf ein Verhalten Ihres Kindes folgen lassen oder nicht.

Ihr Zielverhalten steht ja nicht allein ‹im luftleeren Raum›, sondern es soll mit der Zeit selbstverständlicher Teil Ihrer Person werden. Es darf kein ‹Fremdkörper› in Ihrer Persönlichkeit sein, sondern muß zu Ihnen passen. Übersehen Sie nicht vor lauter Hinweisen und Arbeitsblättern, daß immer noch Sie selbst es sind, der Ihr Zielverhalten verwirklichen soll. Legen Sie Ihr Zielverhalten so fest, daß es zu Ihnen paßt, daß Sie sich selbst darin wiederfinden, ein Verhalten, das Sie auch selbst wollen, das Sie sich zu eigen machen und mit Leben erfüllen. Verbissenheit und Verkrampftheit wären kein günstiger Ausgangspunkt für eine Verhaltensänderung. Folgende Fragen helfen Ihnen vielleicht bei der *Festlegung* Ihres *eigenen* Ziel*verhaltens:*

- Wie können Sie Ihrem Kind das Verwirklichen seines Zielverhaltens erleichtern?
- Welches Verhalten müssen Sie zeigen, um ein ‹Vorbild› zu sein, dem Ihr Kind sich die richtigen Verhaltensweisen abgucken kann?
- Wie können Sie das Zielverhalten Ihres Kindes hervorrufen, wodurch können Sie Ihr Kind anregen?

– Wie können Sie am besten Ihre Freude oder Genugtuung äußern darüber, daß Ihr Kind das Zielverhalten gezeigt hat?

Nach diesen Überlegungen bilden Sie durch Verallgemeinerung der obigen vier Ansatzpunkte einen Begriff, der Ihr Zielverhalten beschreibt und sozusagen den ‹gemeinsamen Nenner› für die verschiedenen Ansätze darstellt. Diesen Satz schreiben Sie auf → **Arbeitsblatt 21**.

Unter dem *Zielverhalten der Eltern* verstehen wir in Zukunft das durch diesen Begriff oder Satz gekennzeichnete Verhalten, von dem die vier verschiedenen Ansätze Unterpunkte sind.

Problemverhalten der Eltern

Das Gegenteil des Zielverhaltens der Eltern ist ein Verhalten, das Reize für das Problemverhalten des Kindes enthält und dieses dadurch in Gang setzt oder das Problemverhalten belohnt und dadurch bekräftigt. Ein solches Verhalten ist sehr ungünstig und sollte deshalb vermieden werden.

Verhalten, das das Problemverhalten des Kindes in Gang setzt oder belohnt und deshalb zu vermeiden ist, nennen wir *Problemverhalten der Eltern.*

Zwei Sonderfälle

Fall 1

Möglicherweise ist Ihnen bei der Aufstellung der Verhaltensketten (oder schon früher) etwas aufgefallen:

Ihnen ist klargeworden, daß Sie an einer ganz bestimmten Stelle in den Verhaltensketten ein ungeschicktes, ja unkluges und vermeidbares Verhalten zeigen, das für das Problemverhalten Ihres Kindes verantwortlich ist.

Solche Beobachtungen oder ‹Entdeckungen› sind gar nicht so selten. Manchmal tut man als Eltern etwas, was entweder wesentlich dazu beiträgt, daß es zu dem Problemverhalten seines Kindes kommt, oder was das Problemverhalten seines Kindes belohnt. Manchmal beides zugleich. Dieses ungünstige Verhalten ist vielleicht nur eine vermeidbare ‹Kleinigkeit›, die einem früher noch gar nicht aufgefallen ist; ein ganz unnötiges, ja ‹dummes› Verhalten, das man sich möglichst bald abgewöhnen will. Ein Beispiel:

Frau Löbsack hat herausgefunden: Das Problemverhalten ihres Kindes war, daß es sich unerträglich benimmt, wenn sie Besuch hat. Es ist frech zu ihrem Besuch, pflaumt die Gäste an und verschwindet schließlich unter Getöse und Türgeknalle. Bei Aufstellung der Verhaltensketten stellt sie fest, daß der Verhaltensablauf etwa so geht:

Sie erzählt ihrem Besuch (Freunde, Nachbarn, Bekannte, Verwandte) immer von den täglichen Erlebnissen, Mißgeschicken und Fortschritten ihres Kindes. Daraufhin beginnt der Besuch, von ihr dazu ermuntert, das Kind über alle möglichen Einzelheiten dieser Erlebnisse auszufragen. Ihr Kind fühlt sich ‹wie ein kleines Kind› behandelt, wird frech und macht einen ‹großen› Abgang.

In diesem Beispiel reagiert Frau Löbsacks Kind zwar nicht auf ihr eigenes Verhalten. Aber es reagiert auf ein Verhalten des Besuchs, welches sie durch ihre Erzählungen in Gang gesetzt hat. Insofern trägt sie durch ihr Verhalten wesentlich – wenn auch mittelbar – dazu bei, daß es zu dem Problemverhalten ihres Kindes kommt. Wenn sie diese ausführlichen Erzählungen über die Erlebnisse ihres Kindes vermeidet, tritt das Problemverhalten ihres Kindes nicht auf. Unter diesem Gesichtspunkt ist das Erzählen ‹unkluges Verhalten›. Zwei andere Beispiele:

> Man fordert bei seinem Kind Schwindeleien heraus, wenn man zuviel von ihm verlangt.
> Man belohnt die Bummelei seines Kindes ungewollt, wenn man ihm ständig alle Sachen nachräumt.

Häufig belohnt man das Problemverhalten auch unbeabsichtigt dadurch, daß man immer wieder auf eine ‹Masche› des Kindes hereinfällt, zum Beispiel auf bestimmte Beschwichtigungsversuche: wenn das Kind als Schmusekatze zu einem kommt; wenn es schnell erzählt, was die Nachbarskinder alles dürfen und bekommen; wenn es einem mangelnde elterliche Liebe vorwirft und so weiter.

Wenn Sie bei sich selbst solche ungünstigen Verhaltensweisen ausfindig machen können, dann benennen Sie diese bitte für sich als ein ‹Problemverhalten der Eltern› auf

→ **Arbeitsblatt 21** unten.

Fall 2

Möglicherweise sind Sie auf eine grundsätzlichere Schwierigkeit gestoßen:

Sie haben bemerkt, daß das ‹Problemverhalten› Ihres Kindes in Wirklichkeit gar nicht problematisch ist, nur Sie selbst haben Schwierigkeiten, dieses Verhalten hinzunehmen oder zu ertragen.

Auch solche Fälle kommen immer wieder vor. Wenn dieser Fall auch bei Ihnen vorliegt, dann liegt Ihr Problem in Ihrem eigenen Verhalten oder Empfinden und nicht in dem Ihres Kindes. Gegen das Verhalten Ihres Kindes gibt es im Grunde wenig einzuwenden. Es entspricht Ihren Erziehungszielen, und Sie halten es an sich für gut und wünschenswert.

> Nur Sie selbst haben große Schwierigkeiten, dieses Verhalten Ihres Kindes hinzunehmen: Sie schaffen es nicht, mit diesem Verhalten Ihres Kindes fertig zu werden und richtig damit umzugehen. In solchen Fällen belastet das Problem oft die Umgebung des Kindes noch am wenigsten, die Eltern aber am meisten. Vergleichen Sie bitte mit Ihrem

→ **Arbeitsblatt 2** unten!

Mein Ziel ist, daß mein Sohn sich selbständig zu verhalten und selbstverantwortlich zu entscheiden lernt. Dieses Ziel hat Folgen für mein Verhalten: Ich muß meinem Sohn seine Entscheidungsfreiheit lassen, wo es um seine Angelegenheiten geht, ich darf mich nicht in alle seine Sachen einmischen.

Wenn aber mein Sohn etwas tun will, was zwar völlig seine Entscheidung ist, was ich aber für ganz und gar dumm halte, und er läßt sich von mir nicht davon abbringen, sondern widerspricht mir ununterbrochen, dann ärgere ich mich regelmäßig über seine Uneinsichtigkeit. Aus der Auseinandersetzung wird meistens ein

Es bereite nur wenig mehr Mühe . . .

. . . seine Familie zu regieren als ein ganzes Königreich, meinte Montaigne. Damals hatte auch jede Familie ein Oberhaupt, das regierte. Seitdem haben Familien wie Königreiche sich erheblich verändert.
Ein entscheidender Unterschied zwischen Staat und Familie aber blieb: Eine Regierung muß nicht verdienen, was sie ausgibt, eine Familie aber kann oft kaum verdienen, was sie ausgibt. Vielleicht gilt deshalb die Sparsamkeit als Tugend und nicht als Politik.

handfester Streit mit allem, was dazugehört. Bis mein Sohn endlich nachgibt.

Hinterher, wenn ich allein bin und mein Ingrimm über den widerspenstigen Sohn verraucht ist, ärgere ich mich noch einmal. Und zwar diesmal über mich selbst. Ich frage mich dann nämlich, wie mein Sohn jemals lernen soll, selbständig zu entscheiden, wenn ich ihn jedesmal bevormunde und ihm zeige, wie wenig ich seine Entscheidungen anerkenne. Und trotzdem: Beim nächsten Mal mache ich meinen alten Fehler wieder.

Dies ist ein Fall, bei dem das ‹Problemverhalten› des Kindes, nämlich: nicht auf mich hören, meinen Ratschlägen widersprechen, mit mir streiten (‹Widerspenstigkeit›), eigentlich ‹in Ordnung› ist, nur ich kann mich nicht damit abfinden:

- ○ Das Erziehungsziel stimmt: Der Sohn soll selbständig werden;
- ○ der Sohn zeigt das dafür notwendige Verhalten: Er vertritt seine Entscheidungen und wehrt (aus seiner Sicht) unberechtigte Einmischungen ab;
- ○ nur ich schaffe es einfach nicht, mein Erziehungsziel zu verwirklichen und die für mich unangenehme Situation (Sohn widerspricht) durchzuhalten.

Weil das Problem bei mir liegt, muß ich mir überlegen, wie und durch welches Verhalten ich meinem Kind die Voraussetzungen bieten kann, damit es selbständig wird. Zwar ärgere ich mich immer, wenn mein Sohn an seinen Meinungen und Entscheidungen festhält, obwohl sie in meinen Augen unsinnig sind; schlimm wäre es aber, wenn mein Sohn überhaupt keine Meinung hätte und sich von anderen zu allem überreden ließe. Außerdem will ich nicht mehr, daß jeder Meinungsunterschied in einen Streit ausartet. So wird wahrscheinlich ein Kompromiß herauskommen, in dem mein Sohn und ich festlegen, in welchen Fällen mein Sohn seine Entscheidungen selbst trifft und ich mich nicht einmische, und wann ich ein Wörtchen mitzureden habe.

Das heißt natürlich *nicht*: Immer ist das Problemverhalten eines Kindes eigentlich in Ordnung, und das wirkliche Problem liegt nur bei den Eltern, und die müßten das nur endlich einsehen. Es gibt jedoch Fälle, wo Eltern das Verhalten Ihres Kindes eigentlich gut und richtig finden, aber trotzdem das Gefühl haben, selbst nicht richtig damit fertig zu werden.

Wenn das ‹Problemverhalten› Ihres Kindes eigentlich in Ordnung ist, Sie selbst aber damit nicht zurechtkommen, und wenn Sie für sich selbst ein ‹Problemverhalten› benennen können, dann tragen Sie dieses bitte ein auf

→ **Arbeitsblatt 21** unten.

Trifft einer der zwei vorher erläuterten Fälle für Sie zu, dann berücksichtigen Sie das bitte entsprechend bei der Festlegung Ihres Zielverhaltens.

Zusammenfassung

1.

In diesem Kapitel haben Sie ein Zielverhalten für sich selbst festgelegt. Die wesentlichsten Gesichtspunkte dabei sind:

○

Reize beziehungsweise Situationen und Belohner vermeiden, die das Problemverhalten Ihres Kindes in Gang setzen oder belohnen.

○

Reize beziehungsweise Situationen herstellen, die das Zielverhalten Ihres Kindes in Gang setzen und Belohner einsetzen, die es bekräftigen.

2.

Ihr Zielverhalten haben Sie so lebensnah festgelegt, daß es zu Ihnen selbst paßt und Sie es sich gut zu eigen machen können.

3.

Zwei Sonderfälle haben Sie durchdacht und gegebenenfalls bei der Festlegung Ihres Zielverhaltens berücksichtigt:

1. Fall: Sie verhalten sich an einer bestimmten Stelle der Verhaltensketten ungünstig.

2. Fall: Das Verhalten Ihres Kindes ist eigentlich gar nicht problematisch, nur Sie selbst haben Schwierigkeiten, dieses Verhalten hinzunehmen oder zu ertragen.

4.

Unter ‹Problemverhalten der Eltern› verstehen wir Verhaltensweisen der Eltern, die Ihrem Zielverhalten zuwiderlaufen.

26. Kapitel

Selbstbekräftigung

Im Teil ‹Lerntheoretische Grundlagen› haben wir festgestellt: Verhalten wird nur gelernt, wenn es bekräftigt wird, also eine angenehme Folge hat. Sie möchten das Problemverhalten Ihres Kindes beseitigen und haben zu diesem Zweck ein Zielverhalten für sich selbst benannt, das Sie in Zukunft an Stelle Ihres bisher gewohnten Verhaltens zeigen wollen. Dieser Vorsatz ist zwar eine notwendige Voraussetzung für die Verhaltensänderung, reicht aber – wie bereits festgestellt – allein nicht aus. Auch Sie müssen Ihr Zielverhalten erst lernen, indem es bekräftigt wird. Daraus ergibt sich für Sie die Frage: Womit soll Ihr Zielverhalten bekräftigt werden? Letztlich wird der Erfolg und damit die Bekräftigung Ihres neuen Verhaltens natürlich darin liegen, daß Ihr Kind statt seines Problemverhaltens sein Zielverhalten zeigt. Aber dieser Erfolg wird sich nicht von heute auf morgen einstellen. Wenn Sie in Zukunft statt Ihres bisher gewohnten Verhaltens Ihr Zielverhalten zeigen, wird Ihr Kind sich in der ersten Zeit wahrscheinlich sogar noch problematischer verhalten als vorher. Ihr Kind fürchtet vielleicht um die Belohnung, die es bisher durch sein Problemverhalten erreichen konnte. Für Sie bedeutet das: Der natürliche Erfolg für Ihr eigenes Zielverhalten tritt vorläufig noch nicht ein. Im Gegenteil: Sie werden anfangs durch noch heftigere Reaktionen Ihres Kindes sogar bestraft. Auf diese Weise würden Sie Ihr Zielverhalten nie lernen, und Ihre ganze bisherige Mühe wäre vergebens, wenn Sie hier nicht einen ganz wichtigen Kunstgriff anwenden würden: Solange nicht der natürliche Erfolg Ihr Zielverhalten bekräftigt und Sie auch von sonst niemand dafür belohnt werden, *belohnen Sie sich selbst* dafür.

Diese Selbstbekräftigung hat sich als notwendig und sehr wirksam erwiesen, wenn man ein neues Verhalten aufbauen will. Andererseits zeigt sich immer wieder, daß es von den meisten Menschen als ‹albern› und ‹lächerlich› empfunden wird, sich selbst zu belohnen. Sie meinen, so etwas hätten sie nicht nötig. Es gäbe keinen Grund, daran zu zweifeln, daß sie etwas, was sie sich vorgenommen haben, trotz allen Widerwillens schaffen, sich also ganz konsequent verhalten könnten. Diese Einstellung ist sicher verständlich, und es mag Ihnen manchmal merkwürdig vorkommen, wenn Sie sich für jedesmal ‹lächeln statt losbrüllen› einen Bonbon in den Mund schieben. Aber auf der anderen Seite läßt sich nicht daran rütteln, daß für den Aufbau eines neuen Verhaltens die Bekräftigung absolut notwendig ist. Es muß schon einen Anreiz geben, an Stelle eines eingefleischten Verhaltens ein neues zu lernen, dessen Erfolg nicht auf der Stelle sichtbar wird. Dieser Anreiz wird anfangs in der sofort auf Ihr Zielverhalten folgenden Belohnung liegen. Mit Hilfe dieser Selbstbekräftigung werden Sie erst einmal lernen, in den kritischen Situationen mit Ihrem Zielverhalten zu reagieren. Nach einiger Zeit werden Sie dann die ersten Erfolge durch das veränderte Verhalten Ihres Kindes erleben, und allmählich wird Ihnen Ihr neues Verhalten in Fleisch und Blut übergehen und die künstliche Belohnung nicht mehr notwendig sein.

Wehren Sie sich also nicht, eine Zeitlang die Selbstbekräftigung durchzuführen, wenn Sie wirklich an der Beseitigung Ihrer Probleme mit dem Kind interessiert sind. Ein Verzicht ginge eindeutig auf Kosten des Erfolgs, und Sie würden die Schritte dieses Programms nicht mehr sinnvoll mitgehen können. Für die Selbstbekräftigung brauchen Sie wirksame Belohner. Auf Arbeitsblatt 12 hatten Sie bereits diejenigen Dinge notiert, an denen Sie Freude haben und die eventuell als Belohner dienen könnten.

Man kann zwei Arten von Belohnern unterscheiden:

- Sachbelohner und
- Tätigkeitsbelohner

Beide Arten haben Vorteile, aber auch Nachteile, und es ist günstig, abzuwägen, welche Gesichtspunkte für den eigenen Plan wichtiger erscheinen.

Sachbelohner

Zu diesen Belohnern zählen alle «greifbaren Dinge», Stückgüter sozusagen: ein Stück Schokolade, ein Glas Bier, eine Schallplatte, ein Kleidungsstück, ein Kassettenrecorder.

Sachbelohner fangen also bei ganz kleinen, dosierbaren Dingen an und gehen bis zu Dingen von beträchtlichem Wert. Ihr Vorteil ist, daß sie (in den meisten Fällen) unverzüglich dem Verhalten folgen können, daß man sie sich in beliebiger Menge zuführen kann, daß diese Wahl zwischen vielen unterschiedlichen Dingen möglich ist, die einem Spaß bringen.

Ihr Nachteil liegt darin, daß man leicht übersättigt werden kann oder diese Belohner sogar schädlich werden können. (Viele Glas Bier überschreiten die 0,8-Promille-Grenze. Viele Stücke Kuchen überschreiten die zuträgliche Kalorienhöchstmenge.)

Tätigkeitsbelohner

Darunter versteht man alle Tätigkeiten und planbaren Erlebnisse, die Spaß bringen, die man gerne macht (seinem Hobby nachgehen, Kinobesuche, schwimmen gehen).

Streng genommen bekräftigt in diesem Fall also nicht die ‹Tätigkeit› selbst, sondern die damit verbundene Freude, und das macht diese Belohner wirkungsvoll.

Die Nachteile, die man dafür in Kauf nehmen muß, sind in der Tätigkeit selbst begründet. Zum einen ‹kosten› alle Tätigkeiten Zeit, so daß man sie nicht beliebig oft oder lange ausführen kann, ohne daß unangenehme Folgen eintreten (weil man anderes vernachlässigen mußte).

Zum anderen sind Tätigkeitsbelohner nicht so freizügig zu handhaben wie Sachbelohner. Während ich ein Stück Schokolade zu jeder Zeit in den Mund schieben kann, bin ich beim Kinobesuch auf die Anfangszeiten, beim Tennisspielen auf das Wetter *und* einen Spielpartner angewiesen. Und wenn der Belohner nicht ziemlich rasch auf das Verhalten, das er bekräftigen soll, folgt, dann bekräftigt er es nicht mehr.

> **Zusammenfassung:**
> Man unterscheidet Sachbelohner und Tätigkeitsbelohner. Mit beiden sind Vor- und Nachteile verbunden, die bei der Auswahl der Belohner für den Änderungsplan abgewogen werden sollten.
>
> *Sachbelohner,*
> Vorteile: beliebig oft anwendbar, jederzeit verfügbar;
> Nachteile: Man kann übersättigt werden;
> in großen Mengen genossen, schädlich.
>
> *Tätigkeitsbelohner,*
> Vorteile: sind wirksame Belohner; sind ganz auf persönliche Wünsche zugeschnitten.
> Nachteile: sind (in der Regel) zeitaufwendig, können also nicht beliebig oft oder lange gezeigt werden, sind zumeist von Gelegenheiten abhängig.

Untersuchen Sie jetzt die Belohner, die Ihnen zur Verfügung stehen, und wählen für sich die *geeignetsten* aus, um

- sich für die Verhaltenszählung zu belohnen,
- für die dann folgende eigentliche *Veränderungszeit* genügend Belohner zu haben, die das Zielverhalten massiv belohnen, um es sehr schnell häufiger werden zu lassen.

Was ‹geeignet› heißt, wird auf den jetzt folgenden Seiten besprochen.

Auf **Arbeitsblatt 12** haben Sie zusammengetragen, was Sie gern haben oder gern tun, was Sie also als Belohnung empfinden. Dies alles sind Dinge, mit denen Sie Ihr Verhalten bekräftigen können.

Auf **Arbeitsblatt 16** haben Sie die angenehmen Folgen Ihres oder Ihres Kindes Verhalten aufgeschrieben. Nicht alle diese Belohner sind gleich gut geeignet, ein neu zu lernendes Verhalten zu bekräftigen.

‹Gute Belohner› erfüllen folgende Bedingungen: Sie sind wichtig, leicht dosierbar und jederzeit verfügbar.

Welche Belohner haben Sie?

Suchen Sie bitte aus → **Arbeitsblatt 12** diejenigen Belohner heraus, die die folgenden Eigenschaften erfüllen:

1. *Der Belohner ist wichtig für Sie:*
   Sie haben so viel Spaß und Freude daran, daß Sie schon einiges tun, um ihn zu bekommen. Das bedeutet auch, daß Sie ihn nicht schon bald satt haben dürfen (mehr als ein Pfund Schlagsahne verträgt niemand!). Andererseits darf der Belohner nicht so lebensnotwendig sein, daß Sie nicht ohne ihn auskommen könnten (Essen oder Trinken)!
2. *Der Belohner ist verfügbar:*
   Sie können ihn leicht immer wieder bekommen, wenn Sie wollen. Und sie können den Belohner auch tatsächlich genießen (Urlaub als Belohner geht nicht, wenn Ihr Geld und Ihr Jahresur-

laub schon verbraucht sind).
Denn ein Belohner belohnt das Verhalten nur, wenn er sofort erteilt wird, sobald das Verhalten aufgetreten ist (und nicht erst 3 Stunden später). Dann ist er für das geplante Verhalten unbrauchbar und bekräftigt vielleicht etwas ganz anderes.

3. *Der Belohner geht nicht auf Kosten anderer:*
Wenn Sie sich mit dem Belohner bekräftigen, darf das nicht zu Lasten anderer gehen (Beatmusik, und zwar schön laut, geht nicht, wenn Ihr Partner davon an die Decke geht. Schmusen kommt auch nicht immer als Belohner in Frage).

Schreiben Sie nun diejenigen Belohner der Reihe nach in die Zeilen des → **Arbeitsblattes 22**,

die alle diese drei Bedingungen erfüllen.
Sollten auf keinen Ihrer Belohner alle drei Bedingungen zutreffen, dann schreiben Sie die auf, die diese Bedingungen noch ziemlich gut erfüllen.

Weitere wichtige Eigenschaften Ihrer Belohner

Suchen Sie bitte aus der oberen Liste des Arbeitsblattes nun diejenigen Belohner heraus, die auch die folgenden Eigenschaften erfüllen:

4. *Der Belohner ist jederzeit verfügbar:*
Sie können ihn praktisch jederzeit sofort bekommen, wenn Sie Ihr Zielverhalten gezeigt haben.
5. *Der Belohner ist angemessen:*
Er ist als Belohnung für das Zielverhalten weder zu groß (oder zu teuer) noch zu klein.
6. *Der Belohner ist teilbar oder dosierbar:*
Sooft Sie Ihr Zielverhalten zeigen, können Sie ihn als ‹kleines Häppchen› oder in Raten bekommen und genießen.
7. *Der Belohner ist praktisch:*
Wenn Sie sich damit belohnen, geht das einfach und ist Ihnen nicht lästig oder peinlich.

Machen Sie auch für diese Eigenschaften Kreuze in den entsprechenden Kästchen hinter den Belohnern in → **Arbeitsblatt 22** und wählen Sie von diesen diejenigen aus, die für die Bekräftigung des Zielverhaltens am geeignetsten sind. Machen Sie für diese Belohner ein Kreuz in die erste Spalte.

Wenn Sie keine Belohner gefunden haben, auf die zumindest die meisten dieser Bedingungen zutreffen, lesen Sie bitte noch den folgenden Abschnitt über Ersatzbelohner.

Token, der Kunstgriff, um sich doch noch zu bekräftigen:

Wenn Sie bei der Überprüfung Ihrer Belohner festgestellt haben, daß diese nicht alle Voraussetzungen (sofortige und beliebige Verfügbarkeit, Teilbarkeit) erfüllen, um Ihr Zielverhalten zu verstärken, dann müssen Sie deshalb Ersatzbelohner zu Hilfe nehmen. Um ein Verhalten häufiger werden zu lassen, muß es sofort nach dem Auftreten belohnt werden. Belohner, die erst Stunden nach dem Verhalten gegeben werden, haben keinen Einfluß mehr auf das Verhalten. Wenn solche sofort verabreichten Belohner nicht verfügbar sind, so kann man sich mit *Token* helfen.

Am besten sind Token mit Geld vergleichbar (sie sind ja auch Ihre eigene Währung): Für Arbeit (=Verhalten) erhält man nicht etwa direkte Belohner (Essen, Kleidung, Luxusgegenstände, Wohnraum), sondern einen *Ersatz*, das Geld (=Token), das dann im Laufe der Zeit gegen die direkten Belohner eingetauscht wird. Wann Sie diesen Tausch vornehmen, bestimmen Sie selbst, nämlich in der Regel dann, wenn Sie a) genügend Geld beisammen haben und b) wenn Sie einen Wunsch oder ein Bedürfnis nach einer Sache haben.

Zusammenfassung:
Tokenprogramme sind also dann notwendig, wenn es gilt,

○ die Zeit zwischen dem Verhalten und der Belohnung zu überbrücken.

○ wenn die besten Belohner für das Verhalten zu kostenaufwendig, zu groß, nicht jederzeit verfügbar sind.

○ wenn das Verhalten so häufig auftritt, daß es oft belohnt werden muß.

Gute Token sollen folgende Bedingungen erfüllen:

1. Ihr Wert muß verständlich sein. Sie müssen also wissen, was Sie für einen Token erhalten, die Belohnung muß tatsächlich gegen den Token, und *nur gegen ihn*, eingetauscht werden.
2. Die Token müssen einfach zu sammeln sein. Deshalb bieten sich Münzen, die man von einer Tasche in die andere steckt, Knoten auf einer Schnur, die man macht, oder Striche auf einem kleinen Zettel an.
3. Die ‹Buchführung› muß minimal sein. Für das Aufzeichnen von Token, Verhalten und Belohnen darf nur wenig Zeit verwendet werden, damit das Aufzeichnen nicht zum Selbstzweck wird.
4. Sie dürfen den normalen Tagesablauf nur so gering wie möglich belasten.
5. Die Häufigkeit, mit der Sie sich Token geben, muß so geplant sein, daß Sie sich mit Sicherheit Belohnungen geben.
6. Den Token müssen Sie sich *sofort*, nachdem Sie das Verhalten gezeigt haben, geben, damit er wirkungsvoll ist.
7. Wenn Sie merken, daß Sie ein Zwischenziel erfüllen, dann legen Sie den Wert der Token neu fest, indem Sie *etwas* mehr, nicht zuviel, von sich fordern, um die Belohnung zu erlangen.

Wie oft bekommen Sie Ihre Belohner?

Damit auch Sie Tokenwerte für Ihre Belohner festlegen können, müssen Sie wissen, wie oft am Tag oder in der Woche Sie Ihre Belohner gewöhnlich erhalten. Schätzen Sie also jetzt möglichst genau: Wie oft erhalten Sie die Belohner von → **Arbeitsblatt 22**? Wenn Sie Ihrer Schätzung nicht trauen, dann achten Sie die nächsten Tage einfach mal auf Ihre Belohner. Wenn Sie Lust haben, können Sie auch zählen und zum Beispiel kleine Striche am Rand Ihrer Tageskarte machen. Ihre gezählten oder geschätzten Werte schreiben Sie dann dazu.

Wieviel Token sind Ihre Belohner wert?

Die Schätzung oben ist wichtig, denn je seltener man einen bestimmten Belohner erhält, desto mehr Token ist er wert. Natürlich gilt auch: Je lieber man einen bestimmten Belohner haben möchte, desto mehr Token ist er wert.

Zwischen dem Wert eines Token und der Zahl der Token, die man für ‹einmal das Zielverhalten zeigen› bekommt, muß ein vernünftiges Verhältnis bestehen. Denn wenn der Wert Ihres Belohners nicht in einem angemessenen Verhältnis zur Auftretenshäufigkeit Ihres Verhaltens steht, so kann es passieren, daß Sie sich entweder zu selten oder zu häufig belohnen. Beide Fälle wirken sich aber ungünstig aus, denn dann ist das eher eine Bestrafung als eine Belohnung.

Wie benutzt man Token?

Immer wenn Sie Ihr Zielverhalten zeigen, erhalten Sie einen oder mehrere Token, wie Sie es gleich festlegen werden. Wenn Sie sich einen der herausgesuchten Belohner gönnen, dann geben Sie eine bestimmte Anzahl Token dafür her.

Sie bezahlen sich mit Token für ein bestimmtes Verhalten und kaufen für diese Token Dinge, Annehmlichkeiten oder das Recht, etwas Bestimmtes zu tun!

Die Tokenwerte Ihres Belohners und Ihres Zielverhaltens:

Wenn Sie diese Punkte im Kopf haben, dann können Sie auch leicht Tokenwerte für Ihre Belohner und Ihr Zielverhalten festlegen. Überlegen Sie sich also kurz, welchen Wert Ihre Belohner bekommen sollen, und tragen Sie diesen Wert im → **Arbeitsblatt 23** in das dafür vorgesehene Kästchen ein. Diese Werte sollten Sie zunächst nicht mehr ändern. Das tun Sie nur dann, wenn sich herausstellt, daß einige Belohner zu ‹billig› oder zu ‹teuer› sind. Diese Frage können Sie aber erst im Anschluß an die Grundratenerhebung klären, besonders bei der Festlegung des Tokenwertes für das Zielverhalten.

Wenn Sie im Laufe des Programms Ihr Zielverhalten immer häufiger zeigen, dann müssen Sie die Belohner verteuern. Sonst überfüttern Sie sich mit Ihren Belohnern.

Stellen Sie sich nur einmal vor, Ihr Belohner sei Schokolade. Ein Stück schmeckt köstlich, eine Tafel ist ein Hochgenuß, zwei sind nur mit Mühe zu ertragen, drei auf einmal oder in kurzer Zeit sind eine Strafe, und bei vier Tafeln träumen Sie von einer sauren Gurke.

Token helfen einem immer dann, wenn man sich für sein Zielverhalten nicht sofort angemessen und praktisch belohnen kann. Hat man aber gute Belohner, die man sofort, angemessen und praktisch anwenden kann, dann sollte man sich auf jeden Fall mit diesen bekräftigen. Denn ein bißchen umständlich sind Token ja doch.

Ein Menü aus Belohnern

Token eröffnen Ihnen jedoch eine Möglichkeit, die andere Belohner nicht bieten: Sie legen den Wert der Token und den Wert der Belohner fest. Dann können Sie sich jeden beliebigen Belohner, den Sie für die Veränderung gewählt haben, gegen Token umtauschen. Auf diese Weise haben Sie immer die Belohner zur Verfügung, auf die Sie sich am meisten freuen. Mit ein wenig Überlegung muß man sich ein solches Menü schon zusammenstellen, denn Belohner, die in einen Änderungsplan einbezogen sind, dürfen in der Änderungszeit nur für erfolgreiches Zielverhalten, nicht aber ‹ohne jeden Grund› gegeben werden.

Übertragen Sie jetzt Belohner von → **Arbeitsblatt 22** auf das speziell für Token vorgesehene → **Arbeitsblatt 23**. Tragen Sie in die Spalte 1 die Schätzung, wie oft diese Belohner pro Tag oder Woche auftreten. In die Spalten 2–6 tragen Sie die Tokenwerte jedes Belohners ein. Die vorläufige Festlegung treffen Sie in Spalte 2. Die anderen Spalten, in denen Sie den Tokenwert verändern und dem Bedarf Ihres Änderungsplanes anpassen können, füllen Sie erst aus, wenn Sie wissen, wie häufig Zielverhalten und Problemverhalten auftreten, also erst nach der Grundratenerhebung.

27. Kapitel

Auswahl der Änderungstechnik

Sie haben inzwischen Ihr Zielverhalten benannt und die entsprechenden Belohner herausgesucht, die Ihnen helfen sollen, dieses Zielverhalten zu lernen und zur Selbstverständlichkeit werden zu lassen. Das heißt, der Weg zur Veränderung Ihres Verhaltens ist die Bekräftigung durch Belohner, die Sie sich jedesmal, wenn Sie Ihr Zielverhalten gezeigt haben, geben.

Um nun den gewünschten Erfolg, das Lernen des Zielverhaltens, zu erreichen, muß also (zunächst) ein Belohner künstlich hinzugeführt werden. Und zwar so lange, bis das Zielverhalten immer wieder gezeigt wird und dadurch aus sich selbst heraus erfolgreich ist!

Wenn ich Tischtennis spielen lerne, so werden meine ersten Versuche weder mir noch jemand anders gefallen, vielleicht sogar zum Lachen reizen. Trotzdem übe ich, um irgendwann gut Tischtennis zu spielen. Ich mache also trotz Verlierens weiter, weil ich die Zuversicht habe, später gut zu sein. Diese ferne Belohnung kann ein Anreiz sein, weitaus mehr werde ich aber angespornt, wenn ich Fortschritte sehe oder von anderen für meine Fortschritte gelobt werde.

Ein Kind wird nicht von sich aus ‹mit anderen spielen›, wenn es darin keinen Sinn sieht, vielleicht ‹auch noch› sein Spielzeug teilen muß. Aber wenn es dafür eine Belohnung erhält, gelobt wird, wird es das schon eher tun. Mit der Zeit bringt dann das *«mit anderen spielen»* selbst Spaß, und das Verhalten braucht nicht mehr zusätzlich bekräftigt zu werden.

Sie lernen Ihr Zielverhalten, indem Sie sich dafür belohnen.

Dieser Weg zur Verhaltensänderung ist allerdings nur erfolgreich, wenn zwei Voraussetzungen erfüllt sind:

1. Es muß Ihnen bereits möglich sein, das Zielverhalten zu zeigen, Sie tun es nur nicht oder zu selten. Das Zielverhalten darf also nicht vollkommen neu und fremd für Sie sein.
2. Sie müssen ganz sicher sein, daß Sie gute Belohner gefunden haben. Diese müssen Sie immer dann dem Zielverhalten folgen lassen, wenn es auftritt, und nur dann.

Damit das Zielverhalten häufiger auftritt, müssen Sie sich jedesmal belohnen, wenn es Ihnen gelingt. Sie schließen in diesem Kapitel einen Vertrag mit sich selbst, in dem Sie festlegen: Jedesmal, wenn ich *das* mache, bekomme ich meine Belohnung.

Ein Vater hat festgestellt, daß sein

Sohn bereitwillig sein Zimmer aufräumt, wenn er ihn vorher gelobt und sich eine Weile mit ihm beschäftigt hat. Das Problem des Vaters ist nun, daß er meistens keine Lust hat, sich noch mit seinem Sohn zu beschäftigen, wenn er müde von der Arbeit kommt. Und dann geht der Kreislauf los: «Geh ins Bett!» – «Nein, ich will noch nicht!» – Krach und Mißlaune auf allen Seiten.

In der Zählung des Verhaltens hat der Vater nun gemerkt, daß er sich am Abend durchschnittlich 5 Minuten (manchmal länger, oft gar nicht) mit seinem Sohn befaßt.

Er schließt also mit sich einen Vertrag: Als Ziel meines Änderungsplanes will ich jeden Abend eine halbe Stunde mit meinem Sohn spielen und mit ihm sprechen. Der wirksame Belohner für mich, worauf ich sehr ungern verzichten möchte, sind meine Gläser Bier nach dem Abendessen. Jetzt trinke ich meistens 2 Gläser am Abend. Immer wenn ich mit meinem Sohn gesprochen oder gespielt habe, gönne ich mir hinterher Bier, aber auch nur dann. Und zwar bekomme ich ein Glas Bier, wenn ich mich 5 Minuten mit ihm unterhalte oder spiele, für 10 Minuten 2 Bier, für 15 Minuten 3 Bier. Und wenn ich eine Woche lang jeden Abend 10 Minuten oder länger mit meinem Sohn gespielt habe, darf ich mir einen Abend so gestalten, wie ich Lust habe.

In diesem Beispiel ist der Plan so gewählt, daß jedes Auftreten des Zielverhaltens belohnt wird (sofern es mindestens 5 Minuten gedauert hat). Außerdem schafft sich der Vater einen zusätzlichen Anreiz, sein 10-Minuten-Teilziel auch wirklich jeden Abend zu schaffen. Es gibt einige Unterformen dieser Bekräftigung, die in bestimmten Fällen zur Erfolgssicherung günstiger sind. Drei dieser abgewandelten Bekräftigungsformen werden wir Ihnen hier kurz vorstellen. Danach entscheiden Sie sich für Ihre Form der Bekräftigung. Später schließen Sie mit sich selbst einen Vertrag, in dem Sie genau festlegen, wie oft Sie Ihr Zielverhalten zeigen wollen, mit welchen Belohnern Sie es jeweils bekräftigen und für welchen Veränderungsplan Sie sich entschieden haben.

Unvereinbare Verhaltensweisen

Eine einfache Möglichkeit, ein neues Verhalten zu lernen, ist die Anwendung von unvereinbaren Verhaltensweisen. Dabei ersetzt man das unerwünschte Verhalten durch ein Zielverhalten, das nicht gleichzeitig mit dem Problemverhalten zusammen auftreten kann, das das Problemverhalten also von vornherein ausschließt.

Sie können zur gleichen Zeit Radio hören *und* essen, Auto fahren *und* sich unterhalten, fernsehen *und* Nüsse knabbern.

Sie können aber (normalerweise) nicht gleichzeitig schlafen *und* essen, sitzen *und* gehen, ruhig sprechen *und* schreiben, sich ärgern *und* an etwas Angenehmes denken.

Unvereinbare Verhaltensweisen sind also Verhaltensweisen, die sich gegenseitig ausschließen, die nicht zur gleichen Zeit auftreten können.

Sie wählen ein Zielverhalten, das nicht zugleich mit dem Problemverhalten auftreten kann. Immer wenn Sie Ihr Zielverhalten zeigen, bekräftigen Sie sich mit einem Belohner.

Sie haben bereits ein Zielverhalten ausgewählt. Deshalb müssen Sie prüfen, ob es möglich und sinnvoll ist, dieses durch ein neues, unvereinbares Verhalten zu ersetzen. Möglicherweise *ist* Ihr benanntes Zielverhalten bereits mit dem Ausgangsverhalten unvereinbar, oder aber es ließe sich auf einfache Weise unwesentlich umwandeln. Das heißt, das Ziel bleibt grundsätzlich dasselbe, aber eine leichte Abwandlung macht es zu einer unvereinbaren Verhaltensweise. Dafür am besten ein Beispiel:

> Das Problem von Herrn Brandt ist: Seine Tochter Andrea neigt sehr zu Trotz, wenn man ihr eine Bitte abschlägt. Herrn Brandt ärgert das sehr, und er fährt seine Tochter meistens kräftig an. Dadurch steigert sich aber der Trotz zu einem Wutanfall, und alles wird nur noch schlimmer. Herrn Brandt fällt es schwer, trotz seiner Verärgerung ruhig, aber bestimmt zu bleiben. Sein Zielverhalten war daher: Wenn seine Tochter trotzig wird, bleibt er still sitzen, sagt kein Wort und beachtet sie nicht mehr. Allerdings bietet dieses Zielverhalten nicht die Gewähr, daß sein Ärger nicht im nächsten Moment wieder stärker ist als seine Beherrschung. Als *unvereinbares* Zielverhalten wählt Herr Brandt daher: Sobald Andrea trotzig wird, geht er aus dem Zimmer und läßt sie kurzerhand mit ihrem Trotz allein.

Wenn Herr Brandt statt stillzusitzen aus dem Zimmer geht, ändert sich an seinem grundsätzlichen Ziel nichts: Seine Tochter soll Auseinandersetzungen über von ihr gestellte Forderungen ruhig, ohne Wutanfälle führen. Das entspricht auch Herrn Brandts Erziehungszielen. Allerdings ist das unvereinbare Zielverhalten ‹aus dem Zimmer gehen› leichter durchzuhalten als ‹ruhig sitzen bleiben›, weil es das Problemverhalten ‹die Tochter kräftig anfahren› ausschließt. Wenn Andrea nicht trotzig wird, bleibt Herr Brandt auch ruhig und gibt eher nach.

Sehen Sie jetzt bitte Ihr benanntes Zielverhalten an: Ist es möglich, dieses Zielverhalten so abzuwandeln, daß es mit dem Ausgangsverhalten unvereinbar wird, also nicht zugleich auftreten kann? Ist dieses unvereinbare Verhalten auch mit Ihren Erziehungszielen im Einklang und fördert das Zielverhalten Ihres Kindes?

Wenn ja: Ersetzen Sie das Zielverhalten in
→ **Arbeitsblatt 21**
durch das unvereinbare Verhalten.

Wenn nein: Ändern Sie Ihr Zielverhalten nicht, für Sie ist eine andere Änderungstechnik besser geeignet.

Das Premack-Prinzip

Diese besondere Form der Bekräftigung wurde nach dem amerikanischen Psychologen Donald Premack benannt, der diese Form der Bekräftigung genau untersucht hatte.
Er formulierte das Ergebnis seiner Experimente in dem Satz:

Jedes Verhalten ‹A› kann ein anderes Verhalten ‹B› bekräftigen, wenn das Verhalten ‹A› regelmäßig auftritt oder aber häufiger als das Verhalten ‹B›.

Frau Müller erzählt ihren Kindern regelmäßig jeden Abend vor dem Schlafengehen eine Geschichte. Hinterher sollen die Kinder noch schnell die Zähne putzen und dann ab ins Bett. Ihre beiden 5 und 6 Jahre alten Söhne versuchen nun erfolgreich mit allerlei Tricks, sich vor dem Zähne putzen zu drücken.

Frau Müller wendet nun das Premack-Prinzip an, indem sie die Geschichte erst dann erzählt, wenn die Kinder die Zähne geputzt haben.

Das Verhalten A (Geschichte hören) tritt regelmäßig auf und kann deshalb das Verhalten B (Zähne putzen) bekräftigen!

In diesem Beispiel war das «Geschichte hören» zugleich etwas, das die Jungen gern taten, also ein Belohner.

Deshalb ist zu erwarten, daß das Zähne putzen besonders schnell gelernt und zur Gewohnheit wird.

Das *Premack-Prinzip* besagt nun aber, daß man als Belohner für ein seltenes Verhalten *jede* Tätigkeit nehmen kann, egal ob man sie sehr gern oder weniger gern tut, wenn sie nur häufig oder regelmäßig ist. Die einzigen Ausnahmen sind Tätigkeiten, die man ausgesprochen ungern tut, die nur deshalb regelmäßig oder häufig sind, weil man gezwungen ist, sie zu tun.

Ein (zu) seltenes Verhalten kann man also nicht nur dadurch bekräftigen, daß man es vor einer angenehmen Tätigkeit zeigt, zum Beispiel

- vor dem Essen (Frühstück, Mittag-, Abendessen),
- vor dem Spielen,
- vor dem Fernsehen,
- vor dem Herumtoben,

sondern auch, indem man dieses Verhalten vor einer gleichgültigen Tätigkeit zeigt, zum Beispiel

- vor dem Schlafengehen,
- vor dem Schuhe putzen,
- vor dem Händewaschen,
- vor dem Aufräumen,
- vor dem Staub wischen.

Das Premack-Prinzip als eigene Änderungstechnik

In den meisten Fällen wird das Premack-Prinzip als Form der Bekräftigung Verwendung finden: Häufige, beliebte Tätigkeiten werden als Belohner für das (seltene) Zielverhalten eingesetzt.

Als eigene Änderungstechnik bietet sich das Premack-Prinzip für Zielverhalten an, die entweder an bestimmte Zeiten oder bestimmte Gelegenheiten gekoppelt werden können oder bei denen es eigentlich egal ist, wann sie auftreten:

- Zähne putzen *vor* dem Schlafengehen,
- Händewaschen *vor* dem Essen,
- Schularbeiten *vor* dem Auf-den-Spielplatz-gehen.

Bei diesen Tätigkeiten legt man Wert darauf, daß das Zielverhalten *entweder überhaupt oder regelmäßig auftritt.* Durch die Verkoppelung mit dem bereits vorhandenen Verhalten erleichtert man das Auftreten des neuen.

Überlegen Sie bitte, welche Tätigkeiten Sie selbst häufig oder regelmäßig ausführen und welche dieser Tätigkeiten sich als Premack-Belohner eignen. Welche dieser Tätigkeiten können Sie sinnvoll mit Ihrem Zielverhalten verkoppeln?

Schreiben Sie diese zusätzlich auf

→ **Arbeitsblatt 22.**

Die Verhaltensformung

Die Verhaltensformung ist ein wirksamer Weg, wenn Sie ein Zielverhalten aufbauen wollen, das für Sie neu ist, das Sie also noch nie gezeigt haben. Das gleiche gilt dann, wenn Ihr Zielverhalten sehr umfangreich ist und viele einzelne Verhaltensweisen umfaßt. So ein Verhalten ist nicht auf einen Schlag zu lernen, hier muß man in kleinen Schritten vorgehen.

Stellen Sie sich vor, Sie können die folgenden Tätigkeiten noch nicht und wollen sie lernen:

- O mit einer Schere Figuren aus Papier ausschneiden,
- O Papierflugzeuge knicken,
- O Federball spielen,
- O Skilaufen,
- O die chinesische Schrift schreiben,
- O Auto fahren,
- O blind Schreibmaschine schreiben,
- O Tango tanzen.

Beim Figurenausschneiden kann man Ihnen erklären, wie Sie die Schere halten und durch das Papier führen müssen. Sie werden keine großen Schwierigkeiten haben, es nachzumachen, weil sie bereits Übung im Umgang mit einer Schere haben. Beim Papierknicken oder Federballspielen wird es schon ein bißchen schwieriger mit dem Nachmachen. Erklären allein wird nicht reichen, aber wenn man es Ihnen vormacht, wird es auch ganz gut gehen.

Wenn man Ihnen aber sagt: «Passen Sie auf, ich zeige Ihnen jetzt, wie man

- O blind Maschine schreibt,
- O Auto fährt,
- O skiläuft»,

und man es Ihnen richtig vormacht, wie hoch, glauben Sie, sind wohl Ihre Chancen, es ohne Katastrophe nachzumachen?

Hoffentlich haben Sie sich nicht für «ziemlich groß» entschieden, denn ohne Vorkenntnisse oder Übung ist es fast unmöglich, einen Hang hinunterzuwedeln, ein Auto durch den Verkehr zu lenken oder vom ‹Blatt zu schreiben›.

Der Grund dafür ist einfach: Es handelt sich bei den zuletzt aufgezählten Tätigkeiten nicht um solche, die ganz einfach zu überblicken und auszuführen sind. Um Auto zu fahren, braucht man theoretische Kenntnisse und Erfahrung mit dem Verkehr genauso wie Kenntnis und Übung im Umgang mit einem Auto. Viele Einzeltätigkeiten, Hand- und Fußbewegungen müssen gelernt und richtig aufeinander abgestimmt werden.

Auch Tango tanzen kann man nicht, ohne vorher zu üben. Vielmehr lernt man in kleinen Schritten erst einzelne Bewegungen. Wenn man diese gut beherrscht, fügt man sie zu Figuren und diese dann zu dem ganzen Tanzablauf zusammen.

Ohne dieses Lernen in kleinen Schritten würden Sie nie ein guter Tänzer, und außerdem würde die ganze Sache Ihnen keinen Spaß machen.

Diese Beispiele zeigen alle das Wesentliche der Verhaltensformung:

Umfangreiche neue Verhaltensweisen werden gelernt, indem sie in ganz kleinen Einheiten (Schritte) geteilt werden. Jeder einzelne Schritt wird dann so lange geübt, bis man ihn perfekt beherrscht, und erst dann wird ein neuer in Angriff genommen. Dabei sind die ersten Schritte notwendigerweise einfacher und haben scheinbar mit dem erstrebten Zielverhalten wenig gemein.

Ein Kind, das Schreiben lernt, wird erst Striche, Kreise und Bögen malen, aus denen dann im Laufe der Zeit schließlich Buchstaben, Wörter und ganze Sätze werden. Jeder Schritt vom Kreis bis zum Satz wird mühsam gelernt, lange geübt und zum Beispiel durch Lob bekräftigt, so daß das Lernen auch Spaß macht.

Damit haben wir die Grundzüge der Verhaltensformung zusammen: Das Zielverhalten wird in kleine Einheiten aufgeteilt, man beginnt auf der untersten (einfachsten) Stufe und übt diese so lange, bis man sie sicher beherrscht. Erst dann beginnt man mit der nächsten. So nähert man sich Schritt für Schritt dem Zielverhalten an. Dabei ist darauf zu achten, daß das Erreichen *jeder* Stufe bekräftigt wird, man sich also für jeden erfolgreichen Teilschritt belohnt.
Wie Sie einen Plan zur Verhaltensformung aufstellen können, wird im → Kap. 27 ausführlich beschrieben.

Zusammenfassung

Es werden mögliche Wege der Verhaltensänderung vorgestellt, Unterformen der einfachen Bekräftigung: die unvereinbaren Verhaltensweisen, die Verhaltensformung und das Premack-Prinzip.

Allen Wegen ist gemeinsam, daß das Zielverhalten bekräftigt wird, wenn es auftritt und auf das Ausgangsverhalten keine Belohnung mehr folgt:

Premack-Prinzip bedeutet, daß *vor* ein regelmäßiges, häufig auftretendes Verhalten ein seltenes, neu zu lernendes Verhalten (das Zielverhalten) geschoben wird. Diese Verkopplung bewirkt, daß das seltene Verhalten häufiger wird.

Bei *unvereinbarem Verhalten* wird das Problemverhalten durch ein Zielverhalten ersetzt, das nicht gleichzeitig mit diesem zusammen auftreten kann.

Bei Bekräftigung wird jedes Verhalten, das nicht neu gelernt werden muß, sondern nur häufiger oder an Stelle eines anderen auftreten soll, konsequent bekräftigt.

Die *Verhaltensformung* dient dazu, neues, umfangreiches Verhalten zu erwerben. Dabei wird das Zielverhalten in kleine Schritte geteilt. Jeder Schritt wird bekräftigt und so lange geübt, bis man ihn beherrscht. Erst dann geht man zum nächsten Schritt über.

Entscheiden Sie sich jetzt bitte für eine Form der Änderungstechnik und füllen Sie den für Sie zutreffenden Teil von

→ **Arbeitsblatt 24** aus.

Falls Sie sich für Verhaltensformung entschieden haben, müssen Sie noch folgende Regeln beachten:

Verhaltensformung: Zerlegung des Verhaltens in einzelne Schritte

Bei Ihrem Zielverhalten handelt es sich vermutlich um ein für Sie sehr schwieriges oder sehr umfangreiches Verhalten. Sie müssen sich also zunächst überlegen, in welche einzelnen Schritte Sie das Verhalten aufgliedern können. Es ist leichter, sich auf einen bestimmten Einzelschritte zu konzentrieren, und zwar besser, als eine ganze Verhaltensfolge auszuführen.

Wenn Sie beim Tanzen eine schwierige Schrittfolge lernen wollen, können Sie nicht drauflostanzen, sondern müssen sich jeden Schritt überlegen und ihn an den vorhergehenden anpassen. Wenn Sie drei oder vier Schritte zusammen haben, üben Sie diese Folge so lange, bis sie wie von selbst abläuft. Dann üben Sie die nächste Folge auf dieselbe Art. Schließlich können Sie die ganze Tanzfigur.

Die Einzelschritte Ihres Zielverhaltens

Ihr Zielverhalten zerlegen Sie in kleine Schritte. Dann führen Sie den leichtesten oder selbstverständlichsten Schritt aus und belohnen sich für diesen Schritt, also für die erfolgreiche Bewältigung. Wichtig ist dabei, daß Sie auch wirklich die gesteckten Ziele erreichen.

Der leichteste Schritt zuerst!

Wie man die Einzelschritte festlegt

Wir wollen drei Regeln aufstellen, die Sie bei Ihrem Veränderungsplan nicht verletzen sollen:

1. Die Stufe, auf der Sie mit der Veränderung beginnen, kann nie niedrig genug sein.
2. Die Zwischenschritte, in die Sie Ihr Zielverhalten aufteilen, können nie klein genug sein.
3. Bleiben Sie so lange auf einer Stufe, bis das geforderte Verhalten sicher auftritt, und gehen Sie erst dann zu einer neuen Stufe über.

Wenn Sie von sich gleich sehr hohe Leistungen erwarten, die gewählten Stufen zu groß sind oder Sie bei der Ausübung eines Verhaltensschrittes noch unsicher sind, überfordern Sie sich, und das Ergebnis wird ein Mißerfolg sein.

Schritte nicht zu groß planen!

Mißerfolge sind aber – indirekt – eine Bestrafung, und das nimmt Ihnen die Lust, weiterzumachen. Wenn Sie deshalb merken, daß Sie einen Schritt nicht machen können, teilen Sie ihn in mehrere kleine Schritte auf und beginnen dabei wieder mit dem niedrigsten.

Erinnern Sie sich an unser Beispiel mit dem Vater, der sich abends mehr mit seinem Sohn beschäftigen möchte.

Als er versucht, eine Weile mit seinem Sohn zu spielen, merkt er, daß es ihm schwerfällt und er sofort die Lust verliert.

Er teilt deshalb sein Zielverhalten, abends eine Weile mit dem Sohn zu spielen, in folgende Schritte auf:

1. sich am Abend im Zimmer seines

Sohnes sehen lassen und kurz «guten Abend» sagen;
2. ins Zimmer gehen und den Sohn fragen, was er spielt;
3. Schritt 2, und dann 5 Minuten bei ihm sitzen bleiben;
4. zusätzlich irgendwelche Tips geben;
5. selbst 5 Minuten mitspielen;
6. selbst 10 Minuten mitspielen;
7. selbst eine halbe Stunde mitspielen.

Dafür, daß er diese Schritte durchführt, belohnt sich der Vater damit, daß er seine beliebten zwei Bier auch trinken darf. Wenn er den Schritt «vergißt» oder nicht schafft, trinkt er nur ein Alsterwasser.

Der Anfang ist am schwersten!

Die einzelnen Schritte sind so aufgebaut, daß sie jeweils etwas schwieriger zu erreichen sind. Die Belohnung bleibt gleich. Sie sollten entweder die Belohnung gleich lassen und die Anforderungen an sich von Schritt zu Schritt steigern oder aber die Schritte in gleichen Abständen lassen und dafür die Belohnung vermindern.

28. Kapitel

Verhaltenszählung

In den letzten Kapiteln haben Sie, ausgehend vom Problemverhalten Ihres Kindes, das Zielverhalten für Ihr Kind und für sich festgelegt und diejenigen Belohner ausgesucht, mit denen Sie das Zielverhalten belohnen möchten. Bevor Sie mit der Änderung selbst beginnen, benötigen Sie Angaben über die Häufigkeit des Problem- oder Zielverhaltens. Diese Fragen werden in diesem Teil behandelt.

Im wesentlichen sind es drei Gründe, die dagegen sprechen, gleich mit dem Verändern zu beginnen, und es notwendig machen, die Häufigkeit oder Dauer zu erheben:

1. *Sie brauchen verläßliche Ausgangswerte*, wie häufig, wie lange und damit belastend ein Verhalten tatsächlich ist. Persönliche Schätzungen ‹über den Daumen› sind zumeist sehr fehlerhaft und ungenau.
2. Um die Schritte der Veränderung richtig festzulegen, um sich selbst oder sein Kind nicht zu unter- oder überfordern, müssen Sie die ‹Menge› des Verhaltens kennen, mit dem Sie zu tun haben.
3. *Um den Erfolg Ihres Tuns zu überprüfen*, müssen Sie in Zahlen angeben können, ob etwas, was, und wieviel sich verändert hat. Zu diesem Zweck vergleichen Sie die Häufigkeit *vor* der Veränderung mit der Endrate, also der Häufigkeit NACH der Veränderung und stellen Sie daran fest, ob und in welchem Maße das Problemverhalten seltener und das Zielverhalten häufiger geworden ist (wie erwartet).

Im Anschluß an Kapitel 10 (Ihre erste Zählübung) haben Sie beim Zählen des Problemverhaltens Ihres Kindes ja erste Erfahrungen gemacht. Sicher haben Sie auch ‹ihr› Zählsystem gefunden, das es Ihnen erlaubt, ohne allzu große Umstände täglich das Verhalten zu zählen.

Buchführung in der Erziehung?

Bei der Besprechung dieser Frage ergibt sich ein wichtiger Unterschied zwischen alltäglicher Erziehung und gezielter Verhaltensänderung:

Wohl niemand käme auf die Idee, über seine Erziehungsmaßnahmen ‹Buch zu führen›, also aufzuschreiben, wann er sein Kind lobt, wann er mit ihm spielt, wann er dem Kind erlaubt ins Kino zu gehen; oder aufzuschreiben, wann er ein Bier trinkt, wann er ißt, wann er fernsieht.

Unter ‹Buch führen› verstehen wir, daß man sein eigenes Verhalten oder das Verhalten seines Kindes genau beobachtet und schriftlich festhält, wie es in den Kapiteln 9 und 10 beschrieben wurde.

Das ist natürlich ein ganz schöner Aufwand, und es taucht die Frage auf, ob sich das überhaupt lohnt, ob man denn irgendwelchen Nutzen hat, und wenn ja, welchen?

Nehmen wir ein Beispiel:

Herr Meier hat etwas Übergewicht und möchte gern abnehmen. Er ißt jetzt nur noch zweimal am Tag statt wie bisher fünfmal. In der Zwischenzeit kriegt er natürlich einen Bärenhunger, und deshalb haut er beim Essen so richtig rein. Er ißt so lange, bis er nicht mehr kann. Weil er dauernd Hunger hat, wird er auch immer an seine Diät erinnert, und zwar schmerzhaft.

Er denkt, daß er eine Menge abgenommen hat und beendet die Diät, die ihm ohnehin keinen Spaß gemacht hat, nach zwei Wochen mit der Gewißheit: Na ja, ein bißchen habe ich durch das seltenere Essen doch abgenommen, und ich bin ja auch schon dünner geworden.

In Wirklichkeit hat er gar nichts abgenommen, er hatte nur das Gefühl, dünner geworden zu sein, weil er seinen Hunger dauernd spürte. Sein Gewicht blieb aber konstant, weil er bei seinen zwei Mahlzeiten genausoviel aß wie vorher bei fünf. Nur merkte er von dem ganzen Irrtum nichts.

Herr Meier hatte zwar das Gefühl, er habe etwas verändert, da er jedoch weder vorher noch hinterher sein Gewicht gemessen hatte, konnte er sich nur auf seinen ‹Eindruck› verlassen, der ihn, wie wir gesehen haben, trog.

Beispiel 2:

Frau Müller hat auch etwas Übergewicht und möchte auch abnehmen.

Bevor sie sich jedoch auf halbe Kost setzt, steigt sie auf die Waage und notiert ihr Gewicht.

Außerdem schreibt sie auf, was sie so am Tag ißt und wie viele Kalorien da drin sind. Sie erhebt ihre *Grundrate.*

Nach einigen Tagen rechnet sie zusammen und stellt fest: «Donnerwetter, im Schnitt habe ich 2800 Kalorien gegessen, das sind für meine Körpergröße genau 1000 zuviel, da müßte ich aufgehen wie Hefe.»

Sie setzt sich dann hin und stellt für die nächsten Wochen einen Speiseplan auf: Lauter leckere Sachen und reichlich, aber sehr kalorienarm. In diesem Plan legt sie genau fest, wie viele Kalorien in Frühstück, Mittagessen und Abendbrot sein dürfen.

In den nachfolgenden Wochen notiert sie tapfer die gegessenen Kalorien und achtet darauf, die obere Grenze nicht zu überschreiten. Zweimal in der Woche mißt sie ihr Gewicht und notiert die Zahl, sie erhebt während der Änderung die *Änderungsrate.*

Sie selbst fühlt sich zwar noch nicht dünner, aber als sie nach den ersten Wochen die Zahlen vergleicht, kommt sie aus dem Staunen nicht mehr raus:

15. 6.: 68,5 kg 22. 6.: 68,0 kg 29. 6.: 67,4 kg.

Das ist natürlich so ein toller Erfolg für sie, daß sie voller Freude weitermacht. Die Veränderung, die sie selbst nicht bemerkte, weil sie sehr gering war, steht schwarz auf weiß auf dem Papier.

Mit der Waage mißt sie den Erfolg, und mit dem Aufschreiben der Kalorien mißt und kontrolliert sie ihre Bemühungen, ihr Vorgehen.

Wenn sie schließlich die Diät

beendet, normal weiterißt, aber weiterhin auf die Waage steigt, dann erhebt sie ihre *Endrate*

Ähnlich können Sie auch Verhaltensweisen messen, indem Sie notieren, wie oft und/oder wie lange ein bestimmtes Verhalten in einer bestimmten Zeit auftritt.
Eine Verhaltensänderung wird gemessen, indem man die Maßzahlen des Ausgangs und des Zielverhaltens miteinander vergleicht.

In diesem und den folgenden Kapiteln werden einige Begriffe für die Verhaltenszählung gebraucht, die sich alle auf ein und dasselbe Verhalten beziehen, das aber zu unterschiedlicher Zeit gezählt wird.
Grundrate ist der Ausgangswert. Er bezieht sich auf die Häufigkeit oder Dauer des Verhaltens *vor* Beginn der Änderung.
Änderungsrate: bezieht sich auf die Veränderung der Häufigkeit oder Dauer eines Verhaltens während der Änderung.
Endrate bezieht sich auf die Häufigkeit des Verhaltens *nach* der Änderung.
Dasselbe Verhalten wird also *dreimal* gezählt, und zwar zu unterschiedlichen Zeitpunkten. Wegen der verschiedenen Zeitpunkte wird es unterschiedlich benannt.

29. Kapitel

Die Erhebung der Grundrate oder: Was Sie alles zählen können

Bisher haben Sie nur das Problemverhalten Ihres Kindes gezählt. Das war auch genug, denn Sie mußten sich mit dieser ungewohnten Tätigkeit vertraut machen. Zugleich dient die Häufigkeitsveränderung des Problemverhaltens Ihnen als Erfolgsmesser. Die zweite Zählzeit beginnt in den nächsten Tagen für Sie. Je nachdem, wie Ihr Fall gelagert ist, können (oder müssen) Sie folgendes zählen: die Häufigkeit oder Dauer

- Ihres Problemverhaltens,
- Ihres Zielverhaltens,
- des Problemverhaltens Ihres Kindes,
- des Zielverhaltens Ihres Kindes.

Das ist natürlich ein wenig aufwendiger, als nur eine Verhaltensweise zu zählen. Haben Sie bisher Streichhölzer geknickt, wenn das Problemverhalten auftrat, so können Sie das natürlich auch jetzt tun, es bleiben aber noch weitere 3 Verhaltensweisen zu ‹betreuen›. Sie können also die Streichhölzer nicht in allen Fällen verwenden, sonst gäbe es ein großes Durcheinander. Allenfalls ginge es noch, die Hölzer durchzubrechen und bei ‹Auftreten des Problemverhaltens› den Kopf wegzuwerfen und bei ‹Auftreten des Zielverhaltens› das blinde Ende. Dann können Sie am Abend die Hälften zählen und das Auftreten von Ziel- und Problemverhalten auf diese Weise in Ihre Wochenkarte übertragen.

Auch hier gilt das in Kapitel 10 Gesagte:

- Machen Sie sich das Zählen so bequem wie möglich, achten Sie aber darauf, daß Sie jedes Auftreten erfassen.
- Belohnen Sie sich für das Zählen, Eintragen entweder mit einem *Belohner* oder (nach dem Premack-Prinzip) indem Sie das Eintragen direkt vor einer regelmäßigen, angenehmen Tätigkeit durchführen.

Müssen Sie alles zählen?

Das läßt sich nicht allgemeingültig sagen, sondern hängt von den besonderen Umständen jedes Einzelfalles ab. Insgesamt am günstigsten ist es zwar, über alle mit der Veränderung zusammenhängenden Dinge verläßliche Zahlen zu haben, doch muß der Aufwand des Zählens in einem vernünftigen Verhältnis zu dem Ergebnis stehen. Wenn Zielverhalten und Problemverhalten sich gegenseitig ausschließen und nur das eine oder das andere auftreten kann, reicht es durchaus, nur das eine zu zählen. Wenn das Elternverhalten im Vordergrund steht und auch unabhängig vom Verhalten Ihres Kindes verändert werden soll, braucht das Verhalten des Kindes nicht gezählt zu werden.

So müssen Sie auch entscheiden, ob sie alle auftretenden Verhaltensweisen zählen wollen oder sich mit einer Auswahl begnügen wollen. Wenn Sie sich mit ‹weniger› begnügen können, hat das zugleich den Vorteil, daß Ihr normaler Tagesablauf weniger durcheinandergerät.

Sollen Sie das Ziel- *und* das Problemverhalten Ihres Kindes zählen?

Das Problemverhalten brauchen Sie hier nicht nochmals zu zählen (weil Sie es ja schon in Kapitel 10 gemacht haben), es sei denn, daß das damalig festgelegte Problemverhalten sich sehr stark von dem in Arbeitsblatt 25 (Vertrag Grundratenerhebung) beschriebenen unterscheidet, so daß diese damalige Zählung nicht mehr gilt. Dann müßten Sie das Problemverhalten jetzt nochmals eine Woche lang zählen.

Sonst beschränken Sie sich darauf, entweder nur ihr eigenes Zielverhalten oder auch das Zielverhalten Ihres Kindes zu zählen.

Wenn Sie Verhaltensformung durchführen:

Der Aufbau eines umfassenden Zielverhaltens geht ja in mehreren Schritten vor sich. Hier ist das Ausgangsverhalten die dem Problemverhalten am nächsten gelegene Stufe (siehe →**Arbeitsblatt 24**). Auch hier ist es wichtig, die Häufigkeit des Ausgangsverhaltens zu erfassen. Wenn ab und zu jedoch auch höhere Stufen auftreten, sollten Sie diese ebenfalls erfassen. In dem Fall verwenden Sie dazu das → **Arbeitsblatt 26b** (das Arbeitsblatt der «Verhaltensformer»).

Sollten Sie Belohner zählen:

In manchen Fällen kann (muß aber nicht) es wichtig sein, auch die Häufigkeit oder Menge der Belohner zu zählen: Premack-Belohner zum Beispiel, um festzustellen, ob diese Belohner tatsächlich so häufig oder regelmäßig auftreten, wie man glaubt, oder ob man sich andere suchen muß.

Wenn Sie sich dazu entschließen, aus einem der obigen Gründe auch Belohner zu zählen, müssen Sie diese in Ihrem Zählsystem berücksichtigen. In den Mustertageskarten finden Sie einige freie Spalten, die Sie für diesen Zweck verwenden können.

Das Allerwichtigste: nur beobachten und zählen

Versuchen Sie, noch nichts zu verändern. Beobachten Sie nur den Ablauf, wie er bisher war. Zeichnen Sie auf, wenn die Verhaltensweisen von selbst kommen. Nur so erhalten Sie verläßliche Daten. Und je verläßlicher Ihre Daten sind, desto eher können Sie sich darauf verlassen, die Verhaltensänderung erfolgreich durchzuführen.

Manchmal ändert sich Verhalten zwar allein dadurch, daß man es bewußt beobachtet, diese Fälle sind aber selten. Wenn das bei Ihnen der Fall ist, um so besser. Doch zügeln Sie jetzt Ihren Wunsch, aktiv etwas zu tun, zugunsten einer guten, verläßlichen Grundrate.

Wenn Ihr Zielverhalten noch nie aufgetreten ist,

und Sie auch keinen Formungsplan durchführen werden, weil Ihr Zielverhalten nicht so umfangreich ist, daß Sie es sich in kleinen Schritten erarbeiten müssen, wäre es natürlich unsinnig, eine Grundratenerhebung durchzuführen. Sie haben ja die Ausgangsrate bereits: Null.

In diesem Fall können Sie gleich den Veränderungsplan ausarbeiten und mit seiner Durchführung beginnen. Bevor Sie jedoch → **Kap. 31** (Änderungsplan) aufschlagen, empfiehlt es sich, auch → **Kap. 30** (Auswertung) zu lesen. Dort werden Sie die Auswertungsanweisungen kennenlernen, die nicht nur für die Grundrate, sondern auch für die Änderungs- und Endrate gelten.

In allen anderen Fällen vereinbaren Sie mit sich selbst einen Vertrag. Die Erfahrung aller Psychologen, die mit Veränderungsprogrammen gearbeitet haben, ist, daß ein mit sich selbst geschlossener Vertrag viel eher zum Weitermachen motiviert, weil man das Ziel nicht aus dem Auge verliert. In → **Arbeitsblatt 25** finden Sie den Vordruck für ‹Ihren Vertrag›.

Bitte füllen Sie an Hand der → **Arbeitsblätter 5, 20, 21, 22, 23** den Vertrag aus.

Der Gebrauch von Tages- und Wochenkarten

Wie in Kapitel 10 (Ihre ersten Zählübungen) benötigen Sie auch jetzt ein Zählsystem, in dem Sie das tägliche Auftreten festhalten, und eine Wochenkarte, auf die Sie die täglichen Häufigkeiten übertragen. Um das weitere Vorgehen zu erklären, nehmen wir als Beispiel ‹Strichlisten› (Arbeitsblatt 27). Das für Strichlisten Gesagte gilt sinngemäß für jedes andere Zählverfahren. Das → **Arbeitsblatt 26 b** für Verhaltensformung ist genauso aufgebaut wie das → **Arbeitsblatt 26 a** Tageskarte, hat aber mehr Zeilen, damit die einzelnen Stufen des Zielverhaltens erfaßt werden können. In Stichworten tragen Sie in die linken Spalten unter (1) Ihr Problemverhalten, unter (2) Ihr Zielverhalten, unter (3) das Problemverhalten Ihres Kindes und unter (4) das Zielverhalten Ihres Kindes. In die nicht numerierten Zeilen schreiben Sie Ihre Belohner, falls Sie diese zählen wollen.

- Jedesmal, wenn eines der Verhalten oder ein Belohner auftritt, wird in eine der Spalten ein Strich gemacht. Beim erstenmal in → **Spalte 1,** beim zweitenmal in → **Spalte 2** und so weiter.
- Wenn dabei nicht nur die Häufigkeit (wievielmal), sondern auch die Dauer (wie lange) des Verhaltens wichtig ist, schreiben Sie für jedesmal die Minutenzahl in ein Kästchen.
- Ist nur die Dauer von Bedeutung, teilen Sie sich die Zeit in günstige Abschnitte ein (15 Minuten 1 Abschnitt) und machen für jeden Abschnitt einen Strich.

Am ersten Abend ziehen Sie Bilanz:
Mein Zielverhalten: 1 x
Mein Problemverhalten: 8 x
Das Zielverhalten meines Kindes: 0 x
Das Problemverhalten meines Kindes: 9 x

Das Übertragen in die Wochenkarte

Diese Zahlen übertragen Sie in die entsprechenden Tabellen der Wochenkarten → **Arbeitsblätter 27**.

Die Beispiele auf den nächsten Seiten zeigen zwei ausgefüllte Wochenkarten, die sich im Verlauf allerdings sehr voneinander unterscheiden. Die Häufigkeiten wurden im unteren Teil des Arbeitsblattes grafisch dargestellt, indem die Punkte jedes Tages miteinander zu Kurven verbunden wurden.

Beispiel 1

ARBEITSBLATT 27 Wochenkarte I

(Kapitel 29, Seite 163)

Bitte übertragen Sie die täglichen Zählergebnisse aus Arbeitsblatt 26a in die unteren Felder.
Am Ende der Woche werten Sie die Zählungen wie in Kapitel 30 beschrieben aus.

	Mo	Di	Mi	Do	Fr	Sa	So	ges.
Zielverhalten Eltern	2	1	–	2	1	1	–	7
Problemverhalten	6	5	6	7	5	6	7	42

Durchschnitt:

Gesamthäufigkeit		:	Zahl der Tage	=	Durchschnitt
Zielverhalten	7	:	7	=	1
Problemverhalten	42	:	7	=	6
		:	7	=	

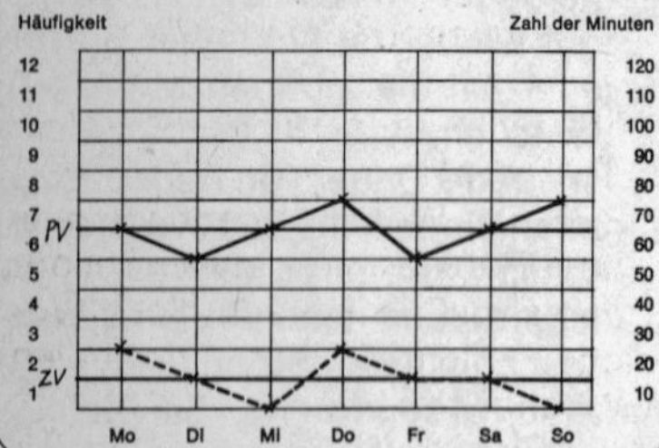

Beispiel 2

ARBEITSBLATT 27 Wochenkarte I

(Kapitel 29, Seite 163)

Bitte übertragen Sie die täglichen Zählergebnisse aus Arbeitsblatt 26a in die unteren Felder.
Am Ende der Woche werten Sie die Zählungen wie in Kapitel 30 beschrieben aus.

	Mo	Di	Mi	Do	Fr	Sa	So	ges.
Zielverhalten Eltern	–	–	–	–	–	–	–	–
Problemverhalten	6	10	2	12	8	5	6	49

Durchschnitt:

Gesamthäufigkeit		:	Zahl der Tage	=	Durchschnitt
Zielverhalten	–	:	7	=	–
Problemverhalten	49	:	7	=	7
		:	7	=	

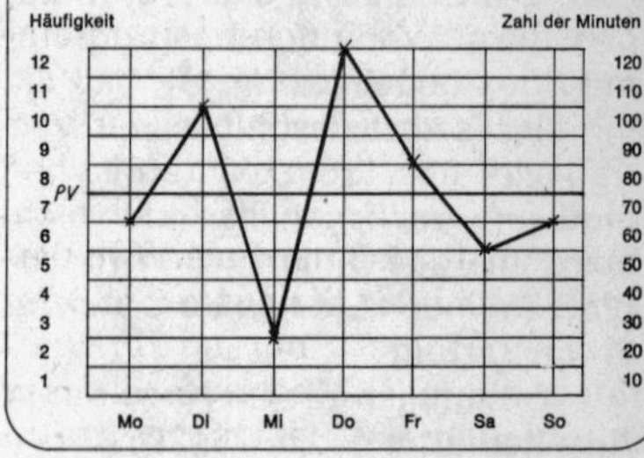

Damit Ihre Kurven übersichtlich bleiben, benutzen Sie zwei getrennte Schaubilder für Ihr Verhalten und das Ihres Kindes. Sinnvollerweise verwenden Sie zum Zeichnen der Kurven für Ziel- und Problemverhalten unterschiedliche Farben.

Bei jedem Schaubild sind unten die Tage, an der linken Seite die Häufigkeiten und an der rechten Seite die Dauer in 15-Minuten-Intervallen angegeben. Falls Sie Dauer *und* Häufigkeit messen, sollten Sie auch hier unterschiedliche Farben wählen. Die Kreuze verbinden Sie am Ende der Woche zu Kurven, aus denen Sie eine ganze Menge schließen können. Was im einzelnen, besprechen wir im folgenden Kapitel ‹Auswertung›.

Bitte beginnen Sie jetzt mit der Erhebung der Grundrate, wie Sie es im Vertrag (→ **Arbeitsblatt 25)** festgelegt haben.

30. Kapitel

Auswertung und Beurteilung der Wochenblätter

In Kapitel 10 erhoben Sie eine Woche lang die Grundrate für das Problemverhalten Ihres Kindes. Nun genügt es nicht, nur zu zählen und diese Zahlen zu übertragen, sondern Sie müssen diese Daten auswerten, um daraus die Schritte für die Veränderung herzuleiten.

Eine Woche ist der kürzeste Beobachtungszeitraum, der verläßliche Ausgangsdaten liefert. Ob diese Zeit auch für Sie ausreicht, oder ob Sie eventuell über einen längeren Zeitraum hinweg die Grundrate erheben müssen, läßt sich nicht im voraus sagen, sondern hängt von den Kurven ab, die Sie nach der ersten Beobachtungswoche vorfinden werden.

Am letzten Tag der Woche müssen Sie also Ihre Beobachtungsdaten auswerten und beurteilen,

- ob Sie lange genug beobachtet haben,
- ob die Daten verläßlich sind,
- und ob Sie auf Grund der Daten mit der Veränderung beginnen können.

Diese Prüfung müssen Sie gewissenhaft durchführen, denn mit einer Fehlentscheidung vergrößern Sie die Gefahr eines Mißerfolges.

1. Sind Sie bei Ihren täglichen Aufzeichnungen irgendwann durcheinandergekommen, so daß die Daten nicht exakt stimmen?
2. Haben Sie an einem oder mehreren Tagen Aufzeichnungen vergessen?
3. Haben Sie im Lauf der Woche Ihr Aufzeichnungssystem oder dessen Einheiten verändert?
4. Waren Sie häufig unsicher, ob das Verhalten aufgetreten ist oder nicht?
5. Fiel die Woche irgendwie aus dem Rahmen, war etwas Besonderes los? Entsprach diese Woche nicht einer normalen Woche?

Wenn Sie alle diese Fragen verneinen können, sind Ihre Beobachtungen in Ordnung. Sie können jetzt darangehen zu überprüfen, ob die Beobachtungsdauer ausreicht oder nicht.

Trifft dagegen einer dieser Fälle auf Sie zu, so empfiehlt es sich auf jeden Fall, die Grundratenerhebung zu verlängern.

Wenn Sie über die beobachteten Häufigkeiten erstaunt sind, braucht das nicht beunruhigend zu sein. Vielleicht haben Sie sich nur falsche Vorstellungen über das Problem gemacht, und in Wirklichkeit tritt das Verhalten häufiger oder seltener auf, als Sie bisher dachten.

Berechnung:

Zunächst berechnen Sie den ‹Durchschnitt› des Verhaltens, indem Sie die Häufigkeiten aller Tage zusammenzählen und durch die Zahl der Beobachtungstage teilen.

Im 1. Beispiel ist das für das Problemverhalten «Eltern» 6+5+6+7+5+6+7 = 42 und im 2. Beispiel 5+10+2+13+8+5+6 = 49, entsprechend wurden die anderen Werte ausgerechnet. Auf der Höhe des Durchschnittswertes wurde die gepunktete Linie gezogen, so daß die Einzelwerte der Kurve zum Teil über, zum Teil unter den Strichen liegen. Sie können von der Erhebung der Grundrate zur Festsetzung der Belohnungsrate (Festlegung, wie häufig das Zielverhalten auftreten muß, um belohnt zu werden) übergehen, wenn die aufgezeichneten Kurven die folgend beschriebenen Bedingungen erfüllen, an Hand derer Sie die Grundratenergebnisse beurteilen.

1. «Die Kurven müssen stabil sein»

heißt, daß die Kurven vom ersten bis zum letzten Tag in etwa auf der gleichen Höhe liegen. Läßt sich dagegen im Laufe der Woche eine deutliche Zu- oder Abnahme bei einer der Kurven feststellen, so deutet das darauf hin, daß entweder durch das bewußte Beobachten und Zählen oder andere, vielleicht gar nicht erkennbare Einflüsse das Verhalten bereits verändert wird. Wenn das der Fall ist, sind die erhaltenen Daten unsicher und Sie müssen die Grundratenerhebung fortsetzen.

Stabile Kurve:

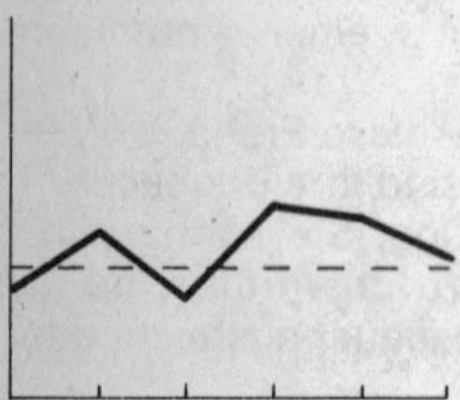

Nicht stabile Kurven:

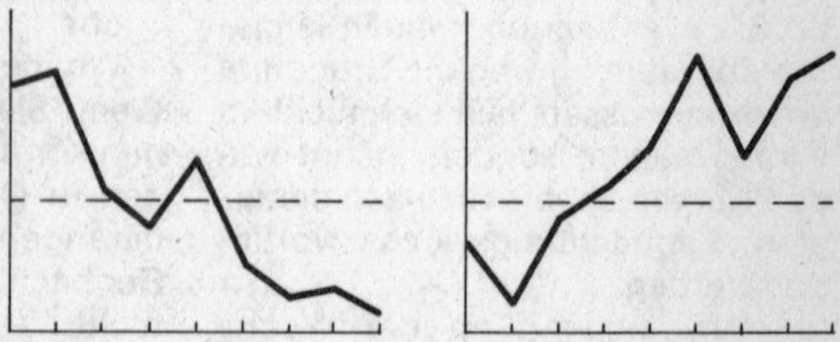

2. «Die Schwankungen um den Mittelwert müssen gering sein.»

Wenn die Kurven sehr große Schwankungen zeigen (drei kleine Werte bei ‹2x›, drei große Werte bei ‹20x›), so reicht der Beobachtungszeitraum nicht aus, um zu sagen, ob das Verhalten eher sehr häufig oder eher sehr selten auftritt, ob also die Schwankung zufällig oder regelmäßig ist. Sie müssen dann eine weitere Woche beobachten, um sagen zu können,

- wie häufig das Verhalten ‹gewöhnlich› auftritt und
- ob die Schwankungen zufällig sind oder immer an ganz bestimmten Tagen auftreten.

Wenn die Schwankungen um den Mittelwert nur gering sind, heißt das, daß das Verhalten in etwa mit gleicher Häufigkeit auftritt. Sie können sich also auf den gemessenen Wert verlassen und ihn zum Ausgangspunkt Ihres nächsten Schrittes machen.

geringe Schwankung: große Schwankungen:

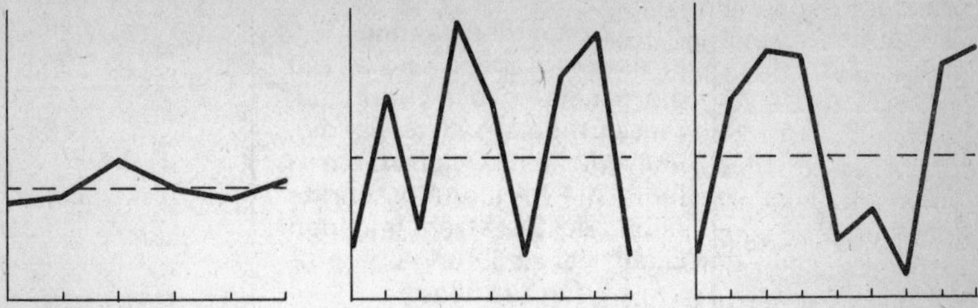

3. «Kein Tag darf ganz anders sein.»

Im Grunde ist da nur ein Sonderfall von 2. angenommen. Sie haben eine schöne Kurve, die gleichmäßig ist. Nur der fünfte Tag (Freitag) fällt total ab, hier sind die Werte ganz anders.

Wenn Sie sagen können: «*Jeder Freitag* ist so», dann ist es eine Überlegung wert, was an diesem Tag anders ist. Wenn es dagegen eine Frage wird: Liegt das nun am Freitag oder war das ein Ausrutscher, der auch an einem anderen Tag hätte auftreten können, so empfiehlt sich die Fortsetzung durch Grundratenerhebung für eine weitere Woche.

kein Ausrutscher: Ausrutscher:

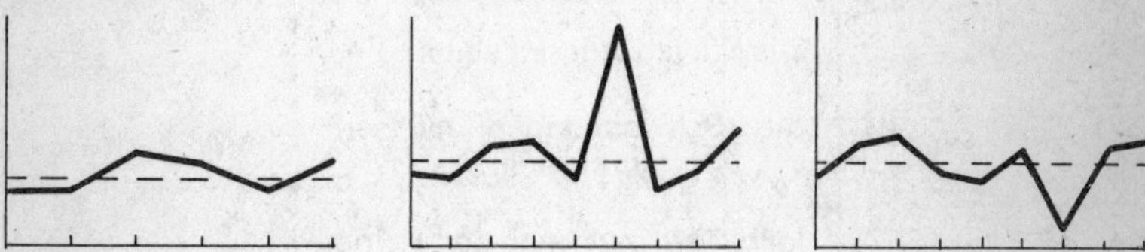

Wenn Ihre Grundratenerhebung zwei Wochen dauert

Machen Sie dieselben Schritte, die in → **Kapitel 29 und 30** beschrieben wurden, nur benutzen Sie dafür die → **Arbeitsblätter 28** für längere Zeiträume. Dabei fassen Sie die Werte beider Kurven zu einem Gesamtwert zusammen und überprüfen diesen.

Das Beispiel 1 auf S. 164 zeigt eine «Idealerhebung», bei der die vier Bedingungen erfüllt sind, das Beispiel 2 auf Seite 164 zeigt das Gegenteil. Die vier Bedingungen sind nicht erfüllt, so daß die Fortführung der Grundratenerhebung um eine weitere Woche angebracht ist.

Erarbeiten Sie sich das folgende Kapitel im Laufe der kommenden Woche, damit Sie gleich im Anschluß an die Grundratenerhebung mit der eigentlichen Veränderung beginnen können.

Zusammenfassung

In diesem Kapitel ging es um die Erhebung der Grundrate. Diese Erhebung ist notwendig, um verläßliche Daten zu erhalten, die Änderungsschritte richtig festzusetzen und den Erfolg der Änderung überprüfen zu können.

Je nach Lage werden Ihr Zielverhalten, Ihr Problemverhalten, das Zielverhalten und Problemverhalten Ihres Kindes und eventuell Belohner gezählt.

Die Ergebnisse der Tageszählung übertragen Sie in die Wochenkarte.

Anhand der Wochenkurven überprüfen Sie, ob Sie weiterzählen müssen oder ob die ermittelten Werte für die Veränderung verläßlich genug sind. Anhaltspunkte für diese Überprüfung sind:

- Die Kurven müssen stabil sein,
- die Schwankungen müssen gering sein,
- kein Tag darf aus der Reihe tanzen, ohne daß es einen klar ersichtlichen Grund dafür gibt.

31. Kapitel

Die Festlegung des Veränderungsplans

Nachdem Sie Ihr Zielverhalten und das Zielverhalten für Ihr Kind festgelegt haben und die Grundrate (die augenblickliche Auftretenshäufigkeit des Problemverhaltens und des Zielverhaltens) ermittelt haben, werden Sie in diesem Kapitel die genaue Abfolge des Veränderungsplanes festlegen.

Änderungspläne sind keine Neujahrsvorsätze

Ähnliches haben Sie sicher schon einmal, wenn auch mit erheblich weniger Aufwand, Silvester mit irgendwelchen Dingen versucht. Dabei mußten Sie feststellen, daß spätestens nach zwei Wochen alles beim alten war, nur hatten Sie vielleicht ein etwas schlechtes Gewissen. Es reicht also nicht, sich ein neues Verhalten auszusuchen und zu sagen, ab jetzt mache ich alles anders. Notwendig ist, genau zu planen, *wie* Sie es machen wollen, nachdem Sie überlegt haben, *was* Sie machen wollen.

Der Veränderungsplan

Sie stellen also einen Plan auf, indem Sie die einzelnen Schritte, die schließlich zum Erreichen Ihres Zieles führen, genau festlegen. Wie der Weg im einzelnen aussehen wird, hängt davon ab, für welche Anwendungsform der Bekräftigung Sie sich entschieden haben.

Alle Pläne haben jedoch einige gemeinsame Regeln, und diese stellen wir hier vor. Die Unterschiede werden in den folgenden Kapiteln erklärt. Der Veränderungsplan ist ein Vertrag, ähnlich dem Grundratenerhebungsplan, den Sie mit sich selbst abschließen. Darin verpflichten Sie sich, die hier enthaltenen Bedingungen genau einzuhalten.

Sie legen darin genau die Ziele und Teilziele fest, wie häufig oder lange das Zielverhalten zum Schluß auftreten soll. In den Plan gehört auch, daß und wie Sie sich dafür belohnen, diese Ziele zu erreichen. Folgende Regeln müssen Sie beherzigen:

1. Daß Sie Ihre Ziele so wählen, daß sie wirklich erreichbar sind.
2. Daß Sie sich für das Erreichen der Ziele, aber nur dann, belohnen.
3. Daß Sie sich, nachdem ein Teilziel erreicht ist, *sofort belohnen*, denn je länger Sie mit der Belohnung warten, desto geringer ist der Wert der Belohnung.
4. Daß Sie sich – zunächst – jedesmal belohnen. Machen Sie sich bei der Auswahl Ihrer Verstärker das Premack-Prinzip zunutze, indem Sie Tätigkeiten als Belohner verwenden (einsetzen), die Sie häufig und gern machen, und damit das seltenere Zielverhalten bekräftigen.
5. Sie dürfen sich weder überfor-

dern noch unterfordern. Wenn Ihre ‹Änderungsrate› zeigt, daß die gerade geübte Stufe stabil ist, das heißt, das gewünschte Verhalten häufig genug oder regelmäßig auftritt, gehen Sie zur nächsten Stufe über.

Die Häufigkeit oder Dauer der ersten Stufe legen Sie aus der Grundrate fest: Diese Stufe soll sich nur geringfügig von der Ausgangsstufe unterscheiden. Wenn die Änderung erst einmal in Gang ist, können Sie größere Anforderungen an sich stellen.

Neben diesen allgemeingültigen gibt es für Premack-Verstärkung und Verhaltensformung einige besondere Bedingungen, die anschließend besprochen werden.

Einfacher Bekräftigungsplan und unvereinbare Verhaltensweisen

Gehen Sie von der Grundrate Ihres Zielverhaltens aus, und legen Sie in kleinen Schritten fest, wie häufig oder wie lange Ihr Zielverhalten auftreten soll (damit Sie sich belohnen).

Die Steigerung wählen Sie dabei so, daß Sie *ohne große Anstrengung* Ihr erstes Teilziel erreichen, damit Sie sich auch wirklich belohnen können. Wenn der Schritt so groß ist, daß Sie ihn nicht schaffen können, verlieren Sie die Lust weiterzumachen, und Ihr Veränderungsplan geht daneben.

Belohnen Sie sich immer sofort, wenn das gewünschte Verhalten aufgetreten ist. Falls Sie mit Token arbeiten, sammeln Sie diese und lösen sie nach Erreichen der von Ihnen festgelegten Punktzahl in echte Belohner ein. Auch hier möchten wir Ihnen noch einmal sagen, daß Sie die Punktzahlen so wählen, daß Sie sich auch wirklich verstärken können. *Ihr Plan geht nicht schneller, wenn Sie sich überfordern wollen.* Denn wenn Ihre Anforderungen so hoch gesteckt sind, daß Sie die erforderliche Punktzahl gar nicht schaffen können, dann verlieren Sie Ihre Lust zum Weitermachen sehr schnell.

→ **Arbeitsblatt 29 a** ist Ihr Vertragsentwurf.
Dort tragen Sie das Verhalten und die jetzigen und für den Endzustand gewünschten Häufigkeiten ein. Legen Sie die Häufigkeiten der einzelnen Schritte fest, und machen Sie den Vertrag durch Ihre Unterschrift perfekt.

Premack-Bekräftigung

Wenn Sie Ihr Zielverhalten durch das Premack-Prinzip vor ein regelmäßig auftretendes Verhalten setzen wollen (vergleiche → **Kapitel 26**), brauchen Sie keine zusätzlichen Belohner. Sie halten in diesem Fall fest, ob und wie oft es Ihnen gelingt, das Zielverhalten vorher zu zeigen. Meistens wird das Zielverhalten schnell und regelmäßig auftreten.

Sollte sich jedoch zeigen, daß das Zielverhalten nicht in der gewünschten Menge auftritt, müssen Sie zusätzliche Belohner hinzufügen. In diesem Fall gelten alle Regeln eines einfachen Bekräftigungsplanes.

→ **Arbeitsblatt 29 b** ist Ihr Vertragsentwurf.
Dort tragen Sie das Verhalten, die jetzigen *und für den Endzustand gewünschten Häufigkeiten ein.*

Verhaltensformung

Gehen Sie von der Grundrate der einzelnen Stufen des Zielverhaltens aus. Die in der Grundrate am häufigsten aufgetretene Stufe wird für Sie die Grundstufe. Denn Sie können davon ausgehen, daß die niedrigen Stufen so selten sind, weil sie zu leicht sind, sie also schon mehr können. Die häufigeren Stufen sind dagegen seltener, weil sie noch zu schwer sind und erst durch den Änderungsplan erworben werden sollen. Legen Sie fest, wie häufig eine Stufe aufgetreten sein muß, bevor Sie die nächste in Angriff nehmen.

Schwierigkeiten, mit denen Sie rechnen müssen:

Nun kann es Ihnen passieren, daß Sie einen guten Annäherungsplan entwickelt haben, sich aber bei der Durchführung Schwierigkeiten ergeben. Im folgenden gehen wir auf eine Schwierigkeit ein, die gerade Formungsplänen eigen ist. Das nächste Kapitel ‹Krisentips› ist allgemein den Problemen gewidmet, die bei jedem Veränderungsplan auftreten können.

Das Problem: Es zeigt sich, daß eine von Ihnen gewählte Stufe in der von Ihnen geplanten Form undurchführbar ist. Das kann passieren, wenn Sie das Verhalten in Schritte aufteilen, die in der Wirklichkeit gar nicht getrennt auftreten können oder durch die Reaktion anderer ein Abbruch der Verhaltenskette an der gewünschten Stelle vereitelt wird. Beispiel:

> Der dritte Schritt unseres Vaters auf Seite 151 war, daß er für 5 Minuten bei seinem Sohn sitzen bleiben wollte, nachdem er sich nach dem Spiel erkundigt hatte.
> Als er diesen Schritt nun in die Tat umsetzen will, stellt sich heraus, daß sein Sohn da nicht mitmacht. Er fordert nämlich seinerseits den Vater zum Mitspielen auf und gibt seiner Enttäuschung über die väterliche Zurückhaltung lautstark Ausdruck.
> Schließlich entschließt sich der Vater, seinen Plan zu ändern. An Stelle des Still-dabei-Sitzens versucht er, einige freundliche Worte zu finden und diese dem Sprößling in netter Form mitzuteilen.

Zusammenfassung

Die Verhaltensstufe, die am häufigsten auftritt, wird die Grundstufe, von der aus Sie die schwierigeren Stufen in Angriff nehmen.

Im Laufe eines Verhaltensformungsplanes können Schwierigkeiten auftreten, auf die Sie vorbereitet sein sollten.

Besonders hervorzuheben ist das Problem, daß eine gewählte Stufe nicht durchführbar ist, weil das gewählte ‹Verhaltensteil› allein nicht auftreten kann. In den meisten Fällen lösen Sie das Problem, indem Sie die Schritte umstellen oder Zwischenschritte einfügen, die Sie eher schaffen. Sie legen den Plan am Anfang genau fest. Es kann aber sein, daß Sie ihn während der Durchführung etwas verändern müssen.

→ **Arbeitsblatt 29 c** ist der Änderungsvertrag für Verhaltensformung.

Tragen Sie dort Ihr Problemverhalten, Zielverhalten und die einzelnen Stufen, über die Sie Ihr Zielverhalten verwirklichen wollen, ein. Schreiben Sie auf, wie häufig die Endstufe des Zielverhaltens sein soll, um das Programm zu beenden. Vermerken Sie für die Zwischenschritte zwischen dem Ausgangsverhalten und dem Zielverhalten, wie häufig die Stufen aufgetreten sein müssen, bevor Sie die nächsthöhere Stufe in Angriff nehmen.

Worauf Sie bei Ihrem Änderungsplan achten sollten:

In den Vorarbeiten zu diesem Programm hat sich gezeigt, daß trotz sorgfältiger Vorbereitung und Ausarbeitung der Änderungspläne bei der praktischen Durchführung immer wieder einige besondere Schwierigkeiten auftraten. Diese Schwierigkeiten werden im folgenden Kapitel ‹Krisentips› beschrieben. Dieses Kapitel sollten Sie *vor* dem Ausfüllen Ihres Vertrages lesen und die Hinweise bei der Festlegung der Schritte beachten, um möglichst problemlos und erfolgreich vorwärtszukommen.

Sprechen Sie auch hier alle Einzelheiten des Plans mit Ihrem Partner und in jedem Fall mit Ihrem Kind durch. Erklären Sie die Schritte, welches Verhalten wann welche Folgen hat. Legen Sie den Tag des Änderungsbeginns fest, falls Sie noch ein oder zwei Tage für Vorbereitungen brauchen. Wenn nicht, beginnen Sie gleich morgen.

32. Kapitel

Krisentips

Ihren Änderungsplan haben Sie auf Grund der Kenntnisse Ihrer Grundratenergebnisse und Ihrer Einschätzung, wie und wie oft Ihr Zielverhalten auftreten soll, entworfen. Trotz aller Sorgfalt ist es möglich, daß einige Ihrer Einschätzungen nicht richtig sind, was sich ja erst in der praktischen Erprobung herausstellen kann.

In diesen Fällen ist es notwendig, den Plan ein wenig zu verändern, um die Schwierigkeiten zu beseitigen und ihn erfolgreich zu Ende zu bringen.

Die häufigsten und wichtigsten Fehlerquellen wollen wir im folgenden aufzählen und dann ausführlich besprechen. Wenn dann in Ihren Plan oder in die Ausführung sich der eine oder andere Fehler eingeschlichen hat, können Sie ihn leichter vermeiden oder ‹in den Griff› bekommen.

Die häufigsten Fehlerquellen:

1. Sie verlieren den Willen, den Mut oder die Lust, weiterzumachen.
2. Sie betrügen sich selbst, indem Sie sich auch ohne Auftreten Ihres Zielverhaltens belohnen.
3. Sie haben ein Teilziel erreicht und kommen oder wollen nicht weiter.
4. Sie haben zu große Abstände zwischen den einzelnen Schritten gewählt und schaffen deshalb den Sprung von dem einen zum nächsthöheren Schritt nicht.
5. Sie überfordern sich, indem Sie einen neuen Schritt in Angriff nehmen, bevor der alte genügend abgesichert ist.

Fall 1: Sie verlieren die Willenskraft, weiterzumachen.
Oder die Lust oder den Mut.

In den meisten Fällen ist hier der Fehler, daß die Schritte zu groß sind, daß der Sprung von der einen Stufe zur nächsten nicht gelingt. Dann muß man den Plan überprüfen und sich überlegen, wie der Zwischenraum zwischen der beherrschten und der angestrebten Stufe verkleinert oder mit weiteren Zwischenschritten angefüllt werden kann.

Diese neuen Zwischenschritte werden dann geübt, und man geht in kleineren Schritten seinem Ziel entgegen.

Eine zweite Möglichkeit ist, daß die Belohner falsch gesetzt wurden. Es könnte sein, daß der gewählte Belohner wirkungslos oder zu schwach ist, um zum Durchhalten zu motivieren. Dann müssen Sie sich verlockendere Belohner für die Stufe wählen, damit die Stufe wieder erstrebenswert für Sie wird. Überlegen Sie auch, ob Sie sich nicht selbst betrügen, also belohnen, ohne das Zielverhalten gezeigt zu haben.

Fall 2: Sie betrügen sich selbst, indem Sie sich belohnen, ohne das Zielverhalten gezeigt zu haben.

Wenn Sie sich Belohner ausgesucht haben, auf die Sie nicht verzichten können, die lebensnotwendig sind, kann es Ihnen bereits zu Beginn passieren, daß Sie den Plan nicht einhalten. ‹Essen als Belohner› kann sinnvoll sein, besonders als Premack-Belohner, jedoch käme es einem unfreiwilligen Hungerstreik gleich, wenn Sie auf die Belohnung verzichten sollten, wenn das Zielverhalten nicht auftritt oder nicht gezeigt werden kann. In diesem Fall ist es besser, nicht ‹Essen an sich›, sondern nur den Lieblingskäse, eine Extrascheibe Wurst oder andere Delikatessen zum Belohner zu wählen. Denn wenn man das Zielverhalten nicht zeigt, braucht man nicht aufs Essen zu verzichten, sondern nur auf die ‹angenehmen Kleinigkeiten›.

Ein weiterer Grund könnte sein, daß Sie Ihren Plan nicht ernst nehmen, daß Sie sich dabei sagen, es wird schon klappen, ich weiß ja, worauf ich hinaus will. Diese Gedanken dienen dann als ‹Gewissensberuhigung›, oder man glaubt tatsächlich daran. Die Wirklichkeit spricht jedoch dagegen. Denn die zusätzlichen Belohner halten zunächst das Verhalten in Gang. Fallen diese jedoch weg oder braucht man nichts dafür zu tun, um sie zu erhalten, und läßt man so sein Zielverhalten im Stich, geht es einem wie einem Auto ohne Benzin: Man bleibt stehen.
Abhilfe: Bekräftigung tanken, aber erst und dann, wenn man sein Zielverhalten tatsächlich gezeigt hat.

Ein weiterer Grund hier kann auch sein, daß die Stufen zu weit auseinander liegen. Dann sollten Sie Ihr Ziel langsamer anstreben und erfüllbare Forderungen an sich stellen.

Fall 3: Sie haben ein Teilziel erreicht und kommen nicht weiter.

In diesem Fall können drei ganz verschiedene Ursachen der Grund für Ihr Stillstehen sein.

Zwischen dem erreichten Teilziel und dem als nächstem anstehenden Teilziel besteht eine große Kluft, der Sprung ist nicht zu schaffen, und Sie verzagen vor diesem Schritt und erreichen so nie Ihr angestrebtes Tagesziel. In diesem Fall lesen Sie bitte unter *Punkt 4* weiter.

Die zweite Möglichkeit ist, daß Sie an die natürliche ‹Grenze› des Verhaltens gedrungen sind. ‹Grenze› kann bedeuten, daß sich herausgestellt hat, daß Sie das Ziel gar nicht erreichen können (Wenn mein Ziel ist, 7 m weit zu springen und ich trotz Trainings und guter Technik nicht über 6,50 m hinauskomme, habe ich meine persönliche Weitsprunggrenze erreicht). Eine andere Grenze ist die zeitliche Ausdehnung von Verhalten. Man kann ein Verhalten nicht beliebig steigern, ohne andere, wichtige Dinge zu vernachlässigen. Auch dann empfiehlt es sich, nicht auf Gewalt das Verhalten auszuweiten.

Durch die praktische Anwendung, das Umsetzen Ihres Plans in wirkliches Verhalten, machen Sie neue Erfahrungen. Diese Erfahrungen lassen möglicherweise Ihr Zielverhalten auch in einem ganz anderen Licht erscheinen. Es mag Sie bestärken, Ihr Zielverhalten ganz zu verwirklichen. Genausogut ist es auch möglich, daß Ihnen Ihr Zielverhalten nicht mehr so erstrebenswert erscheint wie vor dem Beginn der Veränderung. Sei es, daß Sie eine andere Endstufe als bisher erstreben oder Ihnen nun ein ganz anderes Zielverhalten wichtig wird. In jedem Fall bedeutet das eine Änderung des ursprünglichen Planes und damit eine Anpassung an die aktuellen Ziele.

Fall 4: Der Abstand zwischen den einzelnen Zielstufen oder die Steigerung der Häufigkeit ist zu groß.

Der Abstand zwischen zwei Schritten ist zu groß. Wenn Sie merken, daß Ihnen der folgende Schritt peinlich ist oder Sie Angst haben, ihn zu machen, oder Sie einfach keine Lust haben, dann deutet das darauf hin, daß Sie die Stufen zwischen zwei Schritten zu hoch angesetzt haben. In diesem Fall müssen Sie den folgenden Schritt in mehrere aufteilen und jeden neuen durchführen. Wenn Sie versuchen, sich zu dem großen Sprung zu zwingen, hat das nur den Erfolg, daß Sie vor Ihrem ganzen Plan Angst bekommen oder die Lust verlieren. Der bessere Weg, wenn Sie an eine solche Stufe kommen, ist, den Plan noch einmal durchzugehen und die Reihenfolge der Schritte neu festzulegen. Auch hierfür ein Beispiel:

Das Problem einer jungen Mutter besteht darin, daß es ihr unangenehm ist, wenn ihr Kind im Supermarkt so lange nörgelt, bis sie ihm Süßigkeiten kauft. Sie hat sich für folgende Schrittfolge entschieden:

1. Kind nur zum Einkaufen in kleine Geschäfte mitnehmen.
2. Nur mit ihrem Mann und dem Kind im Supermarkt einkaufen gehen (beim Vater bettelt das Kind nicht).
3. Mit dem Kind allein einkaufen gehen und keine Süßigkeiten kaufen.

Der Übergang von Schritt 2 zu Schritt 3 gelingt ihr nicht, und sie überlegt, wie sie den Schritt entschärfen kann, das heißt, wie sie ihn so verkleinern kann, daß es ihr nicht mehr peinlich ist, wenn ihr Kind bettelt.

Sie hat nun an sich selbst beobachtet, daß es ihr weniger peinlich ist, wenn der Laden fast leer ist. Sie kann dann standhafter bleiben. Bei ziemlich vollem Laden ist es schlimm, aber wenn auch noch Nachbarinnen im Laden sind, greift sie fast automatisch zur Schokolade für ihr Kind. Damit setzt sie sich aber der großen Gefahr aus, ihr Kind *gelegentlich* zu belohnen, das heißt, dem stärkeren Betteln in der Anfangszeit nachzugeben, weil es ihr besonders unangenehm ist, und damit das Betteln sehr widerstandsfähig gegen Löschung zu machen.

Um das zu vermeiden, legt sie ihre Schritte deshalb so fest, daß es ihr leichtfällt, nicht nachzugeben:

2a. In einen anderen Laden (wo die Nachbarinnen nicht einkaufen) zu einer Zeit gehen, zu der wenig Leute im Laden sind.
2b. In einen anderen Laden einkaufen gehen, wenn mittelviele Leute da sind.
2c. In einen anderen Laden einkaufen gehen, wenn viele Leute da sind.
3a-c. Dasselbe in ihrem Stammladen machen, wo sie Nachbarinnen treffen kann.

Da es ihr wahrscheinlich schwerfallen wird, die Schritte in ‹ihrem› Laden zu machen, vergrößert sie zugleich für Schritt 3a-c die Belohnungen.

Dasselbe gilt, wenn die Überforderung darin besteht, daß die Häufigkeit des Zielverhaltens ‹sprunghaft› gesteigert werden soll.

Statt der sicheren 3mal ein Verhalten plötzlich 15mal zeigen zu wollen, ist für einen selbst und Umwelt wohl ziemlich unmöglich und wird im günstigsten Fall als Stress empfunden. Zumeist wird das aber gar nicht möglich sein. Das Resultat sind ‹Folgeprobleme›, etwa Nichteinhalten des Vertrages, sich belohnen, ohne daß das Zielverhalten aufgetreten ist: Die Lust, weiterzumachen, geht verloren.

Statt dessen sollte man die Schritte verkleinern, um die höheren Anforderungen durch die Übungsgewinne auszugleichen.

Fall 5: Sie nehmen einen neuen Schritt in Angriff, ohne daß der alte genügend abgesichert ist.

Dies ist ein häufiger Fehler bei Leuten, denen das Erreichen des endgültigen Zielverhaltens nicht schnell genug geht.

Wenn eine Stufe ‹ein bißchen› beherrscht wird, wird daraus der folgenschwere Schluß gezogen, daß es nun an der Zeit sei, die nächste Stufe in Angriff zu nehmen. Jede Verhaltensstufe ist jedoch ein neues, unsicheres Verhalten, das erst einmal geübt werden muß, damit man Routine bekommt. Geschieht das nicht, nimmt man die Unsicherheiten der einen Stufe zur nächsten mit. Diese ‹nächste Stufe› ist jedoch ohnehin schwieriger zu verwirklichen, und so hat man mit einem doppelten Problem zu kämpfen. Dabei könnte es leicht sein, daß man seiner nicht mehr Herr wird.

Man sollte also so lange auf einer Stufe bleiben, bis man das dort festgelegte Verhalten sicher beherrscht, und erst dann zur nächsten, schwierigeren übergehen.

Zusammenfassung

Bei der Durchführung eines Änderungsplanes können die folgenden Schwierigkeiten auftreten:

- Man verliert den Durchhaltewillen;
- man belohnt sich, ohne daß man das Zielverhalten gezeigt hat;
- der Abstand zwischen zwei Schritten ist zu groß, oder die Ziele haben sich verändert.
- man beginnt einen neuen Schritt, obwohl der alte noch nicht sitzt.

Diese Schwierigkeiten lassen sich durch

- zusätzliche Bekräftigung,
- Verkleinerung der Zwischenschritte,
- Anpassung des Zielverhaltens im Änderungsplan an seine veränderten Vorstellungen oder Erfahrungen

beseitigen.

Füllen Sie jetzt bitte Ihren Vertrag aus

→ **Arbeitsblatt 29**.

33. Kapitel

Auswertung der Änderungsrate

In der Woche, in der Sie dieses Kapitel bearbeiten, beginnen Sie bereits, Ihren Veränderungsplan in die Tat umzusetzen. Durch Selbstbelohnung bekräftigen Sie Ihr Zielverhalten und machen es dadurch häufiger. Wie gut Ihnen das gelingt, überprüfen Sie durch das ständige Zählen Ihres Zielverhaltens und durch die Auswertung Ihrer ‹Änderungsrate›. Die Auswertung Ihrer Änderungsrate dient also einerseits Ihrer eigenen Erfolgskontrolle, andererseits finden Sie in diesem Kapitel Hinweise, wie Sie Ihren Änderungsplan von Woche zu Woche dem jeweiligen Stand Ihres Fortkommens anpassen.

Wöchentliche Auswertung

Grundlage der wöchentlichen Auswertung ist die ‹Änderungsrate›, also die Häufigkeit Ihres Zielverhaltens während der Veränderung. Dazu kommt eventuell die Häufigkeit Ihres Problemverhaltens oder des Ziel- oder Problemverhaltens Ihres Kindes, je nachdem welche Verhaltensweisen Sie während Ihres Veränderungsplans beobachten und zählen. In der ersten Woche zeigen sich meist nur langsame Veränderungen. Wahrscheinlich erhöht sich sogar vorübergehend das Problemverhalten Ihres Kindes. Besonders dann, wenn Sie bisher das Problemverhalten ‹gelegentlich bekräftigt› haben und die Belohnung jetzt entziehen. Ihr Kind zeigt dann vielleicht ‹erst recht› das Problemverhalten, um diese Belohnung doch noch zu bekommen (vergleiche → **Kapitel 15**, ‹Gelegentliche Bekräftigung›). Das stellt an Sie besondere Anforderungen: daß Sie nicht wieder in den alten Verhaltensablauf zurückfallen und doch wieder das Problemverhalten Ihres Kindes belohnen.

Ein langsamer Fortschritt ist also nicht weiter bedenklich. Wie schnell die begonnene Änderung ‹greift›, hängt unter anderem von folgenden Umständen ab:

- wie häufig das Problemverhalten war,
- wie stark es bekräftigt wurde,
- wie einfach oder vielgestaltig das Zielverhalten ist,
- wie erfolgreich das Zielverhalten ist,
- wie häufig es überhaupt auftreten kann.

Wenn Ihr Veränderungsplan realistisch ist, wird im Laufe der 1. oder 2. Woche die Kurve Ihres Zielverhaltens steigen, unabhängig davon, ob das Problemverhalten Ihres Kindes noch zunimmt, gleichbleibt oder (was am schönsten wäre) abnimmt.

Solange in der Folgezeit die Kurve Ihres Zielverhaltens weiter ansteigt, brauchen Sie nur von Woche zu Woche kleine ‹Plankorrekturen› vorzunehmen, die wir gleich erläutern.

Erst wenn Sie sich auf einen konstanten Wert eingependelt haben, die Kurven also über mehrere Tage weder fallen noch steigen, ändern Sie den Plan, um vom *Erwerb* des Zielverhaltens, in dem jedes Auftreten belohnt wurde, zur *Festigung* des Verhaltens überzugehen. Die Methoden, die bei der Festigung angewendet werden, sind die

- *‹gelegentliche Bekräftigung›*,

die

- *‹Reizverallgemeinerung›*, die in Kap. 15 und 16 bereits vorgestellt wurde, und

das

- *Üben* in möglichst vielen verschiedenen Situationen.

Da auf die Dauer Verhalten nur auftritt, wenn die Belohnung mit ihm selbst verbunden ist und nicht künstlich zugefügt wird, ist es das Ziel, Verhalten widerstandsfähig gegen Löschung zu machen.

Sie überprüfen an Hand der Änderungsrate, inwieweit Ihnen das gelingt. Die für diese Festigung erforderlichen Hinweise folgen in Kapitel 35 ‹Festigung des Erfolges›.

Die Beurteilung des Kurvenverlaufs

Da es in den meisten Fällen genügt, nur das Zielverhalten der Eltern zu zählen, wollen wir im folgenden diesen Fall besprechen.

Sie zählen (entsprechend den Hinweisen in Kapitel 29 ‹Grundratenerhebung›) die Häufigkeit Ihres eigenen Zielverhaltens und zeichnen das Ergebnis in die Kurve Ihrer Änderungsrate.

Diese vergleichen Sie dann

- mit der Kurve Ihrer Grundrate und
- mit der *erwünschten* Häufigkeit des Zielverhaltens in Ihrem Veränderungsplan.

Mit diesem Vergleich überprüfen Sie,

- ob Sie Ihren Plan erfüllt haben oder nicht,
- ob Ihre Belohner richtig gewählt waren.

Erfüllung des Planes

Ihren Plan können Sie entweder voll erfüllt haben (das heißt, Sie haben Ihr Zielverhalten so häufig oder lange gezeigt, wie Sie es sich für diese Stufe des Planes vorgenommen hatten), oder Sie haben ihn über- oder untererfüllt.

Übererfüllt heißt, Sie haben Ihr Zielverhalten wesentlich häufiger gezeigt, als Sie sich selbst zugetraut hatten. Sie müssen also Ihre Anforderungen entsprechend erhöhen. Untererfüllt bedeutet, daß Sie das gesteckte Ziel nicht erreicht haben. Dieser Fall ist die Überlegung wert, woran das liegen könnte.

Wenn Sie sich zuviel zugemutet haben, ist es notwendig, zunächst die Anforderungen herunterzuschrauben, damit Sie in jedem Fall erfolgreich sind. Vielleicht ist es auch gar nicht möglich, das Zielverhalten so häufig zu zeigen, wie Sie zunächst dachten. Auch hier ist es angebracht, den Plan ihren eigenen Erfahrungen anzupassen. Überlegen Sie aber auch, ob die Woche, in der Sie gezählt haben, sich von einer ‹normalen› Woche irgendwie unterschied, ob etwas Besonderes los war. Ist das der Fall, machen Sie entsprechend dem Plan weiter, bis Sie die gewünschte Stufe beherrschen, es sei denn, die Besonderheit dieser Woche gilt auch für die kommenden Wochen und Ihre bisherige Planung ist hinfällig. Wenn das der Fall ist, müssen Sie den Plan den veränderten Bedingungen anpassen.

Die Auswahl der Bekräftigungen

Dieser Punkt hängt eng mit dem eben besprochenen zusammen. Wenn Ihre Belohner richtig gewählt sind, dann bekräftigen Sie sich in der gewünschten Menge. Wenn Sie falsche Belohner gewählt haben oder Sie die Bedingungen zu schwierig gemacht haben, so daß die ‹Trauben zu hoch hängen›, müssen Sie diese Bedingungen ändern, daß dem Auftreten des Zielverhaltens auch wirklich ein Belohner folgt.

Werden Ihnen eine oder einige Bekräftigungen dagegen zur Qual, müssen Sie einige weitere hinzunehmen oder die Anforderungen für die Bekräftigungen erhöhen.

34. Kapitel

Zwischenstand oder: Verändert sich das Verhalten Ihres Kindes?

Sie zählen ständig Ihr eigenes Zielverhalten und überprüfen am Ende jeder Woche, ob Sie Ihr Wochenziel erreicht haben, das heißt, ob Sie Ihr Zielverhalten so oft gezeigt haben, wie Sie es sich vorgenommen haben. Falls nicht, so ändern Sie Ihren Veränderungsplan etwas ab, damit Sie in der nächsten Woche Ihr Wochenziel erreichen. Auf diese Weise beobachten und überprüfen Sie fortlaufend Ihr Zielverhalten. Fortschritte und Erfolge können Sie stets an der Änderungsrate ablesen.

Anders dagegen das Verhalten Ihres Kindes. Vielleicht haben Sie das Gefühl,

- daß das Problemverhalten Ihres Kindes weniger wird,
- daß das Zielverhalten Ihres Kindes häufiger wird,

oder Sie haben genau den entgegengesetzten Eindruck:

- Das Problemverhalten des Kindes ändert sich nicht oder nimmt sogar noch zu,
- das Zielverhalten ändert sich nicht und nimmt sogar noch ab.

Ob und wie groß die Veränderung ist, das wissen Sie jedoch nicht genau. Genaue Kenntnis brauchen Sie jedoch, damit Sie zuverlässig nachprüfen können, ob der Veränderungsplan auch wie gewünscht das Problemverhalten vermindert, das heißt, das Zielverhalten häufiger werden läßt.

Denn sollte sich das Verhalten Ihres Kindes nicht in die gewünschte Richtung verändert haben, müssen Sie die Ursachen dafür suchen. Für eine solche Nachprüfung gibt es nur einen Weg: Sie müssen das Verhalten *messen*, das heißt, dessen Häufigkeit *zählen*. Diese Zählung des Verhaltens Ihres Kindes (je nach Lage des Ziel- oder des Problemverhaltens) ist unentbehrlich, auch wenn Sie sich ganz sicher fühlen, daß die Häufigkeit des Verhaltens sich verändert hat (oder auch nicht). Denn man kann das Maß der Änderungen leicht sowohl über- als auch unterschätzen.

Wann sollten Sie mit der Zählung beginnen?

Ihr Veränderungsplan ist so angelegt, daß Sie zunächst Ihr eigenes Zielverhalten bekräftigen und steigern. Da Sie Ihr Zielverhalten so ausgewählt haben, daß es

- das Problemverhalten Ihres Kindes vermindert *und*
- das Zielverhalten Ihres Kindes fördert,

sollte sich deshalb – mit etwas Verzögerung – das Verhalten Ihres Kindes in die gewünschte Richtung verändern. Bevor Sie Ihr eigenes Zielverhalten jedoch nicht gesteigert haben, können Sie deshalb natürlich auch keine Veränderung des

Verhaltens Ihres Kindes erwarten, sondern erst im Laufe der Zeit, *nachdem* Sie eine deutliche Steigerung Ihres Zielverhaltens erreicht haben.

Mit der Zählung des Verhaltens Ihres Kindes sollten Sie also erst dann beginnen, wenn Ihr eigenes Zielverhalten deutlich häufiger geworden ist (etwa ein paar Wochen nach Beginn der eigentlichen Veränderung)!

Die Steigerung Ihres Zielverhaltens lesen Sie aus der Änderungsrate ab. Wenn die Änderungsrate *deutlich über* der Ausgangsrate liegt, warten Sie noch einige Tage und zählen dann das Verhalten Ihres Kindes eine Woche lang.

Die Zählung des Verhaltens Ihres Kindes

In Kapitel 10 (Arbeitsblatt 7) hatten Sie eine Woche lang das Problemverhalten Ihres Kindes gezählt, das sind die Grundraten, die Sie zum Vergleich heranziehen.

Hatten Sie sich entschieden, das Zielverhalten Ihres Kindes zu zählen, so haben Sie in Kapitel 29 eine Woche lang die Grundrate erhoben.

Günstig ist es, wenn Sie diesmal dasselbe Zählverfahren wieder benutzen, wenn Sie jetzt eine Woche lang die Änderungsrate (Zwischenstand) für das Verhalten Ihres Kindes erheben. Sie können jedoch auch ein anderes Zählverfahren wählen, wenn Ihnen das zweckmäßiger erscheint. Wichtig ist nur, daß Sie dasselbe zählen, um hinterher Grundrate und Änderungsrate miteinander vergleichen zu können.

Die täglichen Zählergebnisse tragen Sie auf Ihrer Tageskarte (Arbeitsblatt 26) in die entsprechende Zeile ein (entweder bei Problem- oder bei Zielverhalten).

Die Auswertung:

Die Änderungsrate für Ihr Kind werten Sie genauso aus wie die anderen Verhaltenszählungen auch (zum Beispiel bei Ihrem eigenen Zielverhalten), und zwar mit Hilfe der

- O *Tageskarten* (Arbeitsblätter 26a oder 26b),
- O *Wochenkarten* (Arbeitsblätter 27/28).

Nach der Auswertung vergleichen Sie die ‹Summe› des Verhaltens Ihres Kindes der Woche auf Arbeitsblatt 27 (Zwischenstanderhebung) mit der Summe des Verhaltens bei der Grundratenerhebung auf Arbeitsblatt 7 (wenn Sie das Problemverhalten gezählt haben) oder auf Arbeitsblatt 27/28 (bei Zählung des Zielverhaltens).

Durch diesen Vergleich können Sie zahlenmäßig genau feststellen, ob das Verhalten Ihres Kindes sich in der gewünschten Richtung verändert hat oder etwa das Gegenteil eingetreten ist oder ob es unverändert geblieben ist.

Ergebnisse:

1. Möglichkeit:

Das Problemverhalten Ihres Kindes hat abgenommen, *oder* das Zielverhalten Ihres Kindes hat zugenommen.

Dann war/ist Ihr Veränderungsplan offenbar schon erfolgreich. Sie sollten ihn wie bisher weiterführen.

Sie brauchen die folgenden Möglichkeiten nicht weiter zu beachten und können gleich auf Seite 185, → Kapitel 35 ‹Die Sicherung des Erfolges›, weiterlesen.

2. Möglichkeit:

Das Problemverhalten Ihres

Kindes hat nicht abgenommen oder sogar noch zugenommen, beziehungsweise das Zielverhalten Ihres Kindes hat nicht zugenommen oder sogar noch abgenommen.

Dann ist Ihr Veränderungsplan offenbar (noch) nicht erfolgreich. Sie müssen untersuchen, woran das liegt und sich entsprechend darauf einstellen. Die wahrscheinlichsten Gründe werden im folgenden besprochen:

1. Grund: Ein Erfolg Ihres Veränderungsplanes war zum gegenwärtigen Zeitpunkt noch gar nicht zu erwarten, sondern eigentlich erst später, möglicherweise weil Sie Ihr Zielverhalten nur selten zeigen können oder weil Ihr Zielverhalten sich nur sehr mittelbar – und dadurch sehr verzögert – auf das Verhalten Ihres Kindes auswirkt. In diesem Fall sollten Sie mit Ihrem Änderungsplan fortfahren und nach einigen Wochen dieses Kapitel noch einmal bearbeiten.

2. Grund: Die Verhaltensketten (Arbeitsblätter 16) treffen nicht mehr zu, weil die verschiedenen Verhaltensweisen heute anders zusammenhängen als bei Aufstellung der Verhaltensketten. Ob das bei Ihnen der Fall ist, überprüfen Sie, indem Sie alle Verhaltensketten (**Arbeitsblatt 16**) sorgfältig durchgehen und vergleichen, ob sich der Verhaltensablauf, wie er sich bei Ihnen gegenwärtig darstellt, in einer der Verhaltensketten wiederfindet. Geht der Verhaltensablauf gegenwärtig anders als in allen Verhaltensketten, dann müssen Sie neue Verhaltensketten aufstellen.

In diesem Fall gehen Sie im Programm zurück zu → **Kapitel 22** und stellen neue Verhaltensketten auf. Mit diesen neuen Verhaltensketten gehen Sie die nachfolgenden Programmschritte erneut durch.

Je nachdem, ob Sie das Problemverhalten oder das Zielverhalten Ihres Kindes zählen, unterscheiden sich die Schwerpunkte beim 3. Grund. Sie werden deshalb getrennt besprochen:

Wenn Sie das Problemverhalten Ihres Kindes zählen:

3. Grund: Sie haben Ihr eigenes Zielverhalten auf **Arbeitsblatt 21** unzweckmäßig oder unzureichend festgelegt. Das heißt, Ihr Zielverhalten ist vielleicht so ausgerichtet, daß es das Zielverhalten Ihres Kindes fördert, aber nicht so, daß es zugleich auch das Problemverhalten vermindert. In diesem Fall ändern Sie Ihr Zielverhalten ab: Sie vermeiden sinnvoll veränderbare Reize, die das Problemverhalten Ihres Kindes in Gang setzen. Ebenso lassen Sie auf keinen Fall sinnvoll verhinderbare Belohnungen auf das Problemverhalten Ihres Kindes folgen. Auf diese beiden Punkte legen Sie jetzt das Hauptgewicht Ihres Zielverhaltens (Ausführliche Erläuterungen können Sie in Kapitel 23 nachlesen).

Wenn diese Neufestsetzung des Hauptgewichts eine grundlegende Änderung Ihres Zielverhaltens bedeutet, dann gehen Sie im Programm zurück und führen alle nachfolgenden Programmschritte noch einmal mit Ihrem neu festgelegten Zielverhalten durch.

Wenn die Änderung eher gering ist, dann belohnen Sie sich in Zukunft für das abgeänderte Zielverhalten und zählen auch dies neue Zielverhalten; lesen Sie weiter im nächsten Kapitel.

Wenn Sie das Zielverhalten Ihres Kindes zählen:

3. Grund: Sie haben Ihr eigenes Zielverhalten auf **Arbeitsblatt 21** unzweckmäßig oder unzureichend festgelegt. Das heißt Ihr Zielverhalten ist vielleicht so ausgerichtet, daß es das Problemverhalten Ihres Kindes verhindert, aber nicht so, daß es zugleich auch das Zielverhalten erhöht. In diesem Fall ändern Sie ihr Zielverhalten ab: Sie schaffen möglichst oft ‹sinnvoll herbeiführbare› Situationen, in denen Ihr Kind das Zielverhalten zeigt. Zugleich belohnen Sie Ihr Kind jedesmal und wirksam, wenn es das Zielverhalten gezeigt hat. Auf diese beiden Punkte legen Sie ab jetzt das Hauptgewicht Ihres eigenen Zielverhaltens (Ausführliche Erläuterungen können Sie in Kapitel 24 nachlesen).

Wenn diese Neufestsetzung des Hauptgewichts eine grundlegende Änderung Ihres Zielverhaltens bedeutet, dann gehen Sie im Programm zurück in das Kapitel 31 und führen alle nachfolgenden Programmschritte noch einmal mit Ihrem neu festgelegten Zielverhalten durch. Wenn die Änderung eher gering ist, dann belohnen Sie sich in Zukunft für das abgeänderte Zielverhalten und zählen auch dies neue Zielverhalten; lesen Sie weiter im nächsten Kapitel.

35. Kapitel

Die Sicherung des Erfolges

Strenggenommen besteht die Verhaltensänderung aus zwei Abschnitten:

- ○ dem *Erwerb* des Zielverhaltens und
- ○ der *Festigung* des Zielverhaltens über die programmäßige Bekräftigung hinaus.

Wenn Sie den ersten Abschnitt, also die planvolle Veränderung in Richtung Zielverhalten abgeschlossen haben und wenn Ihr Zielverhalten so häufig auftritt, wie Sie es wünschen, ist es ein unkluger Entschluß, das Programm abrupt zu beenden und nicht langsam ausklingen zu lassen.

Das Risiko zu frühen Aufhörens besteht darin, daß das neue Verhalten zwar da ist, jedoch noch nicht ‹in Fleisch und Blut übergegangen› ist. Sie verhalten sich Ihrem Ziel entsprechend, aufrechterhalten wird das Zielverhalten aber durch die besondere, zusätzliche Bekräftigung, die Sie sich geben und die zusätzliche Aufmerksamkeit durch das Zählen, den Plan, überhaupt durch die Beschäftigung mit der Verhaltensänderung.

Und dann ist das Ausgangsverhalten ja auch noch da, denn es verschwindet nicht spurlos von heute auf morgen, sondern wird erst langsam ersetzt.

Wenn jetzt durch das Aufhören

- ○ die zusätzliche Belohnung für das neue Verhalten fortfällt,
- ○ Sie die ‹Kontrolle› (das Zählen) aufgeben
- ○ und sich weniger mit dem neuen Verhalten beschäftigen,

dann ist die Gefahr sehr groß, daß Ihr altes Verhalten wieder ‹einreißt› und bald alles wie vorher ist. Um das zu verhindern, müssen Sie also das Zielverhalten festigen, so daß es auch ohne zusätzliche Belohner und besondere Beachtung weiterhin auftritt. Glücklicherweise müssen Sie diese Arbeit nicht allein tun, sondern die *natürliche Bekräftigung* hilft Ihnen dabei, wenn die Veränderung erst einmal in Gang gekommen ist.

Natürliche Bekräftigung

Natürliche Bekräftigung bedeutet: Das Verhalten ist aus ‹sich selbst heraus› erfolgreich und wird durch seinen Erfolg bekräftigt, ohne daß eine besondere Belohnung von außen erfolgt. Zum Beispiel wird rechtzeitiges Losgehen zu einer Verabredung dadurch ‹natürlich› bekräftigt, daß der andere erfreut ist über die Pünktlichkeit (die er allerdings auch erwartet) und seine gute Laune noch nicht durch Warterei eingebüßt hat. Entscheidend für die natürliche Bekräftigung sind:

1. der Erfolg des Verhaltens,
2. die Reaktionen der Beteiligten,

3. die Erwartungen der weiteren Beteiligten.

zu 1:
In erfolgreiches Verhalten ist die Belohnung, die das Verhalten aufrechterhält, bereits ‹eingebaut›. Man zeigt ein Verhalten, hat damit Erfolg und wird sich bei einer ähnlichen Gelegenheit abermals so verhalten und wieder Erfolg haben.

zu 2:
Unsere Verhaltensweisen bestimmen entscheidend das Verhalten unserer ‹Gegenüber› und umgekehrt. Auf diesem Wechselspiel beruht ja auch dieses Programm: Durch die Änderung Ihres Verhaltens beeinflussen Sie das Verhalten Ihres Kindes. Und im Alltag: Bleibe ich gelassen, wird mein Gegenüber meistens auch die Ruhe bewahren und es mir dadurch wiederum leichtmachen, gelassen zu bleiben. Brause ich aber auf, neigt mein Gegenüber eher zu Unbeherrschtheit und gibt mir dadurch neuen Zündstoff.

Wenn Sie also konsequent im Rahmen Ihres Änderungsplans Ihr Zielverhalten zeigen, wird sich – mit etwas Verspätung – auch das Verhalten Ihres Kindes ändern. Es wird weniger mit dem Problemverhalten und dafür mehr mit dem erwünschten Zielverhalten reagieren. Dieser Wegfall des Problemverhaltens ist für Sie ebenso natürliche Belohnung für Ihr Zielverhalten. Diese Belohnung wird zwar nicht so direkt erlebt wie ein Stück Kuchen, eine Tasse Kaffee oder ein anderer, direkter Belohner, ist aber auf die Dauer doch wirksamer. Denn Verhalten, das aus einem selbst kommt, empfindet man als angenehmer und selbstverständlicher als solches, für das man sich extra belohnen muß.

zu 3:
In den seltensten Fällen wird sich ein Mensch heute so und morgen anders verhalten, sondern er neigt dazu, sich in gleichen Situationen immer wieder gleich zu verhalten. Die anderen stellen sich darauf ein und ‹erwarten› eben dieses Verhalten. Wenn ich dieses Verhalten plötzlich ändere, löst das beim anderen zunächst Verwirrung aus, er weiß nicht recht, wie er darauf reagieren soll. Wenn ich dagegen nun immer mein neues (Ziel-)Verhalten statt des ursprünglichen Verhaltens zeige, werden sich die anderen auf dieses Zielverhalten einstellen und es ‹wird von mir erwartet›.

Das geschieht natürlich nicht von heute auf morgen, sondern ändert sich langsam. In Ihrem Fall wird Ihr Kind Ihr Zielverhalten ‹erwarten›, wenn Sie es häufig genug zeigen, genauso, wie es bisher von Ihnen Ihr Problemverhalten erwartet.

Die natürliche Bekräftigung eines Verhaltens liegt also in dem Erfolg, den es herbeiführt, in dem (von Ihnen erwünschten) Verhalten der anderen Beteiligten und im Laufe der Zeit auftretenden Erwartungen, daß Sie dieses Verhalten zeigen. Diese drei Dinge helfen Ihnen, Ihr Zielverhalten auch ohne Veränderungsplan zu zeigen, wenn es genügend gefestigt ist.

Bis jedoch diese natürliche Bekräftigung voll zur Wirkung gelangt, müssen Sie sich selbst helfen und aktiv daran arbeiten, das Zielverhalten zu festigen und widerstandsfähig gegen Löschung zu machen.

Hierbei helfen Ihnen
- die gelegentliche Bekräftigung,
- die Reizverallgemeinerung,

○ das Üben des Zielverhaltens in verschiedenen Situationen.

Mit Vorteil lassen sich alle diese Wege zusammen oder hintereinander für die Festigung einsetzen.

Gelegentliche Bekräftigung

Es gibt zwei Gründe, von hundertprozentiger Bekräftigung zu gelegentlicher überzugehen:

1. Das Verhalten wird so schnell gelernt, daß es sehr häufig wird. Damit verlieren die Bekräftigungen zum Teil ihren Belohnungswert und helfen nicht mehr, das Verhalten zu festigen.
2. Das Verhalten hat die Endstufe erreicht, das heißt es tritt in der gewünschten Häufigkeit oder Dauer auf. Das Ziel des Änderungsplans ist also erreicht.

In beiden Fällen legen Sie in einem neuen Plan die neue, gelegentliche Bekräftigungsrate fest (zum Beispiel in der ersten Woche bekräftigen Sie sich nur noch in 75 Prozent, dann in 50 Prozent aller aufgetretenen Fälle). Während dieser veränderten Bekräftigungszeit achten Sie auf die Änderungsrate. Bleibt sie etwa gleichmäßig, tritt Ihr Zielverhalten also weiterhin häufig auf wie bei 100prozentiger Bekräftigung, vermindern Sie dann die Belohner um eine weitere Stufe.

Sinkt dagegen die Häufigkeit des Zielverhaltens ab, legen Sie eine neue Phase 100prozentiger Bekräftigung ein. Zahlreiche Untersuchungen haben gezeigt, daß ein solcher Wechsel von gelegentlicher und 100prozentiger Bekräftigung das Verhalten sehr widerstandsfähig gegen Löschung macht.

Reizverallgemeinerung und systematisches Üben

Der zweite Weg, Verhalten gegen Löschung widerstandsfähig zu machen, ist die Übertragung auf möglichst viele andere Situationen. Dabei ist zu überlegen, ob es sinnvoll ist, das Verhalten auf andere Situationen zu übertragen, oder ob das nicht wünschenswert ist. ‹Bettenmachen› sollte auf eine Situation beschränkt bleiben und nicht auch bei Freunden und Verwandten oder etwa mehrmals täglich auftreten. ‹Verhaltensweisen› wie spielen, mit dem Kind sprechen, können dagegen gut auf mehr als die zuerst geübte Situation oder Tätigkeit übertragen werden.

Ist das Zielverhalten also ganz fest an eine Situation gebunden, dann fällt diese Möglichkeit fort und Sie festigen es über ‹gelegentliche Verstärkung›.

Es sind drei Wege der Reizverallgemeinerung und des systematischen Übens denkbar, die jedoch nicht für jedes Verhalten gleich gut geeignet sind:

1. die Vermehrung der Gelegenheiten,
2. die Veränderung der Zeitpunkte,
3. die ‹Bereicherung› des Zielverhaltens.

1. Wenn es sinnvoll ist, Verhalten auch bei anderer Gelegenheit als der zuerst geübten zu zeigen (wie nicht nur zu Hause, sondern auch bei Besuchen, unterwegs, in der Stadt), so gilt es, diese Situationen zu benennen und dann das Verhalten auch dort zu zeigen. Ihre Veränderungsrate zeigt Ihnen, ob es Ihnen gelingt oder nicht: Wenn Sie nämlich die Zahl der Situationen (Gelegenheiten) vermehren, in denen Sie das Zielverhalten zeigen wollen, dann müßte Ihre Änderungsrate ansteigen. Bleibt sie gleich oder sinkt sie sogar, bereitet

Ihnen die Übertragung auf andere Situationen offenbar Schwierigkeiten.

Um das zu verhindern, sollten Sie zunächst sehr ähnliche Situationen wählen und sich erst langsam zu fremderen vortasten.

Geeignet ist dieses für Verhaltensweisen, die ‹nebenbei› ablaufen und nicht zeitraubend sind. Die Art und Weise, mit einem Menschen zu sprechen, etwa statt unwirsch betont einfühlsam, wäre ein Verhalten, das sich auf jede Gelegenheit, in der man mit diesem Menschen zusammen ist, gut ausweiten ließe.

2. ‹Gemeinsames Herumtoben› ist dagegen ein Verhalten, das sich nicht unbegrenzt ausweiten läßt, ohne daß andere, wichtige Dinge vernachlässigt werden müßten, was nicht gerade erstrebenswert ist.

In diesem Fall könnte man die zweite Möglichkeit, nämlich die Veränderung des Zeitpunktes, wählen.

Hat man etwa bisher immer am Abend mit dem Kind getobt, kann man, soweit machbar, auch morgens, mittags und zu anderen Zeiten toben. Auch das ist ein Weg, der zur Festigung des Verhaltens beiträgt.

3. Der dritte Fall ist wohl der beste Weg, neu gelerntes Verhalten zu festigen (außer es handelt sich beim Zielverhalten um eine engbegrenzte Verhaltensweise): die Bereicherung des Zielverhaltens. War das Zielverhalten ‹mit dem Kind gemeinsam mit Autos spielen› und zeigt man dieses Zielverhalten schon oft, dann kann man das Spielen auf andere Bereiche ausdehnen: Brettspiele, Karten, Verkleiden, Bewegungsspiele im Freien, Wasserball und was sonst noch alles denkbar ist.

Eine solche Ausweitung der Verhaltens*breite*, das heißt die Verwirklichung eines Verhaltens in immer vielfältigeren Anwendungsmöglichkeiten (hier: verschiedene Spiele), ist deswegen so sinnvoll, weil man damit sein Zielverhalten in einer ‹auf die jeweilige Situation zugeschnittene› Art und Weise verwirklichen kann. Ist es also für Ihr Zielverhalten möglich, es auch bei anderer Gelegenheit zu zeigen, so schreiben Sie zunächst die ähnlichsten Situationen auf und dann ‹immer weiter hergeholte›, in denen das Verhalten auch möglich und sinnvoll ist. Der nächste Schritt ist, sich selbst und Ihr Kind in diese Situationen zu bringen und *jedes* Auftreten zu belohnen. Die Änderungsrate zeigt Ihnen, ob dieses Vorgehen erfolgreich ist (die Kurven also stabil bleiben oder sogar noch ansteigen) oder nicht (die Kurven sinken).

Je mehr Situationen Sie wählen, je öfter Sie in diesen Situationen Ihr Zielverhalten zeigen, desto besser üben Sie Ihr Zielverhalten, und Ihr Umgang damit wird immer sicherer. Die zusätzliche Belohnung wird damit immer weniger notwendig. Das erleichtert auch den Übergang zu gelegentlicher Bekräftigung.

Es ist wichtig, auch in diesem Übungsabschnitt die Änderungsrate weiter zu erheben, das Zielverhalten zu messen, denn nur dann können Sie die weiteren Schritte wirklich planen und die richtigen Entscheidungen treffen.

Zusammenfassung

Die Veränderung des Verhaltens besteht aus zwei Abschnitten:

- dem Erwerb des Zielverhaltens
- und der Festigung des Zielverhaltens.

Das Zielverhalten wird im Laufe der Zeit immer mehr natürlich bekräftigt, also durch den Erfolg aufrechterhalten. Da dieses ein langsamer Vorgang ist, ist es notwendig, das Verhalten zunächst durch Übergang zu gelegentlicher Bekräftigung und (wo es sinnvoll ist) durch das Üben in verschiedenen Situationen und der damit verbundenen Reizverallgemeinerung zu festigen.

36. Kapitel

Beendigung des Programms und Ausblick

Dieses Kapitel bildet den Abschluß unseres Programms und zeigt Ihnen, wie Sie die Durchführung Ihres Veränderungsplans beenden.

Wann hören Sie auf?

Erst wenn Sie folgende Verhaltensstufen erreicht haben, können Sie mit Ihrem Programm aufhören und den Veränderungsplan weglegen:

1. Sie zeigen Ihr Zielverhalten in der gewünschten und festgelegten Häufigkeit.
2. Sie haben sich vergewissert (in Kapitel 34), daß das Problemverhalten Ihres Kindes abgenommen hat (das Zielverhalten Ihres Kindes zugenommen hat).
3. Sie haben Ihr Zielverhalten genügend gefestigt und dadurch Ihren Erfolg abgesichert (Kapitel 35).

Haben Sie alle drei Stufen erreicht, so bleibt nur noch eine entscheidende Frage: Hat Ihr Kind sein Problemverhalten so vollständig abgelegt, daß eine Wiederkehr praktisch ausgeschlossen ist? Beziehungsweise: Hat Ihr Kind sein Zielverhalten so vollständig gelernt, daß Ihre ursprünglichen Probleme beseitigt sind? Sie sind vielleicht geneigt, diese Frage nach Ihrem Gefühl und nach dem gegenwärtigen Ausmaß Ihrer Schwierigkeiten mit Ihrem Kind zu beantworten. Das ist auch nicht unbedingt falsch. Was aber die tatsächliche Häufigkeit des Zielverhaltens Ihres Kindes angeht, so sind fehlerhafte Schätzungen ziemlich leicht möglich. Dagegen hilft auch hier eine genaue Beobachtung, das heißt Zählung des Verhaltens: die Erhebung der ‹Endrate›.

Die Erhebung der Endrate

Sie haben schon das Problemverhalten Ihres Kindes gezählt (Kapitel 10), eventuell zusätzlich die Ausgangsrate des Zielverhaltens (Kapitel 29) und einen Zwischenstand des Verhaltens in Kapitel 34 erhoben. Genauso machen Sie es auch jetzt bei der Erhebung der Endrate: Zählen Sie eine Woche lang das Problemverhalten Ihres Kindes. Wenn Sie in Kapitel 29 das Zielverhalten gezählt haben, dann tun Sie das auch jetzt wieder und zählen das Problemverhalten nicht. Wie üblich benutzen Sie die Wochenkarten zur Auswertung.

Ergebnisse

Zeigt die Endrate, daß das Problemverhalten Ihres Kindes vollständig abgebaut beziehungsweise das Zielverhalten vollständig aufgebaut ist und ist Ihr eigenes Zielverhalten genügend gefestigt, dann lassen Sie Ihren Veränderungsplan ‹ausklingen›.

Zeigt die Endrate, daß das Problemverhalten (Zielverhalten) Ihres Kindes doch noch nicht so vollständig wie nötig ab-(auf-)gebaut ist, wenden Sie Ihren Veränderungsplan noch eine Weile an und wiederholen dann dieses Schlußkapitel. Inzwischen bemühen Sie sich um eine weitere Festigung Ihres eigenen Zielverhaltens (siehe Kapitel 35).

Die Beendigung des Veränderungsprogramms

Sie beenden Ihr Verhaltensprogramm, indem Sie mit allen Verhaltenszählungen aufhören und auch Ihre Selbstbelohnung nicht mehr planmäßig durchführen. Damit ist Ihr Programm ‹offiziell› beendet. Wenn das Problem wieder auftritt, ist es sinnvoll, das Programm teilweise wieder durchzuführen, das heißt, Sie erheben wieder eine Grundrate, erneuern den Vertrag und führen die Änderung erneut durch.

Die Behebung eines Problems bedeutet nicht, daß von nun an alles in der Erziehung automatisch läuft und die Kinder im Laufe der Zeit ‹automatisch› dem Elternhaus entwachsen. Immer neue Situationen werden autreten, in denen Sie Ihre Erziehung und die damit verbundenen Ziele wieder in Frage stellen und neu überdenken müssen.

Ihre Erfahrungen, die Entwicklung Ihrer Kinder und Veränderungen Ihrer Umwelt, der Gesellschaft, lassen manche Ziele hinfällig und überflüssig, ja teilweise sogar schädlich werden für das Bestreben, Kinder zu selbständigen und selbstverantwortlichen Menschen zu erziehen.

Durch diese Notwendigkeit, sich immer neue Ziele zu setzen und mit Hilfe angemessener Erziehungs- und Selbstveränderungstechniken zu verwirklichen, wird der Schluß des Programms relativiert. War das Programm als Hilfe zur Selbsthilfe bei einem ganz konkreten Problem für Sie gedacht, so kann es Ihnen bei der Überprüfung bestehender Ziele, bei der Formulierung neuer und bei der Umsetzung derselben Anregungen und konkrete Hinweise geben.

Vielleicht haben Sie aber auch erlebt, daß Ihre Hoffnungen, die Sie in das Programm gesetzt haben, sich nicht erfüllten. Daß das Problem, das Sie mit seiner Hilfe lösen wollten, sich als zu schwierig erwiesen hat oder das Programm dafür ungeeignet war. Selbstveränderungsprogramme können eine Hilfe sein, sie haben jedoch auch Ihre Grenzen, und nicht immer läßt sich vorhersagen, ob ein Änderungsplan erfolgreich verlaufen wird.

Was tun, wenn Sie keinen Erfolg hatten – und das Problem noch besteht?

In diesem Fall wird es nötig sein, daß Sie sich mit Fachleuten in Verbindung setzen, die sich ganz speziell mit Ihrem Fall beschäftigen können und die in der Lösung schwerer Erziehungsprobleme ausgebildet sind.

Es handelt sich um Psychologen, die in

- Erziehungsberatungsstellen,
- Ehe- und Lebensberatungsstellen,
- Psychotherapeutischen Beratungsstellen und Praxen,
- Institutionen wie Schülerhilfe arbeiten.

In sehr großen und mittleren Städten wird es nicht schwierig sein, derartige Stellen zu finden. Schwieriger ist es schon, einen Termin für eine Beratung oder Therapie zu erhalten, denn nicht erst die 1975 veröffentlichte Enquete der Bundesregierung zur Lage der Psychiatrie zeigte erneut, daß die Versorgung psychisch kranker Menschen und die Möglichkeiten der Beratung, Vorbeugung und Behandlung auch im Bereich von Erziehungsproblemen katastrophal ist und die Bundesrepublik Deutschland in dieser Hinsicht ein unterentwickeltes Land ist, das mit keinem anderen Land in Europa, weder in West noch Ost, einem Vergleich standhält.

Schlimmer jedoch sind kleine Städte und ländliche Gebiete unterversorgt, wo es häufig unmöglich scheint und auch ist, einen Psychologen zu finden, an den man sich wenden kann.

In diesen Fällen können Sie sich an die Psychotherapie- oder Psychologenverbände wenden, in denen die meisten Psychologen und Psychotherapeuten erfaßt sind:

BDP
Berufsverband Deutscher Psychologen
Freiherr-vom-Stein-Straße 48
6000 Frankfurt/Main
Tel. (0611) 72 88 92

BDP-Sektion ‹Klinische Psychologen›
c./o. Dipl.-Psych. Volker Ebel,
Am Bölt 25
4460 Nordhorn
Tel. (05921) 45 51

GwG
Gesellschaft für wissenschaftliche Gesprächspsychotherapie
Sekretariat:
Werderstraße 20
5000 Köln 1
Tel. (0221) 52 19 56

DGVT
Deutsche Gesellschaft für Verhaltenstherapie
Geschäftsstelle:
Postfach 2148
4630 Bochum
Tel. (0243) 700 46 20

Wenn Sie an den BDP, die GwG, DGVT oder einen der anderen Verbände schreiben, so wird es in vielen Fällen möglich sein, Ihnen die Adressen von ausgebildeten und erfahrenen Psychologen in Ihrer Nähe zu vermitteln. Auch folgende Institutionen können Ihnen unter Umständen helfen:

- örtliche Gesundheitsämter,
- schulpsychologische Dienste,
- städtische und kirchliche Beratungsstellen,
- Elternschulen.

Ein gutes Verzeichnis aller Beratungsstellen in der BRD, der einzelnen Leistungen, der Träger mit genauen Anschriften ist der ‹Beratungsführer›, zu beziehen über das Bundesministerium für Jugend, Familie und Gesundheit
Postfach 490
5300 Bonn-Bad Godesberg.

Ihre Erfahrungen mit dem Programm

Sicher wird für Sie die Arbeit mit dem Programm nicht immer leicht gewesen sein, Sie werden mit dem Text, den Arbeitsblättern, den Beispielen, Ihrem eigenen Änderungsplan gute und schlechte Erfahrungen gemacht haben, Ihre Ziele erreicht oder die Durchführung des Programms abgebrochen haben.

Wir wissen, daß das Programm hilfreich bei der Verhaltensänderung in der Erziehung sein kann, daß es aber an vielen Stellen und in vielen Einzelheiten noch verbesserungsfähig ist.

Sie können dazu beitragen, es zu einem breiter anwendbaren und besser zu handhabenden Instrument zu machen, wenn Sie uns Ihre Erfahrungen, Anregungen, Kritik schreiben.

Arbeitsblätter

Hinweis

Es ist aus technischen Gründen leider nicht möglich gewesen, größere oder auch mehr Arbeitsblätter zur Verfügung zu stellen. Wenn Sie zuwenig Platz zum Schreiben haben oder wenn zuwenig Arbeitsblätter zu einer Aufgabe vorgegeben sind, bitten wir Sie, sich entsprechend dem jeweiligen Muster selbst weitere oder größere nachzumachen.

Verzeichnis der Arbeitsblätter:

ARBEITSBLATT 1

(Kapitel 2, Seite 13)

Welche Schwierigkeiten haben Sie?

Bitte beschreiben Sie Ihr und Ihres Kindes Problem:

ARBEITSBLATT 2

(Kapitel 2, Seite 13)

Das Problemverhalten Ihres Kindes

Benennen Sie bitte so knapp wie möglich das Verhalten Ihres Kindes, das Ihnen die meisten Schwierigkeiten bereitet.
Finden Sie einen Begriff, der dieses Verhalten kennzeichnet.

Kreuzen Sie bitte für Ihren Fall an, wen das Problemverhalten Ihres Kindes wie stark belastet oder schädigt.

1. Ihr Kind selbst: ○ stark ○ mittel ○ schwach
2. Sie, die Eltern: ○ stark ○ mittel ○ schwach
3. Die Umgebung: ○ stark ○ mittel ○ schwach

ARBEITSBLATT 3

(Kapitel 2, Seite 14)

Vorläufiges Zielverhalten Ihres Kindes

Beschreiben Sie jetzt bitte kurz, wie Sie sich das andere, „neue" („richtigere") Verhalten Ihres Kindes vorstellen.

Kreuzen Sie bitte an, für wen es von Vorteil wäre, wenn Ihr Kind in Zukunft dieses Verhalten zeigen würde.

○ für die Eltern

○ für die Umgebung

○ für das Kind

Bitte begründen Sie jetzt einmal für sich selbst, warum Sie für Ihr Kind dieses Zielverhalten wünschen.

ARBEITSBLATT 4

Erziehungsziele

(Kapitel 6, Seite 38)

Bitte schreiben Sie auf diesem Blatt *ein* allgemeines Erziehungsziel, die dafür notwendigen Verhaltensweisen Ihres Kindes („praktische Teilziele") und diejenigen Verhaltensweisen von Ihnen selbst, die diese praktischen Teilziele fördern und begünstigen.

A. Allgemeines Erziehungsziel:

B. Verhaltensweisen Ihres Kindes („praktische Teilziele"), aus denen sich das allgemeine Erziehungsziel zusammensetzt:

C. Verhaltensweisen von Ihnen selbst, die diese praktischen Teilziele fördern und begünstigen.

ARBEITSBLATT 5

(Kapitel 9, Seite 45)

Genaue Beschreibung des Problemverhaltens

Bitte beschreiben Sie das Problemverhalten Ihres Kindes als klar abgrenzbare Verhaltensweisen und so genau wie möglich. Selbstverständlich genügen dazu Stichworte.

Zum Problemverhalten gehören folgende Verhaltensweisen:

ARBEITSBLATT 6

Zählverfahren

(Kapitel 9, Seite 46)

Bitte schreiben Sie möglichst viele Ideen auf, wie *Sie* Verhalten zählen könnten. Schreiben Sie bitte alle Zählverfahren auf, die Ihnen einfallen.

Kreuzen Sie dasjenige Zählverfahren an, das Sie für das bequemste und einfachste halten. Aber nur ein Verfahren, bei dem Ihnen das Zählen nicht unangenehm oder peinlich ist!

ARBEITSBLATT 7

Zählbogen I

(Kapitel 10, Seite 48)

Tragen Sie bitte – am besten abends – den Tag, den Zählzeitraum (möglichst jeden Tag denselben) und die Häufigkeit ein, *wie oft* an diesem Tag in diesem Zählzeitraum das Problemverhalten Ihres Kindes aufgetreten ist.
Geht es nicht um die Häufigkeit, sondern um die Dauer des Problemverhaltens, dann zählen Sie die Zeit, *wie lange* das Problemverhalten aufgetreten ist.

Tag	Mo	Di	Mi	Do	Fr	Sa	So	gesamt
Zähl-zeit-raum	von bis Uhr	von bis Uhr	von bis Uhr	von bis Uhr	von bis Uhr	von bis Uhr	von bis Uhr	
Häufig-keit								

ARBEITSBLATT 8

(Kapitel 11, Seite 54)

Die Situation mit dem Problemverhalten

Bitte erinnern Sie sich an das letzte Mal, als Ihr Kind das Problemverhalten zeigte. Was genau passierte in dieser Situation? Denken Sie an alle Anwesenden und Beteiligten, besonders an sich selbst. Wer tat was? Beschreiben Sie die Situation kurz und knapp.

ARBEITSBLATT 9 **Die Vorgeschichte**

(Kapitel 11, Seite 55)

Bitte nehmen Sie sich Arbeitsblatt 8 vor. Was war bei der dort beschriebenen Situation die Vorgeschichte? Wer tat was? Denken Sie wieder an alle Anwesenden und Beteiligten, besonders an sich selbst. Beschreiben Sie die Vorgeschichte bitte kurz und knapp.

War an diesem Tag sonst noch etwas anders als gewöhnlich?
Gab es im Tagesverlauf etwas Besonderes oder Bezeichnendes?
Wenn ja, was?

ARBEITSBLATT 10 Die Nachgeschichte

(Kapitel 11, Seite 55)

Bitte denken Sie an die Situation, die Sie in Arbeitsblatt 8 beschrieben haben. Was war bei dieser Situation die Nachgeschichte?
Was genau geschah danach? Wer tat was? Denken Sie auch hier an alle Anwesenden und Beteiligten, besonders an sich selbst.
Beschreiben Sie die Nachgeschichte bitte kurz und knapp.

ARBEITSBLATT 11 **Belohner für Ihr Kind**

(Kapitel 12, Seite 61)

Bitte schreiben Sie alles auf, womit Sie Ihr Kind gewöhnlich oder gelegentlich belohnen. Unterscheiden Sie

- ○ Zufügen einer angenehmen Empfindung
- ○ Entzug von unangenehmen Empfindungen

Wenn Ihnen nicht alles sofort einfällt, können Sie später noch Belohnungen nachtragen.

1. Zufügen einer angenehmen Empfindung

2. Entzug von unangenehmen Empfindungen

ARBEITSBLATT 12 **Belohnungen für Sie selbst**

(Kapitel 12, Seite 61)

Bitte schreiben Sie alles auf, was für Sie selbst eine Belohnung ist oder sein könnte. Unterscheiden Sie

- ○ Zufügen einer angenehmen Empfindung
- ○ Beenden einer unangenehmen Empfindung

Wenn Ihnen jetzt nicht alles einfällt, können Sie später noch Belohnungen nachtragen.

1. Zufügen einer angenehmen Empfindung

2. Beenden einer unangenehmen Empfindung

ARBEITSBLATT 13 Strafen

(Kapitel 13, Seite 66)

Bitte schreiben Sie alles auf, womit Sie Ihr Kind gewöhnlich oder gelegentlich bestrafen. Unterscheiden Sie

- ○ Zufügung einer unangenehmen Empfindung
- ○ Entzug von angenehmen Dingen (Belohnern)

1. Zufügung einer unangenehmen Empfindung

2. Entzug von angenehmen Dingen (Belohnern)

ARBEITSBLATT 15

Dreigliedrige Verhaltensketten

(Kapitel 22, Seite 125)

Kind			*(Problem-)Verhalten*

ARBEITSBLATT 16

Mehrgliedrige Verhaltensketten

(Kapitel 22, Seite 125)

ARBEITSBLATT 17

Veränderbare Reize

(Kapitel 23, Seite 130)

Schreiben Sie bitte aus Arbeitsblatt 16 alle Reize heraus, die irgendein Verhalten Ihres Kindes in Gang setzen und die sinnvoll veränderbar sind. Darunter machen Sie einen dicken Strich und schreiben als nächstes die sinnvoll veränderbaren Reize von Arbeitsblatt 16 darunter. Das wiederholen Sie für alle Verhaltensketten, die Sie aufgestellt haben. Sie brauchen sich wiederholende Reize nur einmal aufzuschreiben.

ARBEITSBLATT 18

Sinnvoll herbeiführbare Situationen

(Kapitel 23, Seite 131)
(Kapitel 24, Seite 136)

Bitte schreiben Sie solche Reize und Situationen auf, in denen das Problemverhalten Ihres Kindes *nicht* auftritt und die Sie sinnvoll herbeiführen können.

Bitte schreiben Sie solche Reize oder Situationen auf, die das Zielverhalten Ihres Kindes wahrscheinlicher oder leichter machen würden oder die dem Zielverhalten in der Vergangenheit öfter vorausgegangen sind, und die Sie sinnvoll herbeiführen können – soweit Sie diese nicht schon in der oberen Hälfte dieses Arbeitsblattes aufgeschrieben haben.

ARBEITSBLATT 19

Verhinderbare Belohnungen für das Problemverhalten

(Kapitel 23, Seite 132)

Schreiben Sie bitte aus Arbeitsblatt 16 alle Belohnungen heraus, die das Problemverhalten Ihres Kindes belohnen und die Sie sinnvoll verhindern können. Machen Sie einen dicken Strich und schreiben darunter die Belohnungen von Arbeitsblatt 16, die das Problemverhalten Ihres Kindes belohnen. *Das wiederholen Sie für alle Verhaltensketten, die Sie aufgestellt haben.* Sie brauchen sich wiederholende Belohnungen nur einmal aufzuschreiben.

ARBEITSBLATT 20 **Zielverhalten Kind**

(Kapitel 24, Seite 135)

Bitte legen Sie unter Beachtung der fünf Gesichtspunkte von Seite 135 das Zielverhalten für Ihr Kind genau fest.

ARBEITSBLATT 21 **Zielverhalten Eltern**

(Kapitel 25, Seite 139)

Bitte legen Sie mit Hilfe der genannten Gesichtspunkte hier Ihr eigenes Zielverhalten fest.

ARBEITSBLATT 22

Auswahl der Belohner

(Kapitel 27)

Bitte schreiben Sie in die unteren Zeilen die Belohner, mit denen Sie sich vielleicht selbst für Ihr Zielverhalten belohnen können. Kreuzen Sie für jeden Belohner die jeweiligen Eigenschaften an, die er erfüllt. Beachten Sie dabei die Erläuterungen auf den entsprechenden Seiten im Programm.

Erläuterungen auf Seite:

146—149 | Seite 145

Belohner für das Zielverhalten	(falls Sie Token benutzen) Wert des Belohners	geschätzte Häufigkeit pro Tag	Belohner:	1. wichtig	2. verfügbar	3. geht nicht auf Kosten anderer	4. jederzeit verfügbar	5. angemessen	6. teilbar	7. praktisch

ARBEITSBLATT 23 Token

(Kapitel 27, Seite 148)

Bitte übertragen Sie die Belohner, die Sie für Ihren Änderungsplan ausgewählt haben aus Arbeitsblatt 22 in die unteren Zeilen. In Spalte 1 tragen Sie ein, wie oft diese Belohner pro Tag oder Woche schätzungsweise auftreten. In die Spalten 2–6 tragen Sie die Token-Werte jedes Belohners ein. Die erste (vorläufige) Festlegung treffen Sie in Spalte 2.

Belohner:	dieser Belohner tritt etwa x-mal pro Tag/Woche auf	Token-Werte				
	(1)	(2)	(3)	(4)	(5)	(6)

ARBEITSBLATT 24

Auswahl der Änderungstechnik

(Kapitel 27, Seite 162)

Legen Sie jetzt bitte fest, welche Änderungstechnik Sie anwenden wollen. Füllen Sie die für Sie zutreffenden Teile A, B, C oder D aus.

A. **Unvereinbare Verhaltensweisen**

Ausgangsverhalten: .

damit unvereinbare Verhaltensweisen:

1.

2.

B. **Premack-Bekräftigung**

Ausgangsverhalten (das häufiger werden soll): .

Häufige bzw. regelmäßige Tätigkeiten, vor die das Ausgangsverhalten gekoppelt werden soll:

1.

2.

3.

4.

C. **(„Einfache") Bekräftigung**

ihr Zielverhalten (Arbeitsblatt 22):

D. **Verhaltensformung**

Ihr Zielverhalten (Endstufe)

Stufen Ihres Zielverhaltens:

Stufe

Stufe

Stufe

Stufe

3. Stufe

2. Stufe

1. Stufe (das jetzige Ausgangsverhalten)

ARBEITSBLATT 25

VERTRAG für die Grundratenerhebung

(Kapitel 29, Seite 163)

Ich, ...

werde in den folgenden Wochen genau zählen, wie häufig bzw. wie lange

1. das *Problemverhalten meines Kindes,* also

( )

....

2. das *Zielverhalten meines Kindes,* also

( )

....

3. mein *eigenes Problemverhalten,* also

( )

....

4. mein *eigenes Zielverhalten,* also

( )

....

auftreten (Zutreffendes ist angekreuzt).

5. Dabei zähle ich die Häufigkeit oder Dauer *jeden Tag* und schreibe *jedes* Auftreten des jeweiligen Verhaltens in meiner „Tageskarte" auf, die ich immer bei mir habe. Oder ich benutze ein anderes Zählverfahren, das ich immer bei mir habe. Abends übertrage ich die Zählergebnisse in meine „Wochenkarte" und zeichne die notwendigen Kurven.
Für diese Arbeit (das Zählen, Aufschreiben und Übertragen) belohne ich mich dann hinterher mit

....

An diese Abmachung werde ich mich selbstverständlich halten!

....	....
Ort, Datum	Unterschrift

ARBEITSBLATT 26a Tageskarte

(Kapitel 29, Seite 163)

Bitte machen Sie jedesmal einen Strich in das entsprechende Feld, wenn eine der Verhaltensweisen bzw. einer der Belohner, die Sie zählen wollen, auftritt.
Wenn nicht nur die Häufigkeit, sondern auch die Dauer eines Verhaltens wichtig ist, schreiben Sie statt des Striches die Minutenzahl in das Feld.

Ihr Zielverhalten

Ihr Problemverhalten

Zielverhalten Ihres Kindes

Problemverhalten Ihres Kindes

Belohner

(1)

(2)

(3)

(4)

ARBEITSBLATT 26b

Tageskarte
(nur für Verhaltensformung!)

(Kapitel 29, Seite 162)

Bitte machen Sie jedesmal einen Strich in das entsprechende Feld, wenn eine der Verhaltensweisen (ggfs. welche Stufe) bzw. einer der Belohner, die Sie zählen wollen, auftritt.
Wenn nicht nur die Häufigkeit, sondern auch die Dauer eines Verhaltens wichtig ist, schreiben Sie statt des Striches die Minutenzahl in das Feld.

Stufen Ihres Zielverhaltens

Ihr eigentliches Zielverhalten (Endstufe)

(4.) Stufe

(3.) Stufe

(2.) Stufe

Ausgangsverhalten (Grundstufe)

Ihr Problemverhalten

Zielverhalten Ihres Kindes

Problemverhalten Ihres Kindes

Belohner

(1)

(2)

(3)

(4)

ARBEITSBLATT 27 **Wochenkarte I**

(Kapitel 29, Seite 163)

Bitte übertragen Sie die täglichen Zählergebnisse aus Arbeitsblatt 26a in die unteren Felder.
Am Ende der Woche werten Sie die Zählungen wie in Kapitel 30 beschrieben aus.

	Mo	Di	Mi	Do	Fr	Sa	So	ges.
Zielverhalten Eltern								

Durchschnitt:

Gesamthäufigkeit		:	Zahl der Tage	=	Durchschnitt
Zielverhalten		:	7	=	
		:	7	=	
		:	7	=	

Häufigkeit	Mo	Di	Mi	Do	Fr	Sa	So	Zahl der Minuten
12								120
11								110
10								100
9								90
8								80
7								70
6								60
5								50
4								40
3								30
2								20
1								10

ARBEITSBLATT 28

(Kapitel 30, Seite 167)

Wochenkarte II
(Anschlußkarte für längere Zeiträume)

Bitte übertragen Sie die täglichen Zählergebnisse aus Arbeitsblatt 26a in die unteren Felder.
Am Ende der Woche werten Sie die Zählungen wie in Kapitel 30 beschrieben aus.

	Mo	Di	Mi	Do	Fr	Sa	So	ges.
Zielverhalten Eltern								

Durchschnitt:

	Gesamthäufigkeit	:	Zahl der Tage	=	Durchschnitt
Zielverhalten		:		=	

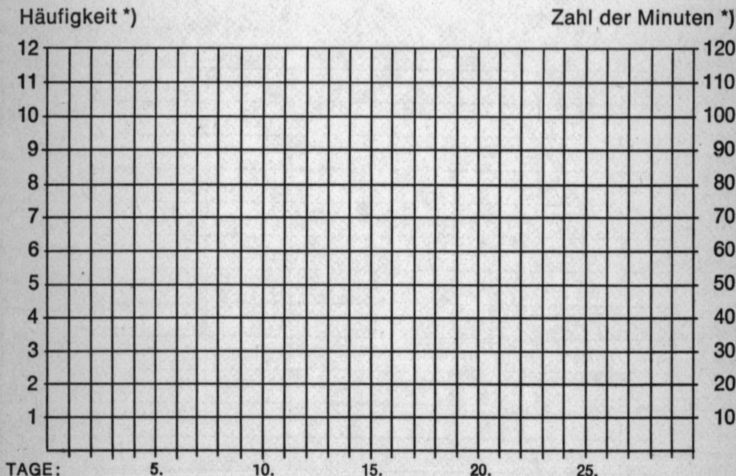

*) falls notwendig, andere Unterteilung wählen

ARBEITSBLATT 29a

Änderungsvertrag
(für „einfache" Bekräftigung und unvereinbares Verhalten)

(Kapitel 31, Seite 170)

1.

Ich, ..., werde vom .... 19....
an mein Problemverhalten planmäßig vermindern und ersetzen durch mein Zielverhalten, nämlich

....

2.

In der vergangenen Woche habe ich .... mal pro Tag/Woche*) mein Zielverhalten gezeigt (Grundrate).

Mein Endziel ist, das Zielverhalten .... mal pro Tag/Woche*) zu zeigen.

3.

Um mich meinem Ziel anzunähern, gehe ich schrittweise vor. Ich setze mir solche Teilziele, die ich auch wirklich erreichen kann, ohne zuviel von mir zu verlangen.

Diese Teilziele sind:

Ich will mein Zielverhalten
in der 1. Stufe (1. Woche) .... mal pro Tag/Woche*) zeigen,

in der 2. Stufe .... mal pro Tag/Woche*)

in der 3. Stufe .... mal pro Tag/Woche*)

in der 4. Stufe .... mal pro Tag/Woche*)

....

....

Sobald ich eine Stufe gut schaffe, gehe ich zur nächsten über.

4.

Jedes Auftreten meines Zielverhaltens bekräftige ich sofort mit den auf Arbeitsblatt 25 festgelegten Belohnern bzw. mit auf Arbeitsblatt 26 festgelegten Token. Wenn ich mein Zielverhalten nicht zeige, erhalte ich keinen dieser Belohner.

....
Ort, Datum Unterschrift

*) Zutreffendes unterstreichen

ARBEITSBLATT 29 b

Änderungsvertrag
(für Premack-Bekräftigung)

(Kapitel 31, Seite 170)

1.

Ich, ..., werde vom .... 19....
an mein Problemverhalten planmäßig vermindern und ersetzen durch mein Zielverhalten, nämlich

....

2.

In der vergangenen Woche habe ich ....mal pro Tag/Woche*) mein Zielverhalten gezeigt (Grundrate).

Mein Endziel ist, das Zielverhalten ....mal pro Tag/Woche*) zu zeigen.

3.

Um mich meinem Ziel anzunähern, gehe ich schrittweise vor. Ich setze mir solche Teilziele, die ich auch wirklich erreichen kann, ohne zuviel von mir zu verlangen.

Diese Teilziele sind:

Ich will mein Zielverhalten
in der 1. Stufe (1. Woche) .... mal pro Tag/Woche*) zeigen,

in der 2. Stufe .... mal pro Tag/Woche*)

in der 3. Stufe .... mal pro Tag/Woche*)

in der 4. Stufe .... mal pro Tag/Woche*)

....

....

Sobald ich eine Stufe gut schaffe, gehe ich zur nächsten über.

4.

Ich belohne mich für mein Zielverhalten nach dem Premack-Prinzip. Das heißt, ich zeige mein Zielverhalten vor den häufigen oder regelmäßigen Tätigkeiten (Premack-Belohner), die ich in Arbeitsblatt 23 festgelegt habe.

....
Ort, Datum Unterschrift

*) Zutreffendes unterstreichen

ARBEITSBLATT 29c

Änderungsvertrag
(für Verhaltensformung)

(Kapitel 31, Seite 172)

1.

Ich, ..., werde vom .... 19....
an mein Problemverhalten planmäßig vermindern und ersetzen durch mein Zielverhalten, nämlich

....

2.

In der vergangenen Woche habe ich ....mal pro Tag/Woche*) die Grundstufe meines Zielverhaltens gezeigt.

Mein Endziel ist, das Zielverhalten ....mal pro Tag/Woche*) zu zeigen.

3.

Um mich meinem Ziel zu nähern, gehe ich schrittweise vor.
Dabei erreiche ich mein Zielverhalten über folgende (Zwischen-)Stufen:

1. (Grund-)Stufe: ....

2. Stufe: ....

3. Stufe: ....

4. Stufe: ....

....

....

Sobald ich eine Stufe gut schaffe, gehe ich zur nächsten über.

4.

Jedes Auftreten meines Zielverhaltens bzw. der jeweiligen Stufe bekräftige ich sofort mit den auf Arbeitsblatt 25 festgelegten Belohnern bzw. mit auf Arbeitsblatt 26 festgelegten Token.

Wenn ich mein Zielverhalten bzw. die jeweilige Stufe nicht zeige, erhalte ich keinen dieser Belohner.

....
Ort, Datum   Unterschrift

*) Zutreffendes unterstreichen

Liste möglicher Belohner (Liste zur Erfassung von Verstärkern – LEV)

von Windheuser und Niketta

Quelle: Dietmar Schulte, Diagnostik in der Verhaltenstherapie. Urban & Schwarzenberg, München, Berlin, Wien 1974.

Anleitung

Auf den folgenden Seiten finden Sie eine Aufzählung von bestimmten Dingen, Erfahrungen, Hobbies, Situationen und Tätigkeiten, die von Ihnen und Ihren Mitmenschen in einem unterschiedlichen Ausmaß als angenehm oder evtl. auch als unangenehm empfunden werden.

Lesen Sie sich bitte *jede* angegebene Tätigkeit gut durch und entscheiden Sie, möglichst ohne lange zu überlegen, nach Ihrer *gegenwärtigen* Einstellung, wie gern Sie diese Tätigkeit ausführen. Sollte sich das Angegebene derzeit nicht verwirklichen lassen, so versuchen Sie dennoch anzugeben, wie gern Sie es – unter anderen Umständen – ausführen *würden*.

Da die Aufzählung in diesem Fragebogen nicht vollständig ist und die Tätigkeiten sicher auch nicht immer speziell genug formuliert sind, ist es möglich, daß etwas fehlt, was sie sehr gern haben. Sollte das der Fall sein, so tragen Sie bitte das Fehlende in die dafür vorgesehenen, freigelassenen Zeilen, die in verschiedenen Abständen eingeschoben sind, nach.

Ihre Einstufung kennzeichnen Sie durch ein Kreuz in der Antwortspalte auf der für Sie zutreffenden Markierung.

An einem Beispiel sei dargestellt, wie die Beantwortung formal erfolgen sollte und welche Einstufungen möglich sind.

Einstufungen	ungern	weder gern noch ungern	ein wenig gern	gern	sehr gern
Rosen züchten	☐	☐	☐	☒	☐
Fisch essen	☐	☐	☐	☐	☒

Achten Sie bitte darauf, daß Sie möglichst keine Tätigkeitsangabe auslassen und nicht in eine falsche Spalte oder Zeile geraten.
Noch ein Hinweis: Es gibt in diesem Fragebogen keine richtigen oder falschen Antworten. Es handelt sich auch nicht um einen Persönlichkeitstest, sondern es geht darum, daß Sie ankreuzen, wie gern Sie die auf den nächsten Seiten aufgezählten Tätigkeiten im einzelnen ausführen bzw. ausführen würden.
Fangen Sie nun bitte an!

	ungern	weder gern noch ungern	ein wenig gern	gern	sehr gern
I					
1. Eiskrem *essen*	☐	☐	☐	☒	☐
2. Süßigkeiten	☐	☐	☒	☐	☐
3. Früchte	☐	☐	☐	☒	☐
4. Kuchen	☐	☒	☐	☐	☐
5. Gebäck	☐	☒	☐	☐	☐
6. Ganz bestimmte Gerichte	☐	☐	☐	☒	☐
7. Spezialitäten	☐	☐	☐	☒	☐
8. Mineralwasser *trinken*	☐	☐	☐	☐	☒
9. Milch	☐	☐	☐	☒	☐
10. Tee	☐	☐	☐	☒	☐
11. Kaffee	☐	☐	☐	☒	☐
12. Fruchtsaft	☐	☐	☐	☒	☐
13. Limonade	☒	☐	☐	☐	☐
14. Bier	☐	☒	☐	☐	☐
15. Wein	☐	☐	☐	☐	☒
16. Andere alkohol. Getränke	☐	☐	☒	☐	☐
17. Kreuzworträtsel *lösen*	☐	☒	☐	☐	☐
18. Mathematische Probleme	☐	☒	☐	☐	☐
19. Denksportaufgaben	☐	☒	☐	☐	☐
20. Ausklügeln, wie etwas funktioniert	☐	☒	☐	☐	☐
21. Puzzlespiele	☐	☒	☐	☐	☐
22. Musik *hören*	☐	☐	☐	☐	☒
23. Sinfonische Musik	☐	☐	☐	☒	☐
24. Kammermusik	☐	☐	☐	☒	☐
25. Jazz	☐	☐	☐	☒	☐
26. Pop-, Beat-Musik	☐	☐	☐	☒	☐
27. Internationale Folklore	☐	☐	☐	☒	☐
28. Underground	☐	☒	☐	☐	☐
29. Deutsche Volkslieder	☒	☐	☐	☐	☐
30. Opernmusik	☐	☐	☐	☒	☐
31. Deutsche Schlager	☒	☐	☐	☐	☐
32. Operettenmusik	☒	☐	☐	☐	☐
33. Musicalmelodien	☐	☒	☐	☐	☐
34. Sich mit Tieren beschäftigen	☐	☒	☐	☐	☐
35. Mit Hunden	☐	☒	☐	☐	☐
36. Mit Katzen	☐	☐	☒	☐	☐
37. Mit Vögeln	☒	☐	☐	☐	☐
38. Stattliche Männer sehen	☐	☐	☐	☒	☐
39. Schöne Frauen sehen	☐	☐	☐	☒	☐
40. *Lesen*	☐	☐	☐	☐	☒
41. Abenteuerromane	☐	☐	☒	☐	☐
42. Kriminalromane	☐	☐	☒	☐	☐
43. Lebensbeschreibungen	☐	☐	☒	☐	☐
44. Politik und Zeitgeschehen	☐	☐	☒	☐	☐

	ungern	weder gern noch ungern	ein wenig gern	gern	sehr gern
45. Gedichte	☐	☐	☐	☒	☐
46. Reisebeschreibungen	☐	☐	☒	☐	☐
47. Geschichtsdarstellungen	☐	☐	☒	☐	☐
48. Lustige Bücher	☐	☒	☐	☐	☐
49. Hobbybücher	☐	☒	☐	☐	☐
50. Liebesromane	☒	☐	☐	☐	☐
51. Witze	☐	☒	☐	☐	☐
52. Bilderhefte (Comics)	☒	☐	☐	☐	☐
53. Literatur zur Sexualität	☐	☐	☒	☐	☐
54. Philosophische Schriften	☐	☐	☐	☐	☒
55. Religiöse Bücher	☐	☐	☒	☐	☐
56. Populärwissenschaftliche Bücher	☐	☐	☐	☒	☐
57. Kunstdarstellungen	☐	☐	☐	☐	☒
58. Science-fiction	☐	☒	☐	☐	☐
59. Zeitungen	☐	☐	☒	☐	☐
60. Illustrierte Zeitungen	☐	☐	☒	☐	☐
61. Nackte Männer sehen	☐	☐	☐	☒	☐
62. Nackte Frauen sehen	☐	☐	☐	☒	☐

II

	ungern	weder gern noch ungern	ein wenig gern	gern	sehr gern
63. Radio hören	☐	☐	☐	☒	☐
64. *Fernsehen*	☐	☐	☐	☒	☐
65. Kriminalfilme	☐	☐	☐	☐	☒
66. Politische Sendungen	☐	☐	☐	☒	☐
67. Kurzfilme im Werbefernsehen	☒	☐	☐	☐	☐
68. Sportsendungen	☒	☐	☐	☐	☐
69. Quizsendungen	☒	☐	☐	☐	☐
70. Kulturmagazine	☐	☐	☐	☒	☐
71. Spielfilme	☐	☐	☐	☒	☐
72. Musikshows	☐	☒	☐	☐	☐
73. Aktuelle Berichte	☐	☐	☒	☐	☐
74. *Ins Kino gehen*	☐	☐	☐	☐	☒
75. Wildwestfilme ansehen	☒	☐	☐	☐	☐
76. Kriminalfilme	☐	☐	☐	☒	☐
77. Heimatfilme	☐	☒	☐	☐	☐
78. Sexfilme	☐	☒	☐	☐	☐
79. Kulturfilme	☐	☐	☐	☒	☐
80. Zeichentrickfilme	☒	☐	☐	☐	☐
81. Horrorfilme	☒	☐	☐	☐	☐
82. Lustige Filme	☒	☐	☐	☐	☐
83. Musikfilme	☐	☐	☐	☒	☐
84. Künstlerisch anspruchsvolle Filme	☐	☐	☐	☐	☒
85. In die Oper *gehen*	☐	☐	☐	☒	☐
86. Ins Theater	☐	☐	☐	☐	☒
87. In eine Operette	☐	☒	☐	☐	☐
88. In ein Musical	☐	☐	☒	☐	☐
89. Ins Konzert *gehen*	☐	☐	☐	☐	☒
90. Ins Ballett	☐	☐	☒	☐	☐

	ungern	weder gern noch ungern	ein wenig gern	gern	sehr gern
91. Ins Kabarett	☐	☐	☐	☐	☒
92. Pop und Undergroundveranstaltungen *besuchen*	☒	☐	☐	☐	☐
93. Schlagerveranstaltungen	☒	☐	☐	☐	☐
94. Vorträge	☐	☐	☒	☐	☐
95. Sportveranstaltungen *besuchen*	☐	☒	☐	☐	☐
96. Fußballspiele	☐	☒	☐	☐	☐
97. Handballspiele	☐	☒	☐	☐	☐
98. Leichtathletikveranstaltungen	☐	☒	☐	☐	☐
99. Schwimmveranstaltungen	☐	☒	☐	☐	☐
100. Basketballspiele	☐	☒	☐	☐	☐
101. Hockeyspiele	☐	☒	☐	☐	☐
102. Tennisveranstaltungen	☐	☒	☐	☐	☐
103. Wassersportveranstaltungen	☐	☐	☒	☐	☐
104. Eishockeyspiele	☐	☒	☐	☐	☐
105. Boxveranstaltungen	☒	☐	☐	☐	☐
106. Ringkämpfe	☒	☐	☐	☐	☐
107. Motorsportveranstaltungen	☐	☒	☐	☐	☐
108. Radsportveranstaltungen	☐	☒	☐	☐	☐
109. Reit- und Springturniere	☐	☒	☐	☐	☐
110. Turnveranstaltungen	☐	☒	☐	☐	☐
111. Historische Gebäude besichtigen	☐	☐	☐	☒	☐
112. Museen *besuchen*	☐	☐	☐	☒	☐
113. Kunstausstellungen	☐	☐	☐	☐	☒
114. Zoologische Gärten (Zoo)	☐	☐	☐	☒	☐
115. Botanische Gärten	☐	☐	☐	☒	☐
116. In ein Restaurant essen gehen	☐	☐	☐	☐	☒
117. Schöne Landschaften betrachten	☐	☐	☐	☒	☐
118. *Tanzen*	☐	☐	☐	☐	☒
119. Auf einem Ball	☐	☐	☐	☐	☒
120. In einer Diskothek	☐	☐	☐	☐	☒
121. Ballett	☐	☒	☐	☐	☐
122. Volkstanz	☐	☐	☒	☐	☐
123. *Singen*	☐	☐	☐	☐	☒
124. In einem Chor	☐	☐	☐	☒	☐
125. Allein	☐	☐	☐	☐	☒
126. Ein Musikinstrument spielen	☐	☐	☐	☐	☒
127. Malen	☐	☐	☐	☐	☒
128. Fotografieren	☐	☐	☐	☐	☒
129. Filmen	☐	☐	☐	☒	☐
130. Tonbandaufnahmen machen	☐	☐	☐	☐	☒
131. Geschichten schreiben	☐	☐	☐	☐	☒
132. Gedichte schreiben	☐	☐	☒	☐	☐
133. Sport treiben	☐	☐	☐	☒	☐
134. Fußball *spielen*	☐	☒	☐	☐	☐
135. Handball	☐	☒	☐	☐	☐

	ungern	weder gern noch ungern	ein wenig gern	gern	sehr gern
136. Basketball	☐	☐	☐	☒	☐
137. Hockey	☐	☒	☐	☐	☐
138. Tennis	☐	☐	☐	☒	☐
139. Billard	☐	☐	☐	☒	☐
140. Schach	☐	☐	☐	☒	☐
141. Tischtennis	☐	☐	☒	☐	☐
142. Leichtathletik *treiben*	☐	☐	☐	☐	☒
143. Gymnastik	☐	☐	☐	☐	☒
144. Boxen	☒	☐	☐	☐	☐
145. Judo	☒	☐	☐	☐	☐
146. Ringen	☒	☐	☐	☐	☐
147. Schwimmen	☐	☐	☐	☒	☐
148. Andere Wassersportarten	☐	☐	☐	☒	☐
149. Turnen	☐	☐	☒	☐	☐
150. Radfahren	☐	☐	☐	☐	☒
151. Angeln	☐	☒	☐	☐	☐
152. Kegeln	☐	☐	☒	☐	☐
153. Ski laufen	☐	☐	☐	☐	☒
154. Mit Babies zusammen sein	☐	☐	☐	☒	☐
155. Mit Kindern zusammen sein	☐	☐	☐	☐	☒
156. Gartenarbeit verrichten	☐	☐	☒	☐	☐
157. Karten spielen	☒	☐	☐	☐	☐
158. Wandern	☐	☐	☐	☐	☒
159. Spazierengehen	☐	☐	☐	☐	☒
160. Autofahrten machen	☐	☐	☐	☒	☐
161. Sich mit seiner Sammlung beschäftigen	☐	☐	☒	☐	☐
162. Basteln	☐	☐	☒	☐	☐
163. Handarbeiten	☐	☒	☐	☐	☐
164. Verreisen	☐	☐	☐	☐	☒
165. Wochenendfahrten machen	☐	☐	☐	☐	☒
166. Einkaufen gehen	☐	☐	☐	☒	☐
167. Kleidung *kaufen*	☐	☐	☐	☐	☒
168. Möbel	☐	☐	☐	☐	☒
169. Autozubehör	☐	☒	☐	☐	☐
170. Schallplatten	☐	☐	☐	☐	☒
171. Poster	☐	☐	☐	☐	☒
172. Taschenbücher	☐	☐	☐	☐	☒
173. Blumen	☐	☐	☐	☐	☒
174. Kosmetika	☐	☐	☐	☐	☒
175. Sportgeräte	☐	☐	☒	☐	☐
176. Schlafen	☐	☐	☐	☐	☒
177. Ein Bad nehmen	☐	☐	☐	☐	☒
178. Duschen	☐	☐	☐	☒	☐
179. Beten	☐	☒	☐	☐	☐
180. In die Kirche gehen	☐	☒	☐	☐	☐
181. Gut gekleidet sein	☐	☐	☐	☒	☐

	ungern	weder gern noch ungern	ein wenig gern	gern	sehr gern
182. An politischen Veranstaltungen teilnehmen	☐	☐	☐	☒	☐
183. In einer Wette (Lotto, Toto usw.) gewinnen	☐	☐	☐	☒	☐
III					
184. Ruhe und Frieden haben	☐	☐	☐	☒	☐
185. Mit einer Begründung recht haben	☐	☐	☒	☐	☐
186. Über etwas gut Bescheid wissen	☐	☐	☐	☐	☒
187. Um Rat gefragt werden	☐	☐	☐	☒	☐
188. Angelacht werden	☐	☐	☐	☐	☒
189. *Gelobt werden*	☐	☐	☐	☒	☐
190. des Aussehens *wegen*	☐	☐	☐	☒	☐
191. der Arbeit	☐	☐	☐	☐	☒
192. der Hobbies	☐	☐	☐	☒	☐
193. der körperlichen Kraft	☐	☐	☒	☐	☐
194. der Fähigkeiten	☐	☐	☐	☐	☒
195. der Gesinnung	☐	☐	☐	☒	☐
196. der moralischen Festigkeit	☐	☐	☐	☒	☐
197. des Verständnisses gegenüber anderen	☐	☐	☐	☐	☒
198. Als Begleitung ausgewählt werden	☐	☐	☐	☒	☐
199. Mit jemandem flirten	☐	☐	☐	☐	☒
200. Sich *unterhalten*	☐	☐	☐	☐	☒
201. mit Freunden	☐	☐	☐	☐	☒
202. mit Gleichgesinnten	☐	☐	☐	☐	☒
203. mit angenehmen Menschen	☐	☐	☐	☐	☒
204. Über bestimmte Themen sprechen (diskutieren)	☐	☐	☐	☐	☒
205. Jemandem eine Freude machen	☐	☐	☐	☐	☒
206. Jemandem helfen	☐	☐	☐	☐	☒
207. Andere Menschen beobachten	☐	☐	☐	☐	☒
208. Geschlechtsverkehr ausüben	☐	☐	☐	☐	☒
209. Glückliche Menschen sehen	☐	☐	☐	☐	☒
210. Mit Freunden etwas unternehmen	☐	☐	☐	☐	☒
211. In der Nähe eines berühmten Mannes sein	☐	☒	☐	☐	☐
212. In der Nähe einer berühmten Frau sein	☐	☒	☐	☐	☐
213. Sich Witze erzählen	☐	☒	☐	☐	☐
214. Über das andere Geschlecht sprechen	☐	☐	☐	☒	☐
215. Etwas vortragen (z. B. Gedichte)	☐	☐	☒	☐	☐
216. Mit einer schönen Frau zusammen sein	☐	☐	☒	☐	☐
217. Mit einem gutaussehenden Mann zusammen sein	☐	☐	☒	☐	☐

Literaturverzeichnis

I. Allgemeinverständliche und praxisbezogene Literatur:

1. *Florin, I., & W. Tunner*: Behandlung kindlicher Verhaltensstörungen. Goldmann, München 1974 (6. Aufl.).
2. *Hennenhofer, G. (Hg.)*: Angst überwinden – Selbstbefreiung durch Verhaltenstraining. Deutsche Verlagsanstalt, Stuttgart 1973.
3. *Perrez, M., B. Minsel & H. Wimmer*: Elternverhaltenstraining. Müller, Salzburg 1974.
4. *Tegen, F., Grundmann, A., Röhrs, A.*: Sich ändern lernen. Anleitung zur Selbsterfahrung und Verhaltensmodifikation. Rowohlt Taschenbuch Verlag, Reinbek bei Hamburg 1975.
5. *Watson, D., & R. Tharp*: Einübung in Selbstkontrolle. Grundlagen und Methoden der Verhaltensänderung. Pfeiffer, München 1975.

II. Weiterführende Literatur:

1. *Becker, W. C.*: Spielregeln für Eltern und Erzieher. Lehrprogramm zur Führung von Kindern auf verhaltenspsychologischer Grundlage. Pfeiffer, München 1974.
2. *Belschner, W., u. a.*: Verhaltenstherapie in Erziehung und Unterricht. Kohlhammer, Stuttgart 1974.
3. *Gordon, Th.*: Familienkonferenz. Die Lösung von Konflikten zwischen Eltern und Kind. Hoffmann und Campe, Hamburg 1972.
4. *Grell, J.*: Techniken des Lehrerverhaltens. Beltz, Weinheim 1974.
5. *Lorenz, R., Molzahn, R., Teegen, F.*: Verhaltensänderung in der Schule: Systematisches Anleitungsprogramm für Lehrer. Verhaltensprobleme erkennen und lösen. Rowohlt Taschenbuch Verlag, Reinbek bei Hamburg 1976.
6. *Mager, R. F., & P. Pipe*: Verhalten, Lernen, Umwelt oder «Du solltest Dir wirklich mehr Mühe geben». Beltz, Weinheim 1973 (2. Aufl.).
7. *Patterson, G.*: Soziales Lernen in der Familie. Psychologische Hilfen für Eltern und Kinder. Pfeiffer, München 1975.

III. Literatur zur Theorie und zusammenfassende Werke:

1. *Correll, W.*: Lernpsychologie. Grundfragen und pädagogische Konsequenzen der neueren Lernpsychologie. Auer, Donauwörth 1961.
2. *Gottwald, P., & A. Egetmeyer*: Elternarbeit in der Verhaltenstherapie. Tabellarische Literaturübersicht, Fallstudie und Elterntraining in einer Sonderschule. Sonderheft I/1974 der «Mitteilungen der GVT e. V.»

GVT, 8 München 40, Kraepelinstraße 10.
3. *Blöschl, L.*: Grundlagen und Methoden der Verhaltenstherapie. Huber, Bern 1974 (4. Aufl.).
4. *Halder, P.*: Verhaltenstherapie. Kohlhammer, Stuttgart 1973.
5. *Hartig, M. (Hg.)*: Selbstkontrolle. Ein kritischer Überblick über lerntheoretische und verhaltenstherapeutische Ansätze. Urban & Schwarzenberg, München 1973.
6. *Holland, J. G., & B. F. Skinner*: Analyse des Verhaltens. Urban & Schwarzenberg, München 1971.
7. *Langer, I.*: Verständnisfördernde Merkmale der sprachlichen Gestaltung von Unterrichtstexten. Hamburg 1971 (Diss.).
8. *Nickel, H.*: Entwicklungspsychologie des Kindes- und Jugendalters. Bd. 1 und 2. Huber, Bern 1972.
9. *Schulte, D. (Hg.)*: Diagnostik in der Verhaltenstherapie. Urban & Schwarzenberg, München 1974.
10. *Schulz von Thun. F.*: Effektivität und Trainierbarkeit von Verständlichkeit bei der schriftlichen Informationsvermittlung. Hamburg 1973 (Diss.).
11. *Schulz von Thun, F., I. Langer & R. Tausch*: Trainingsprogramm für Pädagogen zur Förderung der Verständlichkeit bei der Wissensvermittlung. Hamburg 1972.
12. *Tausch, R., & Tausch, A.-M.*: Erziehungspsychologie. Psychologische Prozesse in Erziehung und Unterricht. Hogrefe, Göttingen 1970 (5. Aufl.).

Angewandte Psychologie

Creativitätstraining [6827]
Kontakttraining
Erfolgsprogramm für das Leben mit anderen Menschen [6867]

RAINER E. KIRSTEN / JOACHIM MÜLLER-SCHWARZ
Gruppentraining. Ein Übungsbuch mit 59 Psycho-Spielen, Trainingsaufgaben und Tests [6943]

RONALD D. LAING
Das geteilte Selbst. Eine existentielle Studie über geistige Gesundheit und Wahnsinn [6978]

PETER LAUSTER
Begabungstests [6844]

Berufstest. Die wichtigste Entscheidung im Leben richtig treffen [6961]

CARL G. LIUNGMAN
Der Intelligenzkult. Eine Kritik des Intelligenzbegriffs und der IQ-Messung. Mit 48 Abb. im Text [6792]

Prof. Dr. MAX LÜSCHER
Signale der Persönlichkeit. Rollenspiele und ihre Motive [6942]

NENA & GEORGE O'NEILL
Die offene Ehe. Konzept für einen neuen Typus der Monogamie [6891]

ERNST OTT
Optimales Denken. Trainingsprogramm [6836]

FELIX R. PATURI
Der Rolltreppeneffekt oder Wie man mühelos nach oben kommt [6899]

LAURENCE J. PETER & RAYMOND HULL
Das Peter-Prinzip oder Die Hierarchie der Unfähigen [6793]

HORST-EBERHARD RICHTER
Patient Familie
Entstehung, Struktur und Therapie von Konflikten in Ehe und Familie [6772]

Dr. G. H. RUDDIES
Psychotraining. Lebenstechnik im Alltag [6901]

Psychostudio. Von der Beobachtung zur Beurteilung des Verhaltens [6971]

Dr. WILLIAM D. SCHUTZ
Freude, Gruppentherapie, Sensitivitytraining. Ich-Erweiterung [6811]

GEORG SIEBER
Achtung Test. Psychologische Testverfahren – was man von ihnen erwarten darf. Mit 8 Farbtafeln [6683]

FRAUKE TEEGEN / ANKE GRUNDMANN / ANGELIKA RÖHRS
Sich ändern lernen. Anleitung zur Selbsterfahrung und Verhaltensmodifikation [6931]